英语语言学与翻译的
深度融合与渗透研究

廖绒绒 / 著

九 州 出 版 社
JIUZHOUPRESS

图书在版编目（CIP）数据

英语语言学与翻译的深度融合与渗透研究 / 廖绒绒

著 . -- 北京 : 九州出版社 , 2024. 7. -- ISBN 978-7

-5225-3293-6

Ⅰ . H31

中国国家版本馆 CIP 数据核字第 202434D10N 号

英语语言学与翻译的深度融合与渗透研究

作　　者　廖绒绒　著

责任编辑　安　安

出版发行　九州出版社

地　　址　北京市西城区阜外大街甲 35 号（100037）

发行电话　（010）68992190/3/5/6

网　　址　www.jiuzhoupress.com

印　　刷　北京亚吉飞数码科技有限公司

开　　本　710 毫米 ×1000 毫米　16 开

印　　张　14.25

字　　数　226 千字

版　　次　2025 年 1 月第 1 版

印　　次　2025 年 1 月第 1 次印刷

书　　号　ISBN 978-7-5225-3293-6

定　　价　96.00 元

前　言

随着社会的日益进步和经济全球化的迅猛发展,各国之间的跨文化交流变得越来越常态化。在这一背景下,英语翻译的作用日益凸显,无论是在人际交流方面,还是在信息知识的传播方面,都离不开英语翻译的桥梁作用。过去,翻译仅仅被认为是两种语言文字之间的简单转换,但随着研究视野的不断拓宽,人们逐渐认识到翻译的本质是一种社会文化情境中的交际行为。

如今,翻译已经成为新形势下的热点领域,各行各业对翻译的需求量逐年攀升,对翻译的研究也日益深入。相较于过去,翻译研究已经发生了很大变革,它不再局限于源语和译语两种语言系统的静态描写,而是向语言学的各个方向发展,探索翻译在不同语境下的应用和影响。

基于语言学的英语翻译研究已经取得了丰硕的成果,这一领域的研究历程可谓悠久,理论日趋成熟。越来越多的专家和学者将其应用于实践教学,以期提高英语翻译的质量和效果。本书旨在语言学理论的基础上,从多个角度深入探讨翻译方法和实践技巧,以期为英语翻译领域的发展贡献力量。本书共分为九章,系统地阐述了英语语言学与翻译之间的关系。第一章与第二章概述了语言、语言学与翻译的基本理论,并探讨了语言学与翻译之间的关系及语言学指导下的英汉翻译策略,以便读者对后续章节有一个整体的认识。第三章探讨了语用学与翻译,强调了在翻译过程中要注意语境、语用目的和语言功能等方面的因素。第四章研究了心理语言学与翻译,侧重于翻译中的认知理解与认知表达、审美理解与表达。第五章研究了生态语言学与翻译,分析了如何从生态学的视角探究翻译生态系统的整体性。第六章研究了文化语言学与翻译,通过分析文化差异,研究英语翻译中的跨文化因素与策略。第七章研究了语篇语言学与翻译,提出了在翻译整篇文本时要注意篇章结构、逻辑关系和文本类型等方面的策略。第八章研究了计算机语言学与翻译,论述了如何利用计算机将一种自然语言转变为另一种自然语言,以提高翻译的质量和效率。最后一章研究了系统功能语言学与翻译,从功能、形式、情景三大系统之间的互动角度来描写与阐述翻译过程中所涉及的多种因素。

本书从多个角度对语言学和英语翻译进行理论上的分析。首先,本书结构合理,条理分明,其中介绍的英语语言学相关理论,以"有用为本",以"够用为度",选取对英语翻译最有意义的相关理论进行探讨,行文重点突出、逻辑清晰。其次,本书简洁流畅,实例丰富,文字叙述通俗易懂、简洁明快,并对重点知识的介绍选取了大量翻译实例,便于读者分析与体会。总之,本书是一部极具价值的英语翻译学习资源,值得广大读者学习借鉴。

在撰写过程中,作者秉持着严谨的态度,力求为广大读者呈现一部高质量、内容丰富的作品。然而,由于作者自身水平的局限性,书中难免存在不完善之处,对此深感抱歉,并诚挚地邀请各位翻译专家、翻译工作者以及广大读者朋友们,对作品进行批评和指正。但翻译领域的研究博大精深,一本书很难涵盖所有知识点,因此作者会努力做到兼容并蓄,尽量呈现翻译学科的多元化和丰富性。同时也明白,翻译实践中的问题千变万化,书中所提供的解决方案可能并不适用于所有情况。因此,作者恳请各位专家和读者在阅读过程中,积极参与讨论,分享宝贵意见和建议。此外,后续会不断完善和更新书中的内容,以期紧跟时代发展的步伐。在此过程中,衷心希望得到广大读者的支持与关注,共同将这部作品打造成翻译领域的经典之作。

琼台师范学院　廖绒绒
2024 年 1 月

目　录

第一章 绪 论

语言,作为人类社会的基础,是沟通的桥梁,是文化的载体,更是思维的工具。从古至今,语言在人类社会的发展中起到了至关重要的作用。没有语言,人类社会将无法形成,科技与文化也无法传承和发展。语言与人类社会的发展相互依存,共同繁衍。语言学,作为一门研究语言的学科,旨在揭示语言的本质和规律,探索语言与文化、思维、社会的相互关系。在当前学术界,对语言学的研究已经成了一个热门领域。通过对语言学的学习,学习者可以更深入地理解语言的内涵和外延,掌握语言运用的技巧,提高学习者的语言实践能力。语言与语言学是密不可分的。一方面,语言是语言学研究的对象,为语言学提供了广阔的研究领域和丰富的素材。另一方面,语言学的发展也推动了语言的进步和创新。随着语言学的不断发展,人们对语言的认知也在不断深化,这不仅有助于人们更好地运用语言,更有助于人们保护和传承语言文化。总之,语言在人类社会中具有无可替代的地位。本章作为开篇,首先对语言与语言学的相关概念进行阐述。

第一节 语 言

一、语言的界定

语言是什么？这一直是语言研究学界探索的核心议题。这个问题的探讨不仅具有深远的意义,更对于人们理解语言的本质,以及它在人类社会中的作用有着决定性的影响。正是由于对于"语言"这一概念的界定对于诸多语言相关问题至关重要,所以学者们需要深入研究这个问题,从而更好地为后续的探索打下坚实的基础。在国内外学术界,语言的概念并没有一个统一的定义。学者们各抒己见,提出了许多具有独到见解的观点。然而,不论他们有何分歧,他们都承认,语言是人们交流、沟通的主要工具,是人们表达思想、情感的方式。语言不仅是人类所独有的,也是人类与动物界区分开来的重要标志。因此,语言不仅是人类社会的产物,更是人类文明发展的重要驱动力。总之,对语言的定义与理解直接影响了人们对其功能、特点、研究范围、研究目标以及研究方法的理解和掌握。因此,对"语言是什么"这一问题的深入探讨对于语言研究学界来说至关重要。

列宁(Lenin)强调,语言是人们进行交流和沟通的主要手段。[①] 这句话深刻地揭示了语言的本质。语言不仅是表达思想的工具,更是人们交流思想、传递信息、建立关系的基础。无论是口头语言还是书面语言,都是人类社会不可或缺的一部分。没有语言,人类将无法进行有效的沟通,无法表达自己的想法和感受,也无法理解他人的思想和需求。因此,应该珍惜语言这个重要的交际工具,不断提高自己的语言表达能力,以便更好地与他人交流和沟通。

斯大林(Stalin)明确指出,语言作为人们相互交流和沟通的工具,承担着传递思想和促进相互理解的重要使命。通过语言,人们能够进行有效的沟通,建立和维护社会关系,并实现信息的传递和知识的传承。因此,语言在人类社会中发挥着至关重要的作用。[②]

缪勒(Muller)指出,动物与人类之间最大的差异与障碍在于语言方面,人类具备说话的能力,但动物未能发展出语言表达的能力。这一观点强调了语言在区分人类与其他动物方面的核心作用。[③]

施莱赫尔(Schleicher)强调,语言是一种遵循特定规律自然形成的天然有机体,并非受人类意志控制。他进一步指出,语言会随着时间的推移而经历衰老或消亡的过程。[④]

惠特尼教授(Whitney)强调,语言作为人类独有的文化要素,具有

---

① 列宁.论民族自决权[M].北京:人民出版社,1916:822.
② 斯大林.马克思主义与语言学问题[M].北京:人民出版社,1953:20.
③ Muller, Friedrich Max. Lectures on the Science of Language[A]. *The Origin of Language*[C]. Roy Harris. Bristol: Thoemmes Press, 1861: 14.
④ Schleicher, A. *Die Darwinische Theorie und die Sprachwissenschaft*[M]. London: Hotten, 1863: 20-21.

不可或缺的重要性。它不仅是获得知识的能力,更是人类进行交际的直接动因。这一特性使语言在所有表达手段中独树一帜,其决定性作用在于交际。①

刘易斯教授(Lewis)则从另一个角度阐述,语言不仅是一种沟通方式,更是人们生活中不可或缺的重要行为方式。②

本福尼斯特教授(Benveniste)深入剖析了语言的系统性质。他指出,语言作为一个系统,其意义与功能是由结构所赋予的。正是由于语言按照编码规则有系统地组织起来,交际才能无限制地进行。③

尽管不同的学者对语言的表述方式存在差异,且在某些层面上也有所出入,但有一点是毋庸置疑的:语言作为人类所特有的属性,是人类与动物区分开来的根本标志。基于这一共识,作者认为可以对语言作出如下简明扼要的定义:语言是人类进行言语交际的一种形式,它既是口头交流的载体,也是文字表达的工具,更是人类认知世界并表述思想的过程和方式。

二、语言的本质特征

语言,作为一种社会现象,不仅具有独特的性质和特点,更是人类社会不可或缺的一部分。

(一)是人类最重要的交际工具

语言是人类最重要的交际工具,它的产生和发展源于社会交际的需要。在人类社会中,语言扮演着至关重要的角色。无论是表达思想、传递信息,还是建立关系、沟通情感,语言都是必不可少的工具。它的出现使人类能够更好地交流和协作,推动了社会的进步和发展。

语言是社会全体成员共同使用的工具,每个人都可以通过语言来表

---

① Whitney, W. D. Nature and Origin of Language[A]. *The Origin of Language*[C]. Bristol: Thoemmes Press, 1875: 291.
② Lewis, M. M. *Infant Speech*: *a Study of the Beginnings of Lanuage*[M]. London: Kegan Paul, 1936: 5.
③ Benveniste, Emile. *Problems in General Linguistics*[M]. Coral Gables: Ubiversity of Miami Press, 1966: 21.

达自己的思想、情感和需求。语言是人类思维和认知的重要载体,它反映了人类社会的文化、历史和价值观。不同语言的形成和发展也反映了不同民族的文化特点和地域特色。

为了更好地发挥语言的作用,人们需要不断学习和掌握各种语言技能。在教育领域,语言教育占据着非常重要的地位。通过系统的语言教育,人们可以培养良好的语言素养,提高语言表达和沟通能力。同时,语言教育也需要不断改革和创新,以适应社会发展的需要。

(二)是一个音义结合的符号系统

语言是一个神奇且复杂的符号系统,它是由音和义结合而成的。语音和语义在语言中扮演着相辅相成的角色,它们彼此依赖,共同构成了语言的完整性和功能性。语音是语言的物质外壳,它赋予语言以声音的形式,使语言能够被人们口头表达和传播。而语义则是语言符号的意义内容,它使语言具有了传达信息和表达思想的能力。

语音和语义的结合使语言成为一种有效的交际工具。语音使语言能够被人们口头表达和传播,而语义则使语言具有了传达信息和表达思想的能力。这种结合使人们能够通过语言进行交流和沟通,从而促进了人类社会的进步和发展。

语音和语义在语言中的关系是密不可分的。语音是语言的物质外壳,它是语言的载体,而语义则是语言符号的意义内容。语音和语义的结合使语言成为一种有意义的符号系统,它能够被人们理解和接受,并成为人们交流和沟通的重要工具。

在语言学的研究中,语音和语义一直是被关注的重点。语音学是研究语音的学科,它主要研究语音的产生、传播和感知等问题。而语义学则是研究语言符号的意义的学科,它主要研究词语、短语和句子的意义以及它们之间的关系。通过对语音和语义的研究,人们可以更好地理解语言的本质和功能,并进一步推动语言学的发展。

(三)是一种思维活动

语言不仅是表达和沟通的手段,更是一种思维活动。
语言是思维的载体和表现形式。思维的过程,无论是概念的形成、推理的进行还是判断的作出,都需要借助语言来实现。语言为思维提供了符号系统,使思维能够以概念、判断、推理等形式进行。同时,语言的结构和规则也深刻地影响着思维的方式和过程。例如,不同的语言对时间和空间的概念表达方式不同,这也会影响人们对这些概念的思维方式。

反过来,思维则是语言的本质和核心。语言之所以能够产生和发展,其背后的推动力是人类的思维。没有思维的创造力,语言也不会有如此丰富的内涵和表现形式。思维的深入和发展也推动了语言的不断演进和变革。例如,随着科学技术的不断发展,人们对于自然界的认识也在不断深化,这导致了大量新词汇和新概念的产生,推动了语言的发展和变革。

因此,语言和思维的关系是密不可分的。它们相互依存、相互影响,共同构成了人类智慧的两大基石。在教育和学习的过程中,学习者不仅要注重语言的训练,更要注重思维的培养。只有这样,学习者才能真正掌握语言的精髓,发挥出人类智慧的无穷潜力。

（四）是文化的载体

语言是人类社会中不可或缺的文化传承工具,它承载着人类历史和文化的精髓。语言不仅是人类沟通的工具,更是文化的重要组成部分,它代表着不同的文化背景和思维方式。语言的学习和使用过程实际上就是对文化的理解和传承过程。

语言是文化的载体,不同的语言有着不同的文化内涵和表达方式。例如,中文的语境注重含蓄和意蕴,而英文则更注重逻辑和表达的清晰性。在学习不同语言的过程中,学习者不仅可以了解不同的语言表达方式,而且可以深入理解不同文化的特点和思维方式。

语言的学习和使用也是对文化传承的实践。通过学习语言,学习者可以更好地了解和传承本民族的文化传统,同时也可以更好地理解和尊重其他民族的文化。语言是文化交流的重要桥梁,通过语言的学习和使用,学习者可以更好地促进不同文化之间的交流和理解。

此外,语言也是人类创造力的源泉。语言的丰富多样性和表达方式的创新性,为人类的思维和创造力提供了广阔的空间。语言的不断发展与创新,也是人类文明进步的重要推动力。

（五）具有特殊的生理基础

生理基础是语言发展的关键要素之一。语言作为人类特有的功能，具有特殊的生理基础。大脑是语言功能的物质载体，而语言器官则是大脑中负责语言处理的区域。基因作为大脑语言器官的载体，对语言的产生和发展起着至关重要的作用。

语言器官是一个高度复杂的系统，它包括发音器官、听觉器官和语言中枢等部分。这些器官在人类进化过程中逐渐发展和完善，形成了人类特有的生物禀赋。语言器官的发育和成熟需要经过一系列复杂的生理过程，包括基因表达、蛋白质合成和神经元连接等。这些过程受到多种因素的影响，如遗传因素、环境因素和个体差异等。

大脑皮质是语言处理的核心区域，它负责语言的感知、理解和生成。大脑皮质上的语言中枢是人类特有的生物禀赋之一，它们通过复杂的神经网络与发音器官和听觉器官等其他语言器官相互连接。这些神经网络的发育和功能发挥受到基因和环境等多种因素的影响。

基因对语言的影响主要表现在对语言器官发育和功能发挥的调控上。一些基因与语言相关疾病的发病风险有关，如语言障碍、失语症等。此外，基因还影响个体的语言能力和智力等方面的差异。这些基因通过不同的机制影响语言的发展和功能发挥，进一步揭示了语言的生物学基础和个体差异的根源。

（六）具有能产性或创造性

语言的另一重要特性是其能产性和创造性。语言不仅是一种交流工具，更是人类智慧和精神的重要载体。语言的生命在于使用，只有在交流和表达中，语言才能发挥其真正的价值。而语言的创造性则体现在不断发展和变化的语言活动中。[①] 无论是讲话还是写作，都需要使用者的再创造和发挥。

语言的创造性不仅体现在词汇和语法的运用上，更体现在语言的表达方式和思想内容的创新上。一位优秀的讲话者或作家，不仅能够准确

---

① 朱淑媛.语言的功能与语言的创造性[J].集宁师专学报，2007（1）：20.

地表达自己的思想,还能够通过独特的语言表达方式吸引听众或读者的注意力。正是这种创造性,使语言能够不断地推陈出新,与时俱进。

语言的创造性也是推动语言发展的内在动力。随着社会的发展和人类文明的进步,语言也在不断地演变和发展。从古至今,语言经历了多次的变革和创新,才形成了今天的语言体系。而这种变革和创新,正是语言的创造性的体现。

此外,语言的创造性还体现在其对人类智慧和精神的影响上。语言不仅是人类智慧的结晶,更是人类精神的寄托。通过语言,人们不仅可以表达自己的思想、情感和价值观,也可以传承人类的文化和历史。正是这种影响,使语言成为人类文明的重要组成部分。

综上所述,语言的本质特征是多方面的,包括交际功能、符号系统、思维活动、文化载体以及特殊的生理基础和能产性或创造性等。这些特征共同构成了语言的丰富内涵和独特魅力,使语言成为人类社会不可或缺的重要元素。

三、语言的物理载体

语言若未实质性地体现为声音与文字,则沦为一种神秘而抽象的概念。声音与文字作为语言的两种物理载体,赋予了语言听得见、看得见的物理属性。然而,除了这两种物理载体,尚有诸如盲文与手语等特殊表现形式。

（一）口语

口语交流,即人与人之间面对面的交流,是人类社会信息传递的主要方式。在日常生活中,无论是工作、学习还是生活琐事,口语交流都无处不在。它以最直接、最简练的方式,将人类的思维、情感和智慧传递给他人,构成了人类社会生活的重要组成部分。

口语交流是一个动态的过程,它以声音为载体,通过说话者的发音和听话者的听觉,将信息传递给他人。在这个过程中,声音的音调、语速、节奏和音量,都会对信息的传递产生影响。说话者的发音和语速,决定了信息的传递速度和清晰度,而音量和音调则影响了信息的强度和情感色彩。因此,口语交流是一种高度依赖于语境和情境的交流方式。

同时,口语交流也是一种互动的过程。在交流过程中,说话者和听话者之间会不断地进行角色转换,即说话者变成听话者,听话者变成说话者。这种角色转换使交流过程充满了变化和不确定性,增加了交流的趣味性和挑战性。

(二)书面语

书面语在现代社会中占据了重要地位,它在教育、商务、政治、文化等各个领域发挥着关键作用。然而,事实上,书面语的出现要晚于口语。

在信息技术出现之前,人们往往会通过书信这种方式来互通信息、交流情感。书信作为一种传统交流方式,承载了无数人的思念与关怀。然而,随着科技的飞速发展和信息技术的日益进步,人们交流方式也在悄然发生改变。如今,人们可以通过多种方式进行信息传递,如电子邮件、即时通信软件。这些新型交流方式不仅丰富了人们的沟通手段,也使信息传递变得更加便捷、高效。

尽管现代通信方式已经改变了传统书信的形式,但它们依然发挥着与传统书面文字同样的交流功能。在这些新兴交流方式中,信息传递者和接收者能够迅速地了解到对方的意图和情感。值得一提的是,不同的信息传递方式会对信息的结构、措辞、文体和风格等方面产生影响。

例如,在短信交流中,由于篇幅限制,人们往往会在有限的字数内简洁明了地表达自己的意思。相较于短信,电子邮件则更加注重内容的详尽和逻辑性。在电子邮件中,人们可以尽情地表达自己的观点和想法,同时也可以借助丰富的排版和格式功能,使信息呈现得更具条理和易于阅读。此外,电子邮件还具有更高的隐私保护性,使信息交流在某种程度上更加安全。

(三)盲文

盲文是一种为盲人设计的文字系统,通过触觉来传达信息。盲文使用一系列的点、线和面来表示字母和单词,每个符号都有特定的形状和位置。盲文需要通过触摸和感知来理解,需要经过一定的学习和训练才能掌握。盲文的使用范围非常广泛,包括书籍、报纸、杂志、广告、菜单、地图、身份证等。盲文不仅为盲人提供了交流和获取信息的方式,也为视觉障碍者和那些不喜欢阅读的人提供了另一种获取信息的方式。

在 19 世纪初,盲人面临着极大的生活和学习困难,因为他们没有合适的方式来阅读和写作。直到 1829 年,一位名叫路易·布莱叶(Louis Braille)的法国学者改变了这一现状。他凭借自己的聪明才智和对盲人生活的深刻理解,发明了一种被称为"点字"的盲文系统。如今,这个盲文系统已经成为国际上广泛使用的标准。

布莱叶盲文的核心设计是利用六个点来构成不同的符号。这些点可以根据数量和位置的不同,表示各种各样的意义。在图 1-1 中,可以看到布莱叶盲文如何表示 26 个英语字母。这个设计使盲人可以通过触摸这些点阵来阅读和写作,从而极大地提高了他们的生活质量和学习能力。

六个点的排列组合形成了布莱叶盲文的丰富内涵。每个点的位置和数量都有特定的含义,这使布莱叶盲文具有高度的符号化和简洁性。这种盲文系统不仅适用于盲人,还可以用于其他视觉障碍人士的阅读和写作。此外,它还为盲人提供了一种与世界沟通的方式,让他们不再依赖他人的口述,而是能够独立地获取知识和信息。

布莱叶盲文的发明是残疾人权益运动的一个重要里程碑。它为全球盲人提供了一种自主、独立的生活方式,让他们能够平等地参与社会活动。此外,布莱叶盲文也为其他残疾人提供了榜样,鼓舞他们积极寻求适合自己的解决方案,以克服生活中的种种困难。

路易·布莱叶的发明使盲人能够独立地阅读和写作,极大地改善了他们的生活品质。布莱叶盲文作为一种通用的盲文系统,在全球范围内得到了广泛的应用和认可。这一发明不仅为盲人提供了一种与世界沟通的方式,还体现了人类对平等、包容和关爱价值观的尊重。正是这种关爱和不断追求进步的精神,推动着人类社会的发展与进步。

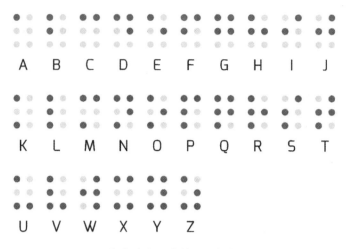

图 1-1　布莱叶盲文中的 26 个英语字母

在我国,盲文的发展历史悠久,其中,"康熙盲字"被认为是使用最早的通用汉语盲文系统。它又被称作"408"或者"数字盲字符号",这是一种独特的编码方式。它将声方盲字符号和韵方盲字符号有序地排列成 408 个号码,代表着汉语中的 408 个音节。为了更好地体现汉语的四声特点,康熙盲字还按照一定的规律变换图形来表示不同的声调。

然而,随着社会的发展和盲人教育需求的提高,康熙盲字逐渐暴露出一些局限性。因此,我国在 1975 年对盲文进行了重大改革。改革后的盲文系统就是我们现在所通用的"汉语双拼盲文"。这种新的盲文形式将两方盲文字符拼写成一个实用的音节,通常将声方放在左边,韵方放在右边。

汉语双拼盲文的推出极大地提高了盲人阅读和写作的效率。它不仅使盲人能够更方便地掌握和运用汉语,也有利于盲人融入社会,提高他们的生活质量。这一改革成果不仅在我国产生了广泛的影响,也为世界其他地区的盲文改革提供了借鉴和参考。

从康熙盲字到汉语双拼盲文,我国盲文的发展历程充分体现了我国对盲人权益的关注和支持。随着科技的不断进步,我国将继续深化盲文改革,为广大盲人提供更加完善、便捷的教育和生活工具,让他们感受到社会的关爱与尊重。

（四）手语

　　手语是一种通过手势和身体动作来传达信息的交流方式。手语的使用范围非常广泛,包括儿童、青少年、成年人、老年人、聋人、盲人等等。手语需要通过学习和训练才能掌握,而且不同的手语系统在不同的地区和文化中也有所不同。手语的使用可以跨越语言和文化的障碍,为不同背景的人提供了交流和沟通的机会。

　　手语与打手势有着明显的区别。打手势是一种简洁的表达方式,主要用于传达某种情感或态度,通常与口语相结合。例如,当人们高兴的时候,人们会不自觉地举起双手,或者用手指轻轻敲击桌面来表达喜悦。而手语则是一种专门为聋哑人设计,能够相互理解的沟通方式。

　　手语拥有自己独特的构词方法和句法,与有声语言并无太大关联。这意味着手语的使用者在进行交流时,不会受到有声语言规则的约束和影响。因此,手语形成了一种独立于语音之外的交际体系,为聋哑人提供了一种有效的沟通途径。

　　图 1-2 展示了美国手语中表示 26 个英文字母的手势。这些手势代表了聋哑人在无声世界中表达字母的方式。通过这些手势,聋哑人可以与他人顺利进行交流,分享他们的想法和情感。尽管手语与口语有着明显的区别,但它在聋哑人生活中发挥着至关重要的作用。

　　可见,手语是一种独特的交际手段,与打手势有着本质区别。它为聋哑人提供了一种独立于有声语言的交流方式,使他们能够相互理解,表达自己的情感和想法。美国手语中的 26 个英文字母手势就是一个很好的例子,展示了手语在实际应用中的重要作用。了解手语和打手势的区别,有助于人们更好地理解聋哑人的需求,为他们提供更加包容和友善的沟通环境。

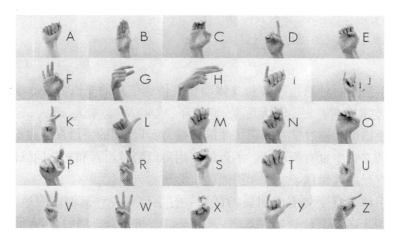

图 1-2　美国手语 26 个英文字母

除了上述几种形式之外,还有一些其他的语言物理载体。例如,口技是一种通过声音的音调、语速、语调等特征来传达信息的方式。口技通常用于表演和娱乐,如口技演员可以通过模仿各种声音和音效来模拟各种场景和情感。口技需要经过长期的训练和实践才能掌握,而且需要具备一定的音乐和表演天赋。

还有一些其他的语言物理载体,如图像、符号、标志等。图像和符号可以通过视觉来传达信息,如标志和徽章可以通过视觉来传达品牌和组织的形象和价值观。符号可以通过特定的形状和符号来传达特定的意义,如国际象棋的棋子可以通过形状和颜色来传达棋子的类型和位置。

第二节　语言学

一、语言学的界定

对于语言学的界定,学者廖美珍在《语言学教程(修订版)精读精解》中进行了深入的探讨和解释。[①] 他认为,语言学是一门研究人类语言的

① 廖美珍.语言学教程(修订版)精读精解[M].成都: 西南交通大学出版社,
2009: 14.

学科,旨在揭示语言的本质、特点和规律。在廖美珍的界定中,语言学的研究范围非常广泛,包括语言的语音、语法、词汇、语义、语用等方面,以及语言与社会、文化、心理等方面的关系。

语言学的研究具有非常重要的意义。首先,语言是人类文明的重要组成部分,是人们交流思想、传递信息的重要工具。通过对语言的研究,人们可以更深入地了解人类文明的演进和发展。其次,语言学的研究对于语言教育、翻译、文学、新闻等领域也有着重要的指导意义。通过对语言本质和规律的认识,人们可以更好地指导语言学习和教学,提高语言应用的准确性和效率。

在廖美珍的界定中,语言学的研究方法也是多种多样的。其中包括了内省法、归纳法、演绎法、比较法和结构分析法等。这些方法各有优缺点,需要根据具体的研究对象和研究目的进行选择。同时,语言学也需要借助其他学科的方法和技术,如心理学、社会学、计算机科学等,以更全面地揭示语言的本质和规律。

关于语言学是否是一门科学的问题,历史上确实存在过不少争议,尤其是在语言学刚刚起步的时期。然而,随着时间的推移,现代语言学已经逐渐被广泛接受并公认为一门独立的学科,展现出其深远的研究潜力和价值。

语言学之所以能够被确立为一门科学,是因为它具备了科学研究所必需的理论体系和方法论。语言学不仅关注语言本身的内在规律,还探索语言与人类认知、社会文化等方面的关系。在微观层面上,语言学涵盖了语音学、音系学、语义学、词汇学、形态学、句法学和语用学等领域,深入探究语言的内部结构和变化规律。在宏观层面上,语言学进一步扩展到认知语言学、社会语言学和文化语言学等领域,将语言置于更广阔的背景中进行研究。

这些分支领域为语言学提供了丰富的理论支撑和实践指导。例如,语音学和音系学关注语言的发音和音韵系统,为语音合成、语音识别等技术提供了基础。语义学和词汇学研究词汇的含义和用法,对于自然语言处理、机器翻译等领域具有重要意义。形态学和句法学则关注语言的语法结构和规则,为自然语言理解和生成提供了关键支持。而语用学则探讨语言在交际中的作用,对于跨文化交流和跨语言翻译等方面具有指导作用。

此外,语言学的科学性还体现在其研究的实证性和可重复性。通过观察、实验和分析等方法,语言学家可以验证和证实或证伪各种假设和理论。同时,语言学的成果可以为其他领域提供借鉴和参考,进一步推动相关领域的发展。

二、语言学中的一些概念

在语言学领域,存在许多核心概念,这些概念对于理解语言学理论至关重要。

(一)语言与言语

在言语活动中,语言(Langue)和言语(Parole)这两个术语有着截然不同的定义和特点。人们通过语言的运用来传达信息和交流思想。语言提供了一种共有的沟通基础,使人们能够理解和被理解。而言语则是个体在特定语境下的表达方式,它可能因个人的习惯、情感、文化背景等因素而有所不同。这种差异性使言语在实际运用中具有了丰富的表现力和个人特色。

除了在社会交往中的作用外,语言与言语还在个体认知过程中扮演着重要的角色。语言作为思维和表达的工具,为个体提供了认知世界的基础。而言语则是个人在认知过程中对语言的实际运用,它反映了个人对世界的理解和感知方式。这种理解和感知方式可能因个体的经验和背景而有所不同。

此外,对于语言学研究来说,明确语言与言语的对立关系至关重要。语言学研究的核心在于探究语言的本质、结构和规则,而言语则是实际运用中的表现形式。通过对语言的深入研究,人们可以更好地理解言语的运用和发展;反之亦然。这种相互促进的关系有助于推动语言学研究的深入发展。

(二)描写与规定

语言学作为一门研究语言的学科,根据研究目的的不同,可以分为描写式和规定式两种类型。描写式语言学主要关注语言的实际运用,旨在揭示语言运用的规律和特点;而规定式语言学则关注语言的规范和正确性,旨在为语言使用者提供正确的语言规则和标准。①

除了莱昂斯之外,许多学者也对描写式和规定式的区别进行了深入探讨。传统语法学派强调语言学的规定性,要求学习者背诵固定的语法规则并按照规则进行翻译和写作。然而,现代语言学派则更加强调语言学的描写性,认为语言的实际运用比规则和规范更加重要。在判断语法正确性的问题上,现代语言学派认为单纯的逻辑和语法规则很难确定,必须依靠实际的语境和运用来判断。

尽管现代语言学派强调语言的实际运用,但这并不意味着逻辑或语法规则不重要。事实上,描写式语言学和规定式语言学各有其价值和意义。描写式语言学能够揭示语言的真实运用和规律,帮助人们更好地理解和使用语言;而规定式语言学则可以为语言使用者提供正确的语言规范和标准,确保语言的准确性和规范性。

在实践中,描写式语言学和规定式语言学的区别也体现在不同的语言学研究和应用领域中。例如,在语音识别、自然语言处理等领域中,描写式语言学的方法更加适用;而在外语教学、文学批评等领域中,规定式语言学的价值则更加凸显。

（三）共时与历时

在语言学领域,有一个基本的认知:语言既是共时的,也是历时的。共时性强调语言的静态方面,而历时性则关注语言的演化过程。在语言学研究中,共时和历时是两种基本的研究视角,它们共同构成了语言研究的二维性,如图 1-3 所示。

共时轴线和历时轴线是语言学中的两个重要概念,它们分别代表着语言的不同方面。共时轴线,即从 A 到 B 的轴线,表现了语言的当前状态,展示了语言成分在同一时点的存在和相互关系。在这个轴线上,语言成分按照上下左右的关系组合成一个系统,呈现出语言的一种静态构造。而历时轴线,即从 C 到 D 的轴线,则记录了语言的演变过程。它追踪了语言成分的历史变化,展示了语言在时间上的延续和发展。历时语言学主要研究的就是语言系统的变迁,探索语言成分是如何随着时间

① Lyons, J. *Language and Linguistics*[M]. Cambridge: Cambridge University Press, 1981: 47.

的推移而发生变化的。

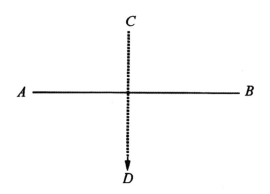

图1-3 语言的二维性：共时与历时

（四）语言能力与语言运用

在20世纪50年代，美国语言学界的巨擘乔姆斯基，在其里程碑式的著作《句法理论面面观》中，对语言能力（competence）与语言运用（performance）进行了细致的区分。这两个概念在语言学领域中具有深远的影响，对于理解语言的本质和功能至关重要。

首先，乔姆斯基强调了语言能力的核心在于个体所拥有的关于语言规则层面的内在知识。这是一种潜在的能力使语言使用者能够在不依赖外部环境的情况下，理解和生成合乎语法的句子。这种能力是稳定的，因为它基于一套固定的语法规则和结构。

相对而言，语言运用更侧重于这种内在知识在实际交际中的具体展现。语言运用具有偶然性或突发性，因为在实际交流中，各种因素如语境、说话者的意图、听话者的理解等都会影响语言的实际运用。尽管语言运用受到诸多外部因素的影响，但其始终根植于语言能力的基础之上。

此外，乔姆斯基还指出，语言能力是可以被研究的，通过对理想的语言使用者的深入剖析，语言学家可以揭示其内在的语言规则和结构。然而，语言运用却难以被深入研究，因为在实际交流中，诸多外部因素使具体的运用变得复杂且多变。

乔姆斯基的观点对于语言学研究具有重要的指导意义。在他看来，语言学家的任务是探索和揭示理想的语言使用者的内在语言能力，而非过多关注实际的语言运用。这种研究取向有助于深化人们对语言内在规则和结构的理解。

尽管角度不同,但乔姆斯基和索绪尔都认识到语言运用与外部因素之间的紧密联系。在乔姆斯基的理论中,语言运用水平在很大程度上取决于个体语言能力的强弱,因为良好的语言能力有助于人们在交流中作出准确的判断和理解。此外,诸如情绪、心理状态、社会环境等其他心理及社会因素也会对语言运用产生影响。

三、语言学的分类

（一）根据研究方法划分

语言学作为一门研究语言的学科,自索绪尔提出历时语言学和共时语言学以来,已经经历了百年的发展。这两种研究方法各有侧重点,既有各自的独立性,又相互联系、相互制约。

历时语言学又称为历史语言学,是研究语言的历史演变过程及其规律的科学。它关注的是语言在不同时期、不同地域、不同社会背景下的变化,强调语言的历时性。历时语言学的研究对象包括词汇、语法、语音、语义等方面,通过对这些方面的历时演变进行深入剖析,揭示了语言的历史发展脉络。同时,历时语言学还重视语言的历史传承,强调语言的连续性和继承性。

共时语言学又称为社会语言学,是研究语言在某一特定时刻、特定社会语境下的状态及其规律的科学。它关注的是语言的共时性,即语言的某一具体状态。共时语言学的研究对象同样包括词汇、语法、语音、语义等方面,但其重点在于这些语言成分在某一具体时刻、特定社会语境下的实际使用情况。共时语言学强调语言的社会性,认为语言的使用受到社会、文化、政治等多重因素的影响。

在方法论上,历时语言学注重文献研究、田野调查和语言比较等传统方法,强调对语言的历史演变进行系统梳理和分析。共时语言学则强调实地考察、参与观察和互动分析等方法,强调对语言的实时动态观察和分析。

在理论体系上,历时语言学的基本理论包括语言类型学、历史比较语言学、历时语法学等,这些理论为历时语言学的研究提供了基本的框架和分析方法。共时语言学的基本理论包括社会语言学、功能语言学、语用学等,这些理论为共时语言学的研究提供了基本的框架和分析方法。

在应用上,历时语言学主要应用于语言的历史研究、语言的比较研究、语言的教学与研究等领域。共时语言学则主要应用于语言的社会应用、语言的跨文化交际、语言的语用分析等领域。

(二)根据研究范畴划分

语言学,作为一门研究语言现象及其规律的学科,自诞生以来,其研究领域和研究方向一直在不断发展和演变。在众多研究者们的努力下,语言学逐渐形成了两大主要分支:微观语言学和宏观语言学。这两大学科分别从不同的角度对语言现象进行深入研究,为人们理解语言的本质提供了宝贵的理论支撑。

微观语言学主要关注语言系统内部的具体问题,如语音系统、语法范畴、语义系统等。在语音系统方面,语言学家们对语音的产生、传播和识别进行了深入研究,形成了发声语音学、听觉语音学和声学语音学等分支。这些分支从不同的角度探讨了声音的物理特性、听觉感知和语音产生过程,为人们理解声音是如何转化为语言提供了重要线索。在语法范畴方面,语言学家们研究了词法、句法和语义范畴等语言结构要素,探讨了它们在语言表达中的功能和作用。这些研究为人们理解句子的结构和意义提供了重要依据。在语义系统方面,语言学家们研究了词语、短语和句子的语义意义,以及它们在不同语境下的语义变化。这些研究为人们理解语言的意义生成和传播机制提供了基础。

宏观语言学主要关注如何建构人类语言的系统模型,从而解释语言的运行机制。人类语言学、社会语言学、心理语言学和计算语言学等都是宏观语言学的分支。人类语言学作为宏观语言学的一个分支,旨在研究人类语言的起源、发展和演化过程。研究者们运用语言学和人类学的研究方法,探讨语言结构和社会文化结构之间的关系,为人们理解人类语言的起源和演化机制提供了重要线索。社会语言学作为宏观语言学的另一个分支,主要研究语言与社会、文化、政治、经济等领域的关系。研究者们从社会科学的不同角度探索语言的社会本质,为人们理解语言与社会、文化、政治、经济等领域的相互作用提供了重要视角。心理语言学,作为宏观语言学的又一分支,主要研究语言交际和人类心理活动的学科。研究者们探讨了语言系统如何影响和调节人类心理活动,以及人类心理活动如何影响语言系统的使用和发展。这些研究为人们理解语言和心理活动的内在关系提供了重要依据。计算语言学,作为宏观语言学的最后一个分支,主要研究如何运用计算机技术来分析、处理人类社会中自然形成的语言。研究者们运用计算机科学、人工智能等领域的知识,探讨了计算机如何模拟、分析和生成语言,以及语言如何影响和指导计算机科学的发展。这些研究为人们理解语言与计算机科学的关系提供了重要参考。

因此,语言学作为一门研究语言现象及其规律的学科,其研究领域和研究方向的演变为人们理解语言的本质提供了宝贵的理论支撑。微观语言学和宏观语言学的两大分支,从不同的角度对语言现象进行了深入研究,为人们理解语言的本质和运行机制提供了重要线索。

(三)根据研究范围划分

根据研究范围的不同,语言学可以划分为个别语言学和普通语言学。

个别语言学,顾名思义,是对某一具体语言进行深入研究,如英语语言学、日语语言学等。这种语言学的研究方法通常是以语言的内部结构和语言规则为研究对象,通过对语言的微观分析,揭示出语言的本质特征。

相比之下,普通语言学则更注重对人类语言的共性进行研究。普通语言学的研究范围广泛,包括语言的结构、语言的起源、语言的演变、语言的认知、语言的社会文化等多个方面。这种语言学的研究方法通常是以语言的宏观视角为研究对象,通过对语言的宏观分析,揭示出语言的普遍规律。

普通语言学对于个别语言学的研究具有重要的指导作用。普通语言学的研究成果可以为个别语言学的研究提供理论依据和方法指导。例如,普通语言学的研究成果揭示了语言的结构和演变规律,这对于英语语言学、日语语言学等个别语言学的研究具有重要的指导作用。

同时,个别语言学的详细研究也为普通语言学提供了丰富的理论素材。通过对某一具体语言的深入研究,个别语言学可以揭示出语言的许多独特之处,这些独特之处可以为普通语言学的研究提供新的视角和思路。例如,通过对英语语言学的深入研究,可以发现英语的许多特点,如英语的重音和语调等,这些特点可以为普通语言学的研究提供新的研究视角。

可见,个别语言学和普通语言学是相互补充、相互促进的。普通语言学为个别语言学提供了理论指导和方法指导,而个别语言学则为普通语言学提供了丰富的研究素材。两者相辅相成,共同推动着语言学的发展。然而,尽管个别语言学和普通语言学各有其独特的优势,但在实际研究中,还需要注意到两者之间的差异。个别语言学的研究范围通常较小,研究深度较大,而普通语言学的研究范围较大,研究深度较浅。因此,在进行语言学研究时,研究者们需要根据研究的目的和问题,选择适当的研究方法,才能取得更好的研究效果。

此外,还需要注意到,随着语言学研究的深入,语言学的边界也在不断扩展。例如,语言学与心理学、社会学、人类学等学科的交叉研究越来越受到重视。这些交叉研究不仅丰富了语言学的研究内容,也提高了语言学的研究水平。

(四)根据研究层面划分

理论语言学和应用语言学作为语言学领域中的两大分支,分别从不同的角度对语言现象进行了深入的研究。它们是相互对应的一组概念,在语言研究领域中各自扮演着重要的角色。

理论语言学,顾名思义,主要侧重于对语言现象背后的一般规律的发现,进而揭示语言发展变化的机制。在理论语言学的研究中,研究者们关注的是语言的内部结构,通过深入挖掘语言的本质属性,从而揭示其内在规律。这一领域的研究不仅有助于人们更好地理解语言的构成要素,也为人们提供了研究语言发展变化的有力工具。理论语言学的研究范畴涵盖了多个子领域,其中最为重要的是普通语言学和语言哲学。普通语言学是理论语言学的一个重要分支,它主要研究语言的共性,探讨语言的基本特征、语言规则及其演变过程等问题。普通语言学的研究成果为理论语言学提供了丰富的理论基础,也为语言学的发展作出了重要贡献。语言哲学则是理论语言学的另一个重要分支,它主要研究语言的本质、语言与思维的关系等问题。语言哲学的研究为人们提供了深入理解语言的哲学视角,同时也为语言学的研究方法论提供了新的思考方向。

应用语言学,顾名思义,是研究如何将语言运用到实际生活的方方面面。应用语言学关注的是语言的应用问题,如语言教学法的问题、语言与社会的关系问题、语言政策的问题等。应用语言学的研究旨在为实际生活提供有效的语言支持,推动语言的发展与应用。应用语言学的研究范畴同样涵盖了多个子领域,其中最为重要的是计算语言学、神经语言学和教育语言学。计算语言学是应用语言学的一个重要分支,它主要研究计算机与语言之间的相互作用,探讨计算机如何处理和生成语言等问题。计算语言学的研究成果为语言应用提供了新的技术支持,推动了语言学的现代化进程。神经语言学则是应用语言学的另一个重要分支,它主要研究大脑与语言之间的关系,探讨大脑如何产生和理解语言等问题。神经语言学的研究为人们提供了深入理解语言的神经科学视角,同时也为语言学的研究方法论提供了新的思考方向。教育语言学则是应用语言学的最后一个分支,它主要研究教育过程中的语言问题,探讨如何有效地进行语言教学等问题。教育语言学的研究成果为语言应用提供了有效的教育指导,推动了语言学的应用性发展。

因此,理论语言学和应用语言学是语言学领域中的两大重要分支,它们分别从理论和应用的角度对语言现象进行了深入的研究。通过对语言的内部结构和外部应用进行全面的探讨,理论语言学和应用语言学为人们提供了丰富的语言知识,推动了语言学的发展与应用。

第二章　语言学与翻译研究

　　语言学,作为一门研究人类语言发展规律的学科,它涵盖了句法、词汇等各个方面,旨在揭示语言的本质和演变过程。传统上,语言学被视为文化人类学的一个分支学科。然而,随着现代社会对于语言研究的深入,语言学逐渐发展成为一门独立的学科。翻译是将一种语言信息准确、通顺地转换为另一种语言信息的过程,它将陌生的表达方式转化为熟悉的表达方式。翻译的范畴不仅限于语言,还包括文字、图形和符号等。本质上,翻译是实现语际转换,它在两种不同语言的对比中进行。在翻译实践中,语言学的知识体系具有广泛的应用价值。通过学习语言学,译者可以提高自己的语言技能,更好地完成跨语言、跨文化的沟通任务。同时,语言学也为译者提供了丰富的理论资源和方法论,使他们在翻译过程中能够更加系统、科学地处理各种翻译问题。本章就对语言学与翻译的关系展开研究。

第一节　翻译理论及中西方翻译史

一、翻译理论

（一）翻译的定义

　　翻译将一种语言中的文字或口头表达转换为另一种语言中的等效表达。这个过程不仅是简单的词汇替换,而是涉及语言、文化、语境等多个方面的综合考虑。翻译需要翻译者具备扎实的语言基础、广泛的文化知识和敏锐的语境感知能力，以确保翻译结果的准确性和流畅性。

翻译作为一种跨语言、跨文化的交流方式，在人类社会中扮演着重要的角色。无论是国际交流、商务合作，还是学术研究、文化交流，翻译都发挥着不可或缺的作用。翻译不仅能够帮助人们打破语言障碍，增进相互理解，还能够促进不同文化之间的交流与融合，推动人类文明的发展。

然而，翻译也是一项充满挑战的工作。不同的语言之间存在很大的差异，翻译者需要花费大量的时间和精力来研究和理解原文，并在另一种语言中寻找等效的表达方式。同时，翻译还需要考虑到文化差异和语境因素，以确保翻译结果的准确性和得体性。因此，翻译需要翻译者具备高度的专业素养和责任心，才能够胜任这项工作。

（二）翻译的标准

人类的思维千头万绪，语言的活动五花八门，翻译的材料各种各样，因而也就决定了语言翻译活动范围的广阔性和多样性。而且，无论什么样的思想只能在语言材料的基础上才能产生和存在，所以自然就要对再现另一种语言的翻译工作提出严苛的要求，为满足这种要求而提出的标准，就是翻译标准。

由于翻译活动并非单纯地对原文的翻印，而是对原文的创造性地再现，因此翻译并非像一些人所想象的那样，是照葫芦画瓢，也不是有一个词就译一个词的堆砌翻译。翻译中所遇到的问题归根结底是表达问题，即表达原文语言在内容和形式上密切联系的整体中所表达的一切。那么，这"一切"又该怎样表达呢？毫无疑问，应该是准确而完整的表达。

所说的准确而完整的表达，就是要求译者用标准的本族语再现原作者通过语言所表达的一切，既不能有丝毫的削弱、冲淡或夸大、编造，也不能任意重述、改写或简述、剪裁。在任何情况下都必须准确理解原著精神和作者的本质意图，用正确的语言材料予以表达。

翻译不应当逐字死译，但也不应当凭主观想象而随意臆造。翻译时，要求译者用简洁而地道的本族语言，本质地再现原作者的思想感情或思维意图。要想做到这一点，必须深入研究原文语言在词汇、语法、词义、表现方法等方面与本族语言的异同,深入了解事物的具体实际。

说到这里,可以用鲁迅先生的话来概括上面所谈到的关于翻译标准的见解。鲁迅说:"翻译必须兼顾两面:一则当然求其易懂,一则保存原作的风姿。"[①] 这句话的意思就是要求原作思想内容与译文语言形式的辩证统一。

关于翻译的准确性问题,通常从字面上的准确性、意思上的准确性和艺术上的准确性提出要求。然而,语言的活动范围是无限的,而要求译者在无限的语言中达到所要求的准确性,似乎是苛求。不过,如果把语言材料按照文体加以分类,分别提出准确性的要求,就能够达到接近于实际的准确性。

例如,从事科技文献翻译时,应注意以下几点。

(1)技术概念要准确。科技日语是专门反映科学技术知识的语言材料,为此译文的技术概念必须准确。一般译文中出现技术性差错,往往是由于对原文语言理解得不深。正确理解是正确表达的基础,熟通原文语言是保证译文准确的先决条件。

(2)译文说理叙事要清楚,用字用语要简洁。注意避免那种生搬硬套的"死译"和逐词逐句沿着语法轨道堆砌下来的"硬译"。翻译过程中,要注意词与词、句与句、段落与段落之间的逻辑关系。

(3)做好翻译的技术准备工作。译者不可能在专业知识方面同原作者处在相同的技术水平上,即便技术水平相同,但在每一个具体的新技术内容的理解上也会有差异。因为凡属原作者的创造性的思维,总是包含着新的科技内容,原文所反映的有创见性的一切,大都是他人所不了解的。所以,"懂专业的"和"不懂专业的"同志,都必须做些技术知识上的准备。比方说,一个搞电子的技术人员,尽管对电子很熟悉,但是对属于光电子范畴的激光就未必很清楚,所以在着手翻译之前,最好看看与激光有关的技术书籍,做一些技术知识上的准备。

---

① 王支贵.翻译家鲁迅[M].天津:南开大学出版社,2016:162.

二、中西方翻译史

（一）中国翻译史

1. 早期翻译时期

（1）佛经翻译

在中国佛教史上，佛教的传入和发展经历了一个漫长的过程。佛教起源于古印度，大约在公元前 6 世纪，由乔达摩·悉达多（释迦牟尼）创立。佛教传入中国的时间可以追溯到公元 1 世纪左右，即西汉末年。佛教的传入，不仅对中国社会产生了深远的影响，而且对中国的文化、哲学、宗教、艺术等方面都产生了重要的影响。

佛教传入中国后，逐渐形成了中国佛教的特色。其中，佛经翻译活动是佛教在中国传播的重要途径之一。佛经翻译是指将佛教经典从梵文、巴利文等原始语言翻译成中文的过程。佛经翻译活动从东汉末年开始，一直持续到北宋末年，大致可以分为四个阶段：从东汉末年到西晋的草创时期、从东晋到隋末的发展时期、唐代的全盛时期以及北宋末年的基本结束时期。

在草创时期，佛经翻译活动主要是由一些佛教徒自发进行的。他们以梵文佛经为蓝本，通过自己的理解和知识，进行翻译。这一时期的佛经翻译，虽然数量较少，但质量较高，为后来的佛经翻译奠定了基础。

随着佛教的传播，佛经翻译活动逐渐得到了政府的支持和重视。从东晋到隋末的发展时期，佛教翻译活动得到了较大的发展。这一时期的佛经翻译不仅数量增加，而且质量也有所提高。这一时期的佛经翻译主要由一些著名的佛教翻译家完成，如鸠摩罗什、慧远、昙无谶等。

唐代是中国佛教的全盛时期，也是佛经翻译活动的高峰期。唐代的佛经翻译，不仅数量众多，而且质量上乘。这一时期的佛经翻译主要由一些著名的佛教翻译家完成，如玄奘、窥基、慧琳等。他们的翻译作品不仅具有很高的学术价值，而且对佛教在中国的发展产生了深远的影响。

然而，到了北宋末年，佛经翻译活动逐渐走向衰落。这一时期的佛经翻译,虽然仍然在进行,但数量和质量都明显下降。这一时期的佛经翻译主要由一些佛教徒和居士完成,如普宁、永明延寿、慧琳等。他们的翻译作品虽然数量和质量都不如唐代,但仍然具有一定的学术价值。

（2）其他早期翻译

在魏、晋、南北朝时期以及隋朝,我国负责管理民族事务、外交事务以及配备译员的官方机构,大多都是沿袭了汉朝的制度,进行了有机的合并。虽然在我国的众多古代正史中,很少会详细涉及译员的具体翻译工作情况,但事实上,在其他周边民族或者外国使节来朝贺的时候,他们都会提交报表文书,这些文书需要经过译员的翻译,才能为我国官员所理解。

译员在唐代的活动相比之前更为频繁。无论是君臣间的狩猎活动,还是军旅出征,官员们都会随身携带译员,以便与周边民族或外国使节进行顺畅的交流。而这些译员大多都是长期居住在我国的番胡人,他们熟悉我国的文化和语言,能够起到很好的沟通桥梁作用。

此外,还有一些重要的文献和知识被翻译成汉文,以便于我国民众的了解和掌握。例如,十六国及北朝的民歌被翻译成了汉文,如《敕勒歌》等,使汉族民众能够欣赏到周边民族的音乐文化;医学、天文演算等书籍也逐渐传入找国,并被翻译成汉文,为我国的科技发展提供了丰富的知识资源。

可见,从魏、晋、南北朝到隋唐时期,我国的译员在民族事务、外交事务中起到了至关重要的作用。他们不仅推动了我国与其他民族的交流,还促进了文化的交融与发展。这一时期的译员工作和翻译成果为我国的历史留下了宝贵的财富。

2. 明清翻译

在我国翻译史上,明末清初的翻译工作主要以自然科学为主,这一时期的翻译力量主要来源于两种力量:一方面是来我国传教的外国传教士,另一方面是对科学有着浓厚兴趣的中国士大夫。这两种力量的结合使这一时期的翻译工作取得了丰硕的成果。

明末清初,随着西方科学的传入,一批外国传教士来我国传教,他们不仅传播了基督教,同时也带来了西方的科学知识。这些传教士中,有许多在科学领域有着深厚的造诣,他们利用自己的专业知识,为我国的翻译工作作出了重要贡献。其中,利玛窦、汤若望、南怀仁等传教士对我国自然科学的发展产生了深远影响。他们翻译了许多西方的科技著作,使我国读者能够及时了解西方的科学进展。据统计,从明朝到康熙的这段时间,来我国传教的外国传教士知名的多达 70 人,总共翻译的著作达 300 多种,关于自然科学的也有 120 种左右。

这一时期的中国士大夫对科学也表现出浓厚的兴趣。他们不仅积极学习西方的科学知识,还努力将西方的科学知识传播出去。徐光启、李之藻等士大夫就是其中的代表。他们翻译了许多西方的科学著作,如《泰西水法》《泰西格致》等,为我国自然科学的发展作出了重要贡献。

利玛窦的《泰西水法》是一部关于水利工程的重要著作,对我国的水利工程产生了深远影响。汤若望的《泰西历法》对我国的历法改革产生了重要影响。南怀仁的《泰西天文学》对我国的天文学研究产生了重要影响。

徐光启的《泰西格致》是一部关于西方科技的综合性著作,对我国科技的发展产生了重要影响。李之藻的《泰西地学》对我国的地理学产生了重要影响。

因此,明末清初的翻译工作特别是自然科学的翻译工作,取得了显著的成果。这些成果不仅推动了我国自然科学的发展,同时也对我国的文化交流产生了重要影响。然而也应该看到,在这一时期的翻译工作中还存在一些问题,如翻译质量参差不齐,翻译工作主要集中在自然科学,对人文社会科学的翻译工作关注不够等。

3. 近代翻译

从 19 世纪中期鸦片战争到"五四运动"时期,中国翻译理论进入到了近代时期。这一时期的文化翻译成为翻译的重点,而佛经翻译与明清科学翻译之后,翻译领域开始拓展到其他领域。在严复、梁启超、林纾等著名翻译家的努力下,我国近代翻译事业取得了重要进展。

严复是我国近代翻译理论的奠基人之一。他翻译了《天演论》,将西方进化论引入中国,对我国的科学、文化、思想产生了深远的影响。严复不仅关注翻译本身,还对翻译过程进行了深入的思考。他在《天演论》的译序中,提出了著名的"信、达、雅"翻译原则,强调翻译应该忠实于原文,同时注重表达的通顺和优美。这一原则对我国翻译事业产生了深远的影响,成为翻译界的共识。

梁启超也是我国近代翻译事业的杰出代表。他翻译了《社会通诠》等西方社会学著作,对我国社会学的发展产生了重要影响。梁启超对翻译工作非常认真,他不仅对原文进行了深入研究,还结合中国国情进行了适当的调整。他的翻译作品语言流畅,表达清晰,深受读者喜爱。

林纾是我国近代翻译事业的又一重要人物。他翻译了《巴黎茶花女遗事》等西方戏剧作品,对我国戏剧事业的发展产生了重要影响。林纾翻译的作品语言优美,情感真挚,为我国戏剧事业的发展注入了新的活力。

此外,这一时期的翻译家们还翻译了大量的历史、哲学、文学等领域的西方著作,对我国学术界的发展产生了重要影响。他们的翻译作品不仅丰富了我国的文献资料,还推动了我国学术研究的深入发展。

在这一时期,我国近代翻译理论进入近代时期,且文化翻译成为翻译的重点。严复、梁启超、林纾等著名翻译家的努力使我国近代翻译事业取得了重要进展。他们的翻译作品不仅丰富了我国的文献资料,还推动了我国学术研究的深入发展。他们的贡献对我国翻译事业的发展产生了深远的影响。

4.现代翻译

"五四运动"之后,我国的翻译理论经历了从古典翻译向现代翻译研究的转变,这一阶段以翻译活动的频繁性和对翻译的普遍讨论为特点。在这个时期,新文化运动催生了白话文翻译的浪潮,翻译的内容和形式都发生了显著的变化。马克思列宁主义的共产主义思想以及无产阶级理念也开始被翻译到中国,其中《共产党宣言》就是这一时期的重要成果。

在新文化运动的影响下,翻译理论开始从传统的古典翻译转向现代翻译研究。现代翻译研究注重对翻译过程的深入理解和研究,强调翻译活动的社会性和文化性。在这个阶段,翻译不再仅仅是一种语言的转换,而是涉及文化、社会、政治等多个层面的交流。

在翻译的内容上,"五四运动"之后,翻译开始关注社会问题和现实生活。翻译的题材开始从古典文学转向现代社会科学、自然科学等领域,以满足当时社会对知识的需求。这一时期的翻译工作不仅推动了知识的传播,也反映了社会的变革。

在翻译的形式上,"五四运动"之后,翻译开始注重形式的美感和艺术性。翻译开始从单纯的文字转换转向语言的艺术创作,翻译家们开始探索如何用语言表达思想,如何通过语言塑造形象。这一时期的翻译作品不仅具有较高的学术价值,也具有较高的艺术价值。

因此,"五四运动"之后,我国的翻译理论进入了一个新的阶段,即现代翻译研究阶段。在这个阶段,翻译开始关注社会问题和现实生活,翻译的内容和形式都发生了显著的变化。马克思列宁主义的共产主义思想以及无产阶级理论的翻译,也为我国的翻译理论发展带来了新的启示。

（二）西方翻译史

1. 古典翻译时期

（1）《圣经》的翻译

《圣经》是一部具有深厚历史和文化底蕴的宗教经典,其成书时间跨度长达数百年,涉及古代近东地区的多种民族、语言和文化传统。因此,《圣经》的翻译过程既复杂又充满挑战。

在《圣经》翻译的历史上,有两个主要的阶段。

第一个阶段是从古代希伯来语和亚拉姆语翻译成希腊语,这一阶段始于公元前的几十年,结束于公元 1 世纪。这一阶段的翻译工作主要是由犹太教士和学者完成的,他们通过深入理解和研究原文,试图在希腊语中找到最贴近原文意思的表达方式。

第二个阶段是从希腊语翻译成拉丁语,这一阶段始于公元 4 世纪,结束于公元 15 世纪。这一阶段的翻译工作主要是由基督教教士和学者完成的,他们试图在拉丁语中找到最贴近原文意思的表达方式,同时也考虑到拉丁语的语法和词汇结构。

（2）其他早期翻译

在西方古代翻译史上,从罗马帝国鼎盛到灭亡的七百多年间,荷马的史诗和戏剧是西方文学的基石,其影响力深远。荷马史诗的翻译在罗马帝国时期达到了高潮,而在这个时期,出现了许多著名的翻译家,其中最著名的是安德罗尼柯和西塞罗。

安德罗尼柯是西方翻译史上的一位重要人物,他对荷马史诗的翻译作出了重要贡献。安德罗尼柯是罗马帝国时期最著名的翻译家之一,他的翻译理论对后来的翻译家产生了深远的影响。他的翻译理论主张"信、达、雅"的原则,即在翻译过程中,不仅要保证信息的准确性,同时也要保证语言的表达效果。

西塞罗也是一位重要的翻译家,他对荷马史诗的翻译也产生了深远的影响。西塞罗的翻译理论主张"忠实于原文,传达原文的精神",他认为翻译不仅是语言的转换,更是文化的传播。他的翻译实践充分体现了这一理论,他的翻译作品不仅准确传达了荷马史诗的内容,同时也展现了荷马史诗的精神内涵。

此外,安德罗尼柯和西塞罗的翻译实践也对后来的翻译家产生了深远的影响。他们的翻译实践体现了"信、达、雅"的原则,对后来的翻译家产生了深远的影响。他们的翻译实践也为后来的翻译家提供了宝贵的经验和借鉴,对西方翻译史的发展产生了深远的影响。

2. 中世纪翻译时期

中世纪初期,罗马帝国的废墟上崛起的国家虽然繁多,但它们并未形成统一的文学语言,因此这一时期的文学语言仍旧以拉丁语为主。拉丁语在中世纪早期被广泛使用,它不仅是宗教活动的语言,还是政治、法律、科学和艺术领域的通用语言。

然而,随着罗马帝国的灭亡,翻译的内容不再仅仅局限于宗教领域。在中世纪初期,翻译活动的主要内容是宗教经典和教义,这些内容主要是为了满足教会的需求,为信仰提供理论支持。然而,随着社会的发展,翻译的内容逐渐丰富起来,不再局限于宗教领域。

在这一时期,有三大翻译理论标志,它们分别是初期翻译家波伊提乌、中期的托莱多"翻译院"以及末期的民族语翻译。

波伊提乌是初期翻译家中的重要人物,他是公元4世纪的一位意大利文学家,被认为是拉丁文学的奠基人之一。波伊提乌的翻译活动主要集中在公元390年至405年之间,他翻译了许多希腊和罗马的文学作品,如荷马的《伊利亚特》和《奥德赛》、亚里士多德的《伦理学》等。他的翻译活动对拉丁文学的发展产生了深远的影响,他的翻译风格被认为是拉丁文学的典范。

中期的托莱多"翻译院"成立于公元 12 世纪,它是欧洲最早的翻译机构之一。托莱多"翻译院"的成立标志着翻译活动开始走向专业化。[①]在托莱多"翻译院"的领导下,翻译家们开始将翻译活动视为一种专门的职业,他们不仅需要精通希腊和拉丁文,还需要具备专业的翻译技巧。托莱多"翻译院"的成立对翻译活动的发展产生了深远的影响,它为翻译活动的专业化奠定了基础。

末期的民族语翻译是在中世纪后期逐渐兴起的。这一时期的翻译家们开始将翻译的重点转向民族语言,他们认为,翻译的目的是传达信息,而不是为了保持原文的语言风格。因此,他们开始使用民族语言进行翻译,如阿拉伯语、法语、意大利语等。这一时期的翻译活动对翻译理论的发展产生了深远的影响,它使翻译活动开始关注到翻译的目的和效果,而不仅是保持原文的语言风格。

因此,中世纪初期的翻译活动主要集中在宗教领域,随着罗马帝国的灭亡,翻译的内容开始丰富起来,不再局限于宗教领域。这一时期的翻译理论标志分别是初期翻译家波伊提乌、中期的托莱多"翻译院"以及末期的民族语翻译。这些翻译活动对翻译理论的发展产生了深远的影响,它们使翻译活动开始关注到翻译的目的和效果,而不仅是保持原文的语言风格。

3. 文艺复兴翻译时期

14 世纪末期,文艺复兴运动在意大利兴起,并迅速传播至整个欧洲。这一运动源于对古希腊、罗马的文学、科学与艺术进行重新审视、发现并振兴。文艺复兴不仅是一场思想文化层面上的革命,更是对中世纪神权主义的一种挑战。它主张以人为中心,尊重人的价值和尊严,提倡追求自由、个性和人的全面发展。

文艺复兴运动的兴起与当时的经济、政治和社会背景密切相关。14世纪末,欧洲经济开始复苏,商业贸易的发展为文艺复兴提供了资金和市场。此外,意大利城市的兴起也为文艺复兴提供了良好的社会环境。意大利城市国家普遍拥有较高的文化素养和艺术修养,这为文艺复兴的

---

① 武锐.翻译理论探索[M].南京:东南大学出版,2010:51.

兴起奠定了基础。

在文艺复兴运动中,人文主义是核心思想。人文主义主张尊重人的尊严和价值,追求个性和自由。这一思想在文学、哲学、政治等领域产生了深远的影响。在文学领域,人文主义提倡对人的全面关注,强调个性化的表达和情感的真实。这使文艺复兴时期的文学作品更加丰富多彩,呈现出鲜明的时代特征。

在翻译领域,文艺复兴时期也是一个重要的时期。翻译家们不断探索新的文学领域,挖掘新的文化遗产,将古代以及近代的经典著作翻译成民族语。这一时期翻译的特点是大量翻译西方古典文学作品,如荷马史诗、古希腊悲剧、罗马历史等。这些作品为欧洲文学的发展奠定了基础,同时也对其他国家的文学产生了深远的影响。

在德国,文艺复兴时期的翻译活动主要集中在宗教改革时期。德国翻译家们将拉丁文和希腊文的原著翻译成德文,推动了德国文学的发展。其中,马丁·路德翻译的《圣经》对德国文学产生了深远的影响,成为德国文学的经典之作。

在法国,文艺复兴时期的翻译活动主要集中在 16 世纪。法国翻译家们将拉丁文和希腊文的原著翻译成法文,推动了法国文学的发展。其中,拉伯雷的《巨人传》和蒙田的《随笔集》是法国文学的经典之作,对法国文学产生了深远的影响。

在英国,文艺复兴时期的翻译活动主要集中在 16 世纪末至 17 世纪初。英国翻译家们将拉丁文和希腊文的原著翻译成英文,推动了英国文学的发展。其中,莎士比亚的戏剧作品是英国文学的经典之作,对英国文学产生了深远的影响。

因此,文艺复兴时期的翻译活动对欧洲文学的发展产生了深远的影响。这一时期的翻译家们不断探索新的文学领域,挖掘新的文化遗产,为欧洲文学的发展奠定了基础。同时,这一时期的翻译活动也对其他国家的文学产生了深远的影响,推动了世界文学的发展。

4. 近代翻译时期

17 世纪至 19 世纪,全球翻译事业在文艺复兴的推动下,经历了一个逐步发展的过程。这一时期被认为是西方翻译史上的第五次高潮,也是翻译理论与实践研究的黄金时代。在这一时期,各国翻译事业的发展呈现出明显的特点,特别是在英国和法国两国。

在 17 世纪,英国和法国两国凭借其政治和经济上的繁荣,吸引了大量的知识分子投身于翻译领域。这些知识分子在翻译理论和实践的研究中,为翻译事业的发展作出了卓越的贡献。他们不仅推动了翻译事业的发展,还提出了许多重要的翻译理论和实践方法,为后来的翻译工作者提供了宝贵的借鉴。

18 世纪,西方翻译理论进入了一个重要的发展阶段。这一时期的翻译理论家们开始挣脱狭隘的研究范围,提出了更为全面系统的普遍性翻译理论模式。著名翻译理论家如巴特和泰特勒等人,他们的理论观点具有开创性,对后来的翻译事业产生了深远的影响。18 世纪翻译理论的关注点逐渐转向原文的文学特征,强调原文的意义,从而使翻译工作更加注重艺术性和科学性。

进入 19 世纪,翻译事业开始转向近现代作品。这一时期的翻译作品逐步从古代作品转向近现代作品,近现代西方其他国家的文学作品也逐渐被引入翻译领域。在这一时期,许多著名的翻译家如弥尔顿、席勒、歌德等人,通过他们的努力,翻译事业得到了进一步的发展。他们的翻译作品不仅丰富了翻译领域的内涵,还为后来的翻译工作者提供了宝贵的实践经验和启示。

此外,在翻译理论界,英国和法国也出现了许多重要的翻译理论家。如阿诺德和纽曼等。他们的翻译理论观点各异,但都为翻译事业的发展作出了重要的贡献。

因此,17 世纪至 19 世纪的翻译事业,无论是在英国和法国,还是在德国,都取得了重要的进展。这一时期的翻译事业,为后来的翻译事业奠定了坚实的基础。

5. 现当代翻译时期

在 20 世纪的西方翻译史中,第二次世界大战被视为一个重要的分界线。第二次世界大战前,翻译活动主要受到现代翻译理论的影响,这一时期的翻译活动可以被称为现代翻译时期。然而,第二次世界大战后的时期,翻译活动受到了当代翻译理论的影响,这一时期的翻译活动可以被称为当代翻译时期。

在翻译理论的发展过程中,现代语言学的诞生和发展起到了重要的推动作用。现代语言学的研究对象包括语言的结构、语音、语法、词汇等多个方面,这为翻译理论的现代化奠定了基础。现代语言学强调语言的内在规律和规则,为翻译理论的发展提供了新的理论框架和研究方法。

在现代语言学的影响下,翻译理论家们开始注重源语和译入语所固有的语言结构的差别。这种差别是翻译活动中的一个重要因素,因为源语和译入语在语言结构上存在明显的差异。这些差异为翻译活动提供了丰富的研究对象,也为翻译理论的发展提供了新的研究方向。

然而,现代语言学对翻译理论的影响并不意味着翻译理论的发展就完全符合现代语言学的理论框架。翻译理论是一个复杂的领域,它不仅涉及语言学,还涉及文化、文学、翻译实践等多个方面。因此,翻译理论家们还需要结合实际情况,对翻译理论进行深入研究和探讨。

因此,20世纪的西方翻译史是一个充满变化和挑战的时期。翻译理论的发展在这个过程中受到了现代语言学的影响,但同时也需要结合实际情况进行深入研究和探讨。只有这样,翻译理论才能真正发挥其应有的作用,为翻译实践提供有力的支持。

第二节　语言学与翻译的关系

语言学与翻译之间的关系深远且密切,它们之间的互动与融合在翻译研究领域中占据了重要的地位。具体来说,语言学与翻译关系的涵盖范围广泛,包括以下几个主要方面。

认知语言学与翻译:认知语言学关注语言使用的认知过程,包括思维、知觉、记忆、注意力等方面的心理活动。在翻译过程中,译者需要对源语言和目标语言的认知结构有深入的理解,以便在两种语言之间进行恰当的转换。认知语言学的理论体系为翻译研究提供了新的视角,有助于揭示翻译过程中的心理机制。

语言符号、语料库语言学与翻译:语言符号是语言的基本构成单位,承载着语言的意义和形式。语料库语言学通过对大量语言实例的收集和分析,揭示语言使用的规律和特点。在翻译过程中,译者需要对源语言和目标语言的符号系统和语料库有充分的了解，以便在翻译时能够准确地传达原文的意义和风格。

语篇语用学、文化语言学与翻译：语篇语用学关注语言在实际交际中的使用，强调语言意义的语境依赖。文化语言学则研究语言与文化的内在联系，揭示语言在文化背景下的意义。在翻译过程中，译者需充分考虑语言背后的文化因素，确保翻译作品在目标文化中能够产生预期的效果。同时，译者还需要掌握不同语言的语用策略，以实现跨语言、跨文化的有效沟通。

功能语言学与翻译：功能语言学强调语言在不同语境下的功能和用途，主张翻译过程中应注重语言的实际应用。功能翻译理论提倡在翻译过程中，根据语境和目的来调整翻译策略，使翻译作品在目标语言文化中具有实际价值。功能语言学的翻译观为译者提供了更加灵活、实用的翻译方法。

翻译教学与实践：翻译教学与实践是培养翻译人才的重要环节。通过系统的翻译课程学习和实践操作，学生可以掌握翻译的基本理论和方法，培养跨语言、跨文化的交际能力。同时，翻译教学还关注翻译行业的最新动态和发展趋势，以便将翻译理论与实际需求相结合，提高翻译质量和效果。

第三节 语言学指导下的英汉翻译策略

一、直译与意译

直译与意译是翻译领域中表达阶段所常用的两种策略。直译，顾名思义，是指在翻译过程中力求保留原文的内容和形式，这包括原文的选词用字、句法结构、形象比喻以及风格特征等各个方面。在直译的过程中，译者会尽量忠实于原文，让译文读者能够感受到原文作者的思想和情感。

然而，在某些情况下，直译可能会导致译文过于生硬，不符合译入语的表达习惯。这时候意译就显得尤为重要。意译是以原文的意义为核心,在对原文的思想内容进行深刻理解的基础上,改变原文的结构,运用译入语的习惯表达方式进行翻译。意译强调译文的自然流畅,使译文读者能够更好地理解和接受译文。

直译与意译各有其优缺点。直译能够较好地保留原文的特色,有助于传播原文的文化;而意译则更注重译文的通顺和可读性,使译文更易于被读者接受。在实际翻译过程中,译者需要根据具体情况灵活运用直译和意译,力求在传达原文意义的同时,兼顾译文的自然流畅。

在我国的翻译实践中,直译和意译的应用各有侧重。对于一些具有鲜明民族特色和文化内涵的词语和表达,译者往往会采用直译,以保留原文的特色和文化信息。而对于一些具有深刻内涵的文学作品,译者则会运用意译,以使译文更加通俗易懂,同时确保译文读者能够体会到原文的作者的思想和情感。

（一）直译

直译作为一种翻译策略,其历史渊源深厚,理论基础稳固,并且在翻译实践中得到了广泛的应用。然而,直译并非适用于所有情况,其局限性也在一定程度上反映了其在实际应用中的困境。因此,翻译者在选择翻译策略时,需要综合考虑各种因素,以达到最佳的翻译效果。

在英汉互译中,直译法是一种重要的翻译方法,它强调对源语言文本进行逐字逐句的对应翻译,力求"忠实原文并符合原文"的原则。这种方法不仅要求译文在文体上与原文保持一致,而且要尽量使各种实词、虚词的表达都与原文相通。一般情况下,当译文语言条件允许以类似原文的形式表达思想内容,并能产生相同的效果时,在不违背译文语言规范、不引起错误联想的前提下,译者在英汉互译时可以采用直译法。

直译法主要体现在一些短语和句子上。这些短语和句子通常具有特定的文化背景和语言特点,直接翻译可以更好地保留原文的内涵和意义。例如,英文中的 to be in the same boat 直译为"处于同一艘船上",这个表达方式既保留了原文的比喻意义,又准确地传达了原文所要表达的信息。再如,英文中的"It is raining cats and dogs."直译为"下大雨了",这种翻译方式保留了原文的形象描述,使译文更加生动形象。

直译作为一种重要的翻译方法,其优点在于能够最大限度地保留原文的风格,准确地传达原文的意义。在大多数情况下,直译都是翻译的首选策略,因为它能够让观众在阅读译文时,感受到与原文相似的语境和情感。然而,如果一味地追求直译,忽视了译文的通顺性和可读性,那么译文就可能变得冗长、烦琐,甚至晦涩难懂。这样的译文可能会让读者感到困扰,甚至无法正确理解原文的含义。首先,直译可能导致译文冗长的原因是,原文中的一些表达在目标语言中没有直接对应的词汇或表达方式。在这种情况下,译者如果坚持直译,就不得不使用较长的句子或解释性的表述,从而使译文显得冗长。此外,不同语言的句式结构和表达习惯也有差异,直译可能导致译文的语句结构不够紧凑,进而影响读者的阅读体验。其次,直译可能导致译文晦涩难懂的原因是,某些原文中的词汇、短语或表达方式在目标语言中难以找到合适的对应词汇或表达方式。这时如果译者仍然坚持直译,那么译文就可能出现"中式英语"或其他不符合目标语言表达习惯的现象。这种译文对于读者来说,理解起来就会显得困难。此外,直译有时甚至不能正确表达原文的含义。这是因为有些原文中的寓意或文化背景在目标语言中难以传达。在这种情况下,如果译者仅仅追求直译,那么译文就可能失去原文的内涵,甚至产生误导。因此,在进行直译时,译者需要兼顾译文的通顺性、可读性和准确性。在遇到难以直接翻译的词汇或表达时,译者可以采用意译、注释或其他翻译技巧,以便在保证译文质量的同时,尽可能地传达原文的风格和意义。

（二）意译

从古代到现代,翻译理论经历了从直译到意译,从拘泥原文到强调译文读者感受的演变过程。

在古代翻译理论中,直译占主导地位。东晋时期,道安主张佛经的直译,他认为译文应当尽可能地保留原文的形态和意义,使译文能够准确地传达原文的信息。然而,在实际翻译过程中,道安的直译观点并未得到普遍认同。鸠摩罗什,一位来自印度的天竺人,被道安请来协助佛经翻译。鸠摩罗什主张意译,即在充分理解原文的思想内容和艺术风格的基础上,对译文进行适当的删减和增添,以减少译文的死板生硬,增加对译入语读者的吸引力。鸠摩罗什的意译观点,在当时引起了激烈的争论,但最终在翻译实践中得到了广泛的应用。例如:

从此百鸟飞翔，百兽欢乐。

From then on, birds and animals were happy and harmonious.

在词典和翻译软件中，"兽"被翻译为 beast。而在西方国家，beast 代表的是危险而凶猛的动物。在柯林斯词典中，beast 指的是"大型、危险或不寻常的动物"。而原文所要表达的是动物们披上布罗陀染色的彩线后快乐与宁静的气氛。如果"兽"被翻译成 beast，会破坏原文所创造的文化环境。同时，作者认为"百鸟飞翔"只是为了表达出"百兽欢乐"的气氛，不必在译文中逐字翻译。因此，经过考虑，作者将其翻译为 birds and animals were happy and harmonious。

到了近代，严复的"信、达、雅"翻译理论对后世产生了深远的影响。严复认为，翻译不仅是语言之间的转换，更是一种文化的交流。他强调译文应当准确、达意、优美，即"信、达、雅"。严复的翻译理论对后世翻译工作产生了深远的影响。

然而，在西方，早期的评论家圣·杰罗姆提倡用意译来翻译文学作品。他认为，翻译不仅是语言之间的转换，更是文化之间的交流。他认为，译文应当尽可能地保留原文的韵味，使译文能够准确地传达原文的信息。然而，到了现代，意大利的贝尼代托·克罗齐、西班牙的奥尔特加·加塞特、法国的保罗·瓦列里等人认为翻译要做到不失原著的韵味是不可能的。他们认为，翻译是一种创造性的活动，译者需要根据译文读者的接受程度，对原文进行适当的删减和增添，以使译文更加符合译文读者的阅读习惯。

意译的使用主要有以下几种情况。

（1）为了使读者更容易理解原文所表达的意思，而保留原文的主要思想。这种情况下，意译可以省略一些细节，但仍然保持原文的核心意义。例如，在翻译一篇科学论文时，可能需要保留原文的主要结论和思路，但可以省略一些复杂的公式和细节。

（2）为了更好地传达原文的含义，而进行一些改动。这种情况下，意译可能会改变原文的语法结构和用词，以更好地适应目标语言的语法和表达习惯。例如，在翻译一篇法律文件时，可能需要改变原文的语法结构，以便更好地表达法律术语和概念。

（3）为了更好地适应目标语言的表达习惯，而进行一些调整。这种情况下，意译可能会改变原文的表达方式，以更好地适应目标语言的语法和表达习惯。例如，在翻译一篇文学作品时，可能需要改变原文的表达方式,以便更好地适应目标语言的语法和表达习惯。

（4）为了更好地传达原文的含义,而进行一些删减。这种情况下,意译可能会删减一些原文的细节,但仍然保持原文的核心意义。例如,在翻译一篇商务报告时,可能需要删减一些细节,但仍然保持原文的核心意义。

（5）为了更好地适应目标语言的表达习惯,而进行一些增删。这种情况下,意译可能会增加一些原文的细节,但仍然保持原文的核心意义。例如,在翻译一篇学术论文时,可能需要增加一些原文的细节,以便更好地适应目标语言的语法和表达习惯。

意译的使用主要有以上几种情况。在实际应用中,意译可能会根据具体情况进行适当的调整和改动,以更好地适应目标语言的语法和表达习惯,从而更好地传达原文的含义。

（三）直译与意译之争

直译与意译这两个术语在翻译界一直被广泛讨论,其优劣之处以及具体的定义在翻译界存在一定争议。在 20 世纪 50 年代以前,学者们普遍排斥直译,主要原因在于直译被人们误解为"死译"和"迂曲难通的译文"。对于意译的质疑,主要表现在对原文的随意增减和曲解。然而,随着人们对翻译认识的成熟,人们开始更多地关注何时何地使用直译和意译更为合适。

中西翻译界对直译和意译的研究范畴存在差异。我国的研究主要集中在直译和意译的界限问题上,而西方翻译界的研究则主要关注源语和目的语如何达到最大程度的对等。这种差异主要源于东西方语言结构的不同。西方语言大多属于同一语族或相似语族之间的语际转换,因此,词对词、句对句的转换是有可能实现的。然而,中文与西方语言在结构方面存在巨大差异,字对字、词对词的转换表现为"死译",句对句的转换则表现为"硬译"。因此,我国的研究主要集中在直译和意译的界限问题上。

直译与意译之争实际上是"重形式"与"重内容"之争。然而,在此基础上,还应关注读者的预期目标与阅读感受。对此,奈达曾提出"直译基础上的意译",这样既可以实现自然通畅的译文,又可以最大限度地再现原意。实际上,只有将直译和意译有机结合,才能实现译文的最佳效果。

因此,直译和意译是翻译界一直争论不休的话题。虽然存在争议,但无论是直译还是意译,都有一定的优劣。直译更注重形式,强调保持原文的准确性,但可能导致译文过于生硬;意译更注重内容,强调译文的可读性和通顺性,但可能导致译文失去原文的某些细微之处。因此,在实际翻译过程中,应根据具体情况选择适当的翻译方法,以实现译文的最佳效果。

二、归化与异化

在我国的翻译领域,近年来,异化和归化这两种翻译策略已经逐渐取代了直译和意译,成为翻译研究和争论的热点。这种转变并非偶然,而是源于翻译实践中价值取向的深刻变化。

直译和意译的争论主要集中在语言层面的价值取向,即如何在保持原文语言结构的基础上,使译文最大限度地传达原文的意义。这种争论关注的是翻译的准确性,但往往忽略了翻译中的文化因素。直译强调忠实于原文,尊重原文的语言特点和文化背景,但有时可能导致译文不够通顺,甚至出现误解。而意译则更注重译文的可读性和流畅性,力求在意义和文化内涵上贴近原文,但有时可能会牺牲一定的原文特色和准确性。

与直译和意译不同,异化和归化这两种翻译策略站在文化大语境的角度来探讨翻译的价值取向。异化翻译主张在译文中保留原文的文化特点,使读者能够感受到原文的文化氛围。这种翻译策略强调译者在翻译过程中对原文文化的尊重和忠实,有助于传播和弘扬源语文化。然而,异化翻译也可能导致译文不够符合目标语读者的阅读习惯,甚至产生误解。

归化翻译则倾向于将原文的文化特点进行适当的调整,使其符合目标语的文化规范,使译文更加通顺、易懂。这种翻译策略注重译文的可读性和接受度,但有可能在一定程度上失去原文的文化特色。归化翻译的优势在于让译文更容易为读者所接受,有利于提高翻译的普及程度。

异化和归化这两种翻译策略各有优缺点,但它们并不矛盾,而是代表了不同的价值取向。在实际翻译过程中,译者可以根据不同的翻译目的和读者群体,灵活运用这两种策略。对于旨在传播源语文化的翻译,异化翻译可能是更好的选择;而对于追求译文通顺易懂的翻译,归化翻译或许更为合适。无论采用哪种翻译策略，译者都需要在准确传达原文意义的前提下，充分考虑文化因素，以实现翻译的价值目标。在当今全球化的背景下，翻译界对异化和归化的关注和研究，有助于推动翻译事业的繁荣和发展。

（一）归化

归化理论（domestication）是一种翻译方法，它以目的语的文化为归宿。这种翻译方法主要侧重于在目标语言和文化中，将源语言的形式、习惯和文化传统进行适应和转化，使译文能够更好地融入目标语言和文化，实现动态对等或功能对等。归化翻译的核心理念是"最贴近自然对等"，即在保持原文意义的同时，使译文尽可能地符合目标语言的表达习惯和文化传统。

归化理论的主要倡导者是著名翻译学家尤金·奈达。他认为，翻译作品应当追求动态对等，不仅在表达形式上符合目标语言规范，同时在文化内涵上也应如此。奈达主张，优秀的译文应当使读者几乎无法察觉到原文的痕迹，译文应当完全融入目标语言的文化范畴，符合读者的阅读习惯和心理预期。

为了实现这一目标，译者在翻译过程中需要充分考虑以下几个方面。

（1）直译与意译的平衡：在翻译过程中，译者应根据原文的语言特点和目的语读者的阅读习惯，选择适当的翻译方法。在某些情况下，直译可能无法准确表达原文的意义，此时可以考虑意译。但无论采用哪种方法，都要确保译文具有可读性和可理解性。

（2）保持原文风格：在归化过程中，译者应尽量保持原文的风格和语气，使其符合目的语读者的阅读习惯。例如，在翻译诗歌时，应尽量保留原文的韵律和节奏，使译文具有同样的美感。

（3）词汇选择：译者在归化过程中，应根据原文和目的语之间的语义关系，选择恰当的词汇。这需要译者对原文和目的语的词汇体系有深入的理解，以确保译文表达准确、清晰。

（4）适应性调整：在归化过程中，译者应根据目的语读者的接受程度和习惯，对原文的表达方式进行适当调整。例如，在翻译某些具有特定文化背景的文本时，可能需要对原文中的某些内容进行解释或补充，以便读者更好地理解原文的意义。

（5）跨文化交际：归化法在翻译过程中，应充分考虑目的语文化背景和读者的认知习惯，以确保译文能够被目标读者理解和接受。例如，在翻译涉及宗教、历史等敏感话题的文本时，译者应尽量遵循目的语文化规范，避免引起不必要的误解和冲突。

归化法在翻译过程中发挥着重要作用，它有助于提高译文的可读性和可理解性，同时保持语言的本土化。然而，归化法并非适用于所有翻译场景，译者应根据具体情况进行灵活运用。在实际翻译过程中，译者还需不断积累经验，提高自己的翻译水平，以更好地应对各种翻译挑战。

需要注意的是，在运用归化法时，译者需要把握好度，避免"归化过度"。所谓"归化过度"，在英译汉中的一种表现就是过度使用成语。成语是汉语中一种独特的表达方式，具有丰富的文化内涵。然而，如果在不恰当的情况下滥用成语，反而会破坏原文的异国情调，甚至可能导致译语读者产生文化误解。例如，有些译者在翻译英文中的 at the beginning of one's career 时，将其直接译为"初出茅庐"。虽然"初出茅庐"这个成语在汉语中表达的意思与原句相近，但它所蕴含的文化内涵却与英文原句不符。同样，将 to volunteer one's service 译为"毛遂自荐"也存在同样的问题。总之，在英译汉过程中，译者要把握好归化法的度，避免归化过度。在翻译时，应忠实于原文、适度调整、注重文化差异，并谨慎使用成语。这样才能使译文既符合目标语言的表达习惯，又能保留原文的异国情调，让译语读者在享受阅读的同时，感受到不同文化的魅力。

（二）异化

异化策略的核心理念是译者需要尽可能地保留原文的语言形式和文化意象，而非完全适应译语读者的审美阅读习惯。这种策略的提出，源于对源语文化的尊重和维护，是异化理论的主要研究内容。

异化理论的代表人物韦努蒂（Lawrence Venuti），是解构主义思想的主要倡导者。他提出了"反翻译"概念，即在翻译过程中，译者应尽可能地保留原文的风格和形式，而不仅仅关注目的语读者的接受水平。他主张，译作应当成为原文的延伸，而非对原文的简单转换。

韦努蒂的这一理论并非全然忽略目的语读者的接受程度,而是主张译者在保持原文独特性的同时,也要考虑目的语读者的接受能力。他呼吁译者"抑制翻译中我族中心主义的暴力",即在翻译过程中,要避免过于强调译者的主体地位,防止翻译过程中出现对原文的过度解读和误读。

韦努蒂的异化策略目的在于保护原文免受译入语文化的控制,使原文在翻译过程中能够保持其原有的文化特色和艺术特色。他主张,译作应当具有异国特性,使读者在阅读过程中,能够感受到原文的异国情调,从而更好地理解和欣赏原文。在翻译过程中,译者尽可能地传递源语文化信息,从而使译文更加忠实于原文。例如:

以古代皇帝穿着的"龙袍"为例,若将其翻译为 dragon robe,就很好地体现了完全异化法的原则。在这里,"龙"作为中国文化中独特且富有吉祥寓意的服饰元素,经过长时间的服饰文化传播,已经在全球范围内产生了一定的影响。国外群众对"龙"这一传统文化元素有了一定的认识和了解,因此在翻译时,可以直接将其译为 dragon,既保留了原文的文化特色,又便于国外读者理解。

同样,对于其他具有中国特色的传统服饰,也可以采用完全异化法进行翻译。比如,"马褂"这一传统服饰,可以翻译为 mandarin jacket,这一翻译不仅保留了原文的字面意义,还凸显了其在历史长河中的地位和价值。"蓑衣"作为一种古代的雨衣,可以将其翻译为 alpine rushes,这样的翻译既传达了蓑衣的材质特点,又展现了其在中国古代文化中的地位。"毡帽"则可以翻译为 a flet cap,这一翻译同样保留了原文的文化特色,使国外读者能够更直观地了解这一传统服饰。

异化法在翻译实践中的应用主要集中在以下几种语境。

(1)在翻译具有浓厚异域文化特色的词汇和表达时,异化法能够有效地保留原文的文化内涵。例如,在翻译中国的成语、俗语等具有历史文化背景的词汇时,译者采用异化法,可以让外国读者更好地了解和感受中国的传统文化。

(2)在翻译具有地域特色的风土人情、习俗习惯等方面时,异化法也能够发挥重要作用。通过保留原文中的地域文化特点,译文能够使读者感受到不同地域文化的魅力,从而增进对原文内容的理解。

(3)在翻译文学作品中,译者不仅要准确传达原文的语言信息,还要尽可能地保留原文中的文化内涵,使译文读者能够感受到原文作品所处的历史文化背景。例如,在翻译中国古代文学作品时,异化法有助于传达作品中的古代风情、历史传统等文化元素。

然而,在实际翻译过程中,异化法并非万能。在某些情况下,译者需要采用归化法,使译文更符合目标语读者的阅读习惯。因此,在翻译中,译者需要根据不同的语境和目的,灵活运用异化法和归化法,以实现最佳的翻译效果。

（三）归化与异化之争

归化和异化这两种针锋相对的翻译理念,在中国翻译理论界引发了广泛的讨论。归化理论主张译入语文化为依托,将外来语翻译成100%的本国语,追求简洁明了,令译文读起来更像是本国作品。而异化理论则强调译文语法、句式与原文对等,保持原汁原味,让译文普通读者有身处异域之感。

首先,归化策略有助于促进文化交流。翻译作为一种文化交流手段,旨在消除文化隔阂,促进跨文化交流。主张归化的学者认为,译者有责任避免文化冲突,将外来语译成普通读者能够理解的本国语,使译文更接近本国读者的阅读习惯,有助于消除误解,实现真正的文化交流。

其次,归化策略有利于译文的理解。在译文普通读者对现实世界有一定了解的情况下,尽可能将出发语文化转成译入语文化,有助于普通读者更好地理解译文。此外,从跨文化交际学的角度看,一种文化中有效的交际方式在另一种文化中不一定就同样有效。因此,译者需要灵活运用归化策略,以适应不同文化背景的读者。

然而,异化策略也有其优点。首先,异化策略强调译文的新鲜语法与表达方式,让译文普通读者有身处异域之感,有助于读者更好地欣赏原作的艺术形象。其次,异化策略有利于丰富译入语表达方式和民族文化,让译文普通读者了解异域风情,拓宽视野。此外,异化策略有助于译文忠实于原作,因为译文中的新语汇和表达方式可以更好地传达出源语世界的语言文化现象。

在实际翻译中,归化和异化策略的选择应综合考虑多种因素。首先,要考虑译文的目的和读者群体,以确定翻译策略的侧重点。其次,要关注译文的可读性和可理解性,以确保翻译策略的有效性。最后,要关注译文的文化适应性,以保证翻译策略的合理性。

下面来看采用归化法与异化法翻译的例子。

这几年,在杭州的钱塘江边,高楼大厦如雨后春笋般地涌现。

During this couple of years, high buildings and large mansions have sprung up like mushrooms along the Qiantang River, in Hangzhou.

原文是"雨后春笋般地涌现",译文归化为"蘑菇般地涌现",更贴近英语国家的生活,更符合英语的表达习惯。

食饮有节,起居有常,不妄作劳。

[Their] eating and drinking was moderate.

[Their] rising and resting had regularity.

They did not tax [themselves] with meaningless work.

原文为并列的四字结构,且前后对仗。译文为达到与原文句型结构上的高度统一,采用异化法对原文进行了模仿,并采用括号这一形式来补充相关内容以连贯文气。虽然这种非线性句式的表达并不符合英语中重前后逻辑、连贯的形合特点,但是这种不连贯在另一个层面上则保留了差异性和陌生性。

总之,归化和异化两种翻译策略各有优缺点,翻译者在实际翻译过程中应根据具体情况选择合适的策略。归化策略有助于促进文化交流和提高译文的可读性,而异化策略则有助于让译文普通读者更好地欣赏原作的艺术形象和了解异域风情。在实际翻译中,翻译者需要综合考虑多种因素,以实现最佳的翻译效果。

第三章　语用学与翻译的深度融合与渗透

　　近年来,翻译领域出现了一种新的翻译理论——语用翻译观。这一理论的提出为翻译研究注入了新的活力,也为实践中的翻译工作者提供了更为丰富的理论指导。简单来说,语用翻译观就是将语用学的相关理论融入翻译研究中,从而使翻译过程更加符合语言使用的实际需求,提高翻译的准确性和有效性。从理论层面来看,语用翻译观强调翻译活动中的语境因素。传统的翻译理论往往关注词汇和语法层面的对等,而忽视了语境的重要性。事实上,语言的使用是与特定的语境密切相关的,同一句话在不同的语境下可能产生不同的含义。因此,语用翻译观要求译者在翻译过程中充分考虑语境因素,确保翻译结果符合原文的语用含义。从实践层面来看,语用翻译观有助于提高翻译质量。通过运用语用学的相关理论,译者能够更好地把握原文的表达意图,使翻译更加贴近原文的内涵。同时,语用翻译观强调跨文化交际的能力,要求译者在翻译过程中注意文化差异,避免出现"水土不服"的翻译现象。这样一来,翻译作品不仅要在语言层面上达到对等,还要在文化层面上实现共鸣,从而更好地传递原文的精神内涵。可见,语用翻译观的提出丰富了翻译研究的理论体系,为翻译实践提供了有益的指导。随着翻译研究的不断深入,语用翻译观在我国翻译领域的应用将越来越广泛,对提高我国翻译质量和培养高素质翻译人才具有重要意义。本章就对语用学与翻译的深度融合与渗透展开研究。

第一节　语用学理论阐释

一、语用学的缘起和发展

语用学作为 20 世纪三四十年代崛起的一门新兴语言学科,主要探究的是语言在实际运用中的规律和特点。它是一门极具实用性的学科,其研究领域广泛,包括口语、书面语、跨文化交际等多个方面。语用学的研究和发展不仅为语言学领域提供了新的研究视角,同时也为其他学科的应用提供了有力的理论支持。

语用学的发展并非一蹴而就,而是在与其他学科的交叉应用中不断延伸和拓展。早在古希腊和古罗马时期,人们就开始关注语言在实际运用中的规律。当时,辩论术盛行,许多哲学家和文化精英都致力于研究语言在辩论中的应用技巧,从而使语用学相关的探讨应运而生。

随着历史的推移,语用学的研究逐渐从辩论术中独立出来,发展成为一门系统的学科。20 世纪三四十年代,语言学家们开始对语用学进行深入研究,试图揭示语言运用的本质规律。在这个过程中,语用学逐渐与心理学、社会学、文化学等学科相结合,形成了跨学科的研究格局。①

在我国,语用学的研究起步较晚,但发展迅速。改革开放以来,随着国际学术交流的不断加深,我国的语用学研究逐渐与国际接轨。如今,语用学已经成为我国外语界的研究热点,不仅在理论研究方面取得了丰硕的成果,同时在教学和实践应用中也取得了显著的成效。

语用学是一门探究语言运用规律的实用性学科,其研究历程丰富多样,跨越了古今中外。随着学科间的交融与合作,语用学将继续在其他学科领域发挥重要作用,为人类更好地理解和运用语言提供有力支持。同时,在我国,语用学的研究也将继续深入,以期为我国的语言教育和国际交流贡献力量。

---

① 俞东明.什么是语用学 [M].上海:上海外语教育出版社,2011:85.

语言学家们发现,语言研究需要从多个维度进行探讨,这包括语言的结构、意义和使用情况。

在这个背景下,语用学、语法学和语义学应运而生,被誉为"语言研究的三个平面"。它们不仅丰富了语言研究的内容,还扩大了研究范围。值得注意的是,语义研究的深入也促进了语用学的产生和发展。正是由于这一系列的研究成果,语用学得以独立成门,成为一门具有影响力的学科。

语用学的诞生和发展是国内外文化发展的必然产物。它不仅继承了哲学和符号学的优秀理论,还在此基础上进行了深入的探索和创新。随着语言研究的不断深化,语用学在理论和实践方面的贡献也将越来越大。如今,语用学已经成为一门独立的学科,在世界各地得到了广泛的认可和关注。

语用学、语义学和语法学作为语言学的三大分支,它们在研究语言运用和规律方面各有侧重,但又相互关联、递进。语义学关注句子本身的意义,语用学关注语言在实际交际中的意义,二者相互补充,共同推动语言学的发展。随着研究的不断深入,这三个学科将继续拓展研究领域,揭示更多语言现象背后的规律。

二、语用学的定义

语用学主要关注语言在不同情境下的实际运用,而在对话互动过程中,交际双方不仅接收到了话语的表面意义,还能领悟到言外之意。这就要求语用学研究者探寻语言运用的规律,以实现"意会大于言传"的目标。

构成语用学理论的三大要素分别为话语、语境和语用主体。话语是语言交际的载体,语境是话语产生和理解的背景,而语用主体则是参与交际的个体。在这三大要素的互动中,研究者试图揭示语言运用的规律和策略。

随着研究的深入,现代语用学在研究领域和涵盖范围上呈现出更加开放的态度,逐渐形成了跨学科的研究格局。狭义上的语用学研究内容主要集中在六个方面:语境、指示词语、会话含义、预设、言语行为和会话结构。

语境是语用学研究的基石,它包括交际双方的身份、交际目的、交际方式等因素,这些因素共同影响着话语的理解和表达。指示词语则是指在特定语境中具有特定含义的词汇,如"这""那"等,它们在交际中起着至关重要的作用。会话含义是指在特定语境下,说话者通过话语所要传达的深层含义。预设是指说话者在发出话语时,对听话者所期望的反应。言语行为是指通过言语表达出来的行为,如陈述、提问、命令等。会话结构则是话语的组织方式,包括话题转换、陈述顺序等。通过对这些方面的研究,语用学者旨在更好地理解语言交际的规律,从而提高交际效果。

语用学是一门充满挑战和机遇的学科,它不仅有助于我们深入了解语言交际的奥秘,还能为实际生活中的沟通提供指导。随着语用学研究的不断深入,有理由相信,这门学科将为人类社会的交流互动带来更多启示。

胡壮麟[①]将语用学定义为:"语用学是一种研究符号和符号使用者之间关系的理论。"这一定义强调了语言符号与符号使用者之间的互动关系,为人们理解语言的动态运用提供了新的视角。语言作为一种符号系统,不仅包含符号本身的意义,还体现出符号使用者在特定语境中的意图和目的。因此,语用学的研究对象不仅包括语言符号,还包括符号使用者的行为和心理状态。

索振羽[②]认为:"语用学研究在不同语境中话语意义的恰当表达和准确理解。"这一观点强调了语境在语用学中的重要性。在不同的语境中,同一语言符号可能表达不同的意义,因此研究话语意义必须考虑语境的因素。这一观点有助于人们更好地理解语言的实际运用,特别是在跨文化交际中如何避免误解和冲突。

钱冠连[③]的窄式语用学则特别重视语言符号之外的因素对语言使用的影响。这一观点拓宽了人们对语用学的认识,使人们意识到语言使用不仅仅受语言符号本身的制约,还受到诸如社会、文化、心理等因素的影响。这些因素在语言的实际运用中起着至关重要的作用,不能忽视。

综合以上观点,可以得出这样一个结论:语用学是一门研究语言的实际运用和理解的学科,主要关注语言符号以外的因素对人们使用和理

---

①　胡壮麟.语言学教程[M].3版.北京:北京大学出版社,2006:156.
②　索振羽.语用学教程[M].北京:北京大学出版社,2000:2.
③　钱冠连.汉语文化语用学[M].北京:清华大学出版社,1997:121.

解语言的影响。通过对这些因素的研究,人们可以获得语言符号本身无法提供的信息,从而更好地理解和掌握语言。在我国,语用学的研究不仅有助于推进语言学理论的发展,还有助于提高人们的跨文化交际能力和语言应用能力,为我国的语言教育和外语教学提供理论支持。

三、语用学的研究内容

(一)会话含义理论

1.格赖斯会话含义理论

格赖斯(Grice,1975)是语言学领域中里程碑式的人物,他首次对含义进行了系统深入的研究,为人们理解语言交际中的深层含义奠定了坚实基础。[1] 在他的理论中,格赖斯明确区分了句子意义和说话人意义,进一步揭示了含义作为意义的行为或通过说出 P 所隐含的 Q 的复杂性质。

句子意义通常指的是字面上的、直接表达的含义,是语言交际中的基本组成部分。而说话人意义则是指说话者在特定语境下,通过语言传达的更深层次的信息和意图。这种意义往往超越了字面上的解释,蕴含了说话者的态度、情感、信念等多种因素。

含义作为说话人意义的重要组成部分,体现了语言交际中的间接性和含蓄性。在格赖斯的理论中,含义是指通过说出某个句子 P,隐含地传达出另一种意义 Q。这种隐含意义往往不是直接表达出来的,而是需要听话者根据语境、背景知识和逻辑推理进行解读和理解。例如:

A:How do you like my new shoes?

B:It is an interesting color.

在日常交往中,语言的含义常常超越了它所表达的字面意思。以一个简单的例子来说明:当 B 说"你的新鞋子颜色非常有趣",这并不

---

[1] Grice, H. P. *Studies in the way of words*[M].Beijing: Foreign Language Teaching and Research Press, 2002: 24.

一定意味着他真的喜欢那双鞋子的颜色。实际上,根据人们的生活经验和常识,B 可能并不喜欢那双鞋子,但他选择了一种委婉的方式来表达他的不满。这种隐藏在字面意思背后的含义,可将其称之为隐含意义(implicature)。这种隐含意义并非由句子本身所决定的规约意义(conventional meaning),而是依赖于具体的语境和会话双方的互动。在语言学中,这种由语境决定的含义被称为会话含义。格赖斯(Grice)在 1975 年提出了合作原则(Cooperative Principle)及其准则,为人们理解会话含义提供了重要的理论框架。

格赖斯认为,会话含义是非规约含意(nonconventional implicature)的一个子集,它与交际双方的共同交际意图或双方接受的方向紧密相关。为了推导这种会话含义,他提出了四个准则:数量(Quantity)、质量(Quality)、关系(Relation)和方式(Manner)。这些准则为人们在理解会话含义时提供了指导。数量准则要求人们在交谈中提供足够的信息,同时避免提供过多的信息。例如,当 B 说"你的新鞋子颜色非常有趣"时,他可能并没有提供足够的信息来表达他的真实感受,这可能导致 A 误解 B 的真实意图。质量准则要求人们提供真实的信息,避免说假话或缺乏证据的话。在这个例子中,如果 B 实际上并不喜欢那双鞋子的颜色,那么他的话就可能违反了质量准则,因为他在表面上给人一种他喜欢那双鞋子的印象。关系准则要求人们的言辞与话题相关,避免离题万里。在这个例子中,B 的话与鞋子的话题是相关的,因此他并没有违反关系准则。方式准则要求人们的言辞要清晰明了,避免晦涩难懂或含糊不清。B 的话在一定程度上是含糊不清的,因为他并没有直接表达他对鞋子的不满,这可能导致 A 对 B 的真实意图感到困惑。根据格赖斯的合作原则及其准则,可以推导出 B 话语中的隐含意义。这种隐含意义通常超出了字面意义所属的语义范围,而是附加在字面意义以外的含义。在这个例子中,B 通过违反质量准则和数量准则,暗示了他对 A 的新鞋子的不满。

然而,在实际交际中,人们并不总是严格遵守这些准则。当说话人选择违反、蔑视或规避这些准则时,听话人就需要运用自己的理解力和判断力,去解读说话人真正想要表达的含义。这种解读过程就是寻找增强意义的过程。比如,当说话人刻意违反合作原则,如提供虚假信息或转移话题,这往往意味着他们想要隐藏某些真相或引导听话人的思路。这时听话人就需要警觉起来,通过对话语的分析和推理,挖掘出背后的真实意图。蔑视合作原则则是一种更为直接和明显的策略。当说话人公然蔑视合作原则,如使用讽刺、嘲笑或故意模棱两可的言辞时,他们通常是在表达不满、愤怒或挑衅的情绪。这种情况下,听话人更需要敏锐的洞察力和耐心,去解读说话人的真实情绪和态度。规避合作原则则是一种更为微妙和隐晦的方式。当说话人选择不直接回答问题或避而不谈某些敏感话题时,他们可能是在避免冲突、保护自己的隐私或维护某种关系。这时听话人就需要通过对话语的间接含义和上下文信息,去推测说话人的真实想法和动机。例如:

A:Are you friends?

B:We almost never see eye to eye.

"We almost never see eye to eye." 这句话为例,从字面上看它只是简单地描述了说话人与某个人在观点上很少一致的情况。然而,如果结合听话人所询问的问题和百科知识,就可以发现这句话背后所隐藏的更深层次的意义。在这里,说话人实际上是在暗示他与这个人之间的关系并不亲密,甚至可以说他们并不是朋友。这种隐含意义的存在使话语的意义超出了其字面范围。在语言学中,这种现象被称为"隐喻"。隐喻是一种通过一种事物来理解和描述另一种事物的修辞手法。在这个例子中,说话人通过 see eye to eye 这个表达方式,将观点的一致性比作两个人之间的亲密关系,从而暗示了他们之间的疏远关系。

格赖斯的会话含义理论揭示了说话人与话语之间深层次的联系。它并非单纯由话语本身所传达的意义构成,而是在特定的语境下,由特定的说话人与特定话语共同作用,形成的一种能够反映二者关系的话语意义统一体。这一点使会话含义与还原论在看待整体与部分的关系时,呈现出明显的分歧。还原论认为整体可以简化为部分之和,但会话含义却告诉人们它并非句子意义的一部分,而是在语境和话语的相互影响下,具有系统涌现性的说话人意义。为了深入理解会话含义,人们必须同时考虑多个要素,包括语境、说话人的意图、听话人的理解等。当然,从单一要素入手也能获得一定的会话含义,但这种意义内容往往较为局限,只能用于限定全部含义的范围。因此,全面、深入地理解会话含义,需要人们具备综合分析的能力。

合作原则及其四个准则为人们揭示了人类交际的理性本质。这一原则将交际参与者视作具有共同交际目标的理性个体,他们在交际过程中都表现出高强度的工具理性色彩。在这种前提下,交际者会以最高效的方式进行交流,如使用最简洁、最清晰的话语传递最丰富的会话信息。然而,这种"效率至上"的假设并不能完全反映客观世界语言交际的实际情况。人们在交际时,往往会受到由语用共同体成员所共享的信念、交际规范和语汇系统等文化系统的限制。这些限制使人们在交际时,并不总是遵循合作原则,甚至有时会出现违反合作原则的情况。尽管如此,格赖斯的合作原则及其四个准则仍然具有重要的价值。它们可以视作会话含义表达与推导的理想化模型,或者是最一般的底层准则。基于这一准则,人们可以进行许多进一步的研究工作,例如利用博弈论、计算语用学的手段,对会话含义的底层逻辑进行数学建模或程序实现。[①]同时,人们也可以通过调整或添加准则,从工具理性向价值理性进行拓展,从而更全面地理解人类交际的复杂性和多样性。

　　在交际过程中,会话含义的表达与推理往往会出现理解分歧的情况。这主要是因为说话人和听话人在对话语的理解上存在差异。一般而言,当说话人产出含有会话含义的话语时,他会有一定的预期,即听话人能够较为准确地进行推理并得到真正的会话含义。然而,实际情况却往往并非如此。有时,说话人的预期会出现问题,而听话人的表现也会与说话人的预期不一致。这种情况下,就需要人们深入分析会话含义的影响因素,提高交际的效率和准确性。

2. 会话含义的产生

　　会话含义作为语言交际中的核心要素,其产生方式多种多样。其中,合作原则为人们理解会话含义的生成提供了有力的理论支撑。合作原则认为,人们在会话中通常会遵循某些基本准则,以确保交际的顺利进行。然而,当这些准则被违反时,会话含义便可能产生。

　　(1)遵守合作原则下的会话含义

　　当会话参与者严格遵循合作原则的各项准则时,会话含义便自然而然地产生。这些准则包括质量准则、数量准则、关系准则和方式准则。

　　质量准则:当说话人遵循质量准则时,其陈述具有可信性,因此产生的会话含义能够体现说话人对于自己陈述的确信。例如,在学术论文中,作者通常会引用权威数据和研究结果来支持自己的论点,这样的陈

---

① 何自然.语用学十二讲[M].上海:华东师范大学出版社,2010:117.

述具有较高的可信度,其会话含义也更容易被读者接受。

数量准则:遵循数量准则时,说话人会提供足够的信息以满足听话人的需求,同时避免提供过多无关的信息。这种情况下,会话含义能够从信息的数量和范围两方面进行双向限定,使含义与字面意义的吻合度更加精准。

关系准则:关系准则要求会话内容与当前话题保持一致。当说话人遵循这一准则时,其会话含义与上文的论题属于同一范围,有助于维持会话的连贯性和逻辑性。

方式准则:遵循方式准则时,说话人不仅关注话语的内容,还注重话语的表达方式。这种情况下,会话含义不仅包含话语的字面意义,还包括话语本身所明确展示的逻辑关系。

对于人们而言,处理遵守合作原则产生的会话含义相对容易。因为这些准则下的会话含义蕴含的模式较为固定,人们可以通过模式匹配或含概率的逻辑分析等方法来理解和处理这些含义。

(2)蔑视合作原则下的会话含义

然而,在实际会话中,人们并不总是严格遵守合作原则。当说话人公然蔑视合作原则中的准则并故意让听话人知晓其违背行为时,便会产生另一种类型的会话含义。

质量准则的蔑视:当说话人公然违反质量准则时,其陈述的可信性受到质疑。例如,当说话人说出一句明显和常识截然相反的话语时,其含义可能为字面意义的反义。这种情况下,听话人需要借助语境、说话人的语气等因素来推断其真实意图。

数量准则的蔑视:当说话人在字面意义上公然进行词汇、短语或句子的重复时,被重复部分的性质在含义中得到了强调。反之,当说话人故意没有提供充分的信息时,其含义可能为说话人对具体内容知晓程度的不足。这两种情况下,会话含义都需要听话人根据上下文和语境进行推断。

关系准则的蔑视:当说话人公然说出与主题不相符的话语时,即公然违背关联准则。这种情况下,会话含义可能指向不应继续原有话题或转换至新的话题。这种转变可能是由客观因素(如出现了该话题较为敏感的其他人)或主观意愿(如说话人想要引导话题至自己更熟悉或更有兴趣的领域)引起的。

方式准则的蔑视:这种情况下,会话含义可能包括避免直接说出某些特定字词、防止其他人明确话语内容、表达某些较为负面的情感等方面。例如,当说话人使用隐喻或双关语时,其真实意图可能需要听话人进行深入分析和理解。

对于人们而言,处理蔑视合作原则产生的会话含义更具挑战性。因为这些含义往往与字面意义没有直接关联,需要人们具备更强大的推理和理解能力来解析会话中的深层含义。此外,这种情形下的会话含义还可能受到文化、语境等多种因素的影响,增加了处理的难度。

（二）言语行为理论

言语行为理论作为语用学的重要组成部分,自其诞生以来一直是该领域的关注焦点。这一理论由英国著名哲学家和语言学家奥斯汀(John L. Austin)在20世纪50年代末首次提出,为人们理解语言交流的本质提供了全新的视角。[①]根据奥斯汀的观点,人们说出话语本身不仅是一种表达思想的方式,更是一种行为,一种在交际中行使的实际行动。

奥斯汀认为,言语行为可以分为三种类型:断言行为、承诺行为和指令行为。断言行为是指说话者通过言语表达某种事实或信念,如陈述、描述或确认等。

巴特勒(1997)在分析言语行为理论时,强调了言语的力量和它在社会交流中的重要性。[②]他认为,言语不仅是传递信息的工具,更是一种行动,能够产生实质性的后果。这种理论将言语行为划分为三个主要类别:断言行为、指令行为和承诺行为。

断言行为是指说话者通过言语表达某种事实或信念。这种行为在交流中最为常见,如当人们说"今天天气真好"时,人们就在作一个断言,即表达了人们对于当前天气状况的认识和评价。巴特勒指出,断言行为的有效性取决于其真实性,即说话者所表达的事实或信念是否符合实际情况。

指令行为是指说话者通过言语要求听话者执行某种行为。这种行为在日常生活中也十分普遍,如当人们说"请把窗户关上"时,人们就在做一个指令,即要求听话者执行关窗的行为。巴特勒认为,指令行为的

---

① 何自然.语用学十二讲[M].上海:华东师范大学出版社,2011:49.
② 何自然,冉永平.新编语用学概论[M].北京:北京大学出版社,2009:154.

有效性取决于其合理性,即说话者的要求是否合理、是否符合听话者的能力和意愿。

承诺行为是指说话者通过言语表达自己的意愿或承诺。这种行为在社交场合中尤为重要,如当人们说"我会按时参加会议"时,人们就在作一个承诺,即表达了自己对于参加会议的意愿和承诺。巴特勒指出,承诺行为的有效性取决于其可靠性,即说话者是否能够履行自己的承诺。

奥斯汀从语言的使用角度出发,创新性地将语言分为"施行话语"和"记述话语"两类,并对这两类话语进行了深入的区分和讨论。在奥斯汀看来,"记述话语"是指那些具有真假可言的直陈句,它们的主要功能是描述或报道世界中的事实或事件。这类话语体现了语言的描述功能,如"太阳从东方升起"。这类句子在描述事实时,其真实性是可以被验证的。而"施行话语"则是一类特殊的话语,它们在实施某种行为或履行某种行为的一部分。例如,在轮船的命名仪式上说的"我把这艘船命名为'伊丽莎白号'"。这句话并非仅仅是在描述一个事实,而是在实际地给船命名。因此,施行话语的主要功能并非陈述或描述事实,而是实施某种行为。这类话语并没有真假之分,因为它们的存在本身就是一种行为。

然而,奥斯汀在尝试区分"施行话语"和"记述话语"时,遇到了困境。他先后采用了三种标准来进行区分,但每一种标准都存在问题。第一种标准是通过"适当与否"与"真假与否"两个概念进行区分。然而,奥斯汀发现这种区分并不牢靠,因为在实际的语言使用中,记述话语可能会出现不适当的情况,而施行话语也可能蕴含着真假的问题。例如,一个虚假的陈述可能被视为不适当的施行话语,而一个适当的施行话语也可能因为某些原因被视为不真实的。第二种和第三种标准分别是语法上和词汇上的标准。奥斯汀试图通过这两种标准将"施行话语"单独界定出来。然而,他经过反复推敲后发现,这两种标准也不能完全、准确地界定"施行话语"。在现实生活中,存在一些不符合这些标准的话语形式,这些话语既具有记述话语的特点,又具有施行话语的功能。面对这样的困境,奥斯汀开始重新思考言语行为的划分可能性。他意识到,试图通过单一的标准来区分"施行话语"和"记述话语"是不现实的。因为在实际的语言使用中,这两类话语往往是相互交织、相互渗透的。因此,他提出了言语行为三分说,即言语行为不仅包括施行话语和记述话语,还包括一种介于两者之间的"混合话语"。

"言语行为三分说"是由哲学家奥斯汀提出的理论,他将言语行为划分为三个层次,即"话语行为""话语施事行为"和"话语施效行为"。这一理论对巴特勒的言语行为分析产生了深远影响,使巴特勒的言语行为理论更加深入、细致。

首先,奥斯汀的"言语行为三分说"对巴特勒分析言语和行为的关系产生了影响。奥斯汀认为,言语和行为是密不可分的,言语本身就是一种行为,即"言即行,说话就是做事"。这种思想对巴特勒产生了影响,使他进一步拓展了言语和行为的关系。巴特勒认为,言语和行为既有统一性,也有分离性。他详细分析了统一和分离的具体条件,使对言语和行为关系的探讨更加广泛和具体。例如,在社交场合中,人们通过言语表达情感、传递信息,同时也在进行社会交往和互动。这种言语行为既体现了言语和行为的统一性,也体现了它们之间的分离性。

其次,奥斯汀的"言语行为三分说"对巴特勒区分恰当的言语行为和不恰当的言语行为产生了影响。奥斯汀认为,一个恰当的言语行为需要在程序上被正确、完整地实施。巴特勒在此基础上,进一步从言语行为带来的具体结果中去阐释恰当的言语行为。他认为,一个恰当的言语行为不仅要在程序上被正确、完整地实施,而且它带来的结果也应当是积极的、正向的。例如,在商务谈判中,恰当的言语行为能够帮助双方建立信任、达成共识,从而推动合作的顺利进行。而不恰当的言语行为则可能导致误解、冲突甚至合作破裂。

最后,奥斯汀的"言语行为三分说"对巴特勒追问言语能够产生效力的原因产生了影响。奥斯汀认为,言语之所以能够产生效力,主要是因为它借助了言语所包含的既定的惯例(约定俗成的仪式)和被授权的言语行为主体。巴特勒在此基础上,对"授权"进行了深刻剖析,从权力操演这一新的维度出发,将言语能够产生效力的根源定位在了权力的操演上。例如,在政治演讲中,演讲者通过运用权威性的语言和姿态,以及借助政治权力的支持,使其言语能够产生强大的影响力,进而达到宣传、动员和号召的目的。

在奥斯汀的开创性研究之后,塞尔在20世纪50年代末进一步发展和丰富了言语行为理论,使其成为语言学和哲学领域中的一项重要理论。① 塞尔的贡献不仅在于对言语行为理论的深化,更在于他对于人类语言交际行为本质的独到见解。塞尔认为,语言的使用并非仅仅是一种表达思想的工具,而是一种受规则制约的有意图的行为。这一观点打破了传统语言学中将语言视为静态符号系统的观念,强调了语言在动态社会交往中的重要作用。在塞尔看来,语言交际的最小单位并非句子、词汇等语言单位,而是言语行为。每一个言语行为都是一个完整的社会行动,具有明确的意图和目的。塞尔进一步指出,语言的形式和功能并非一一对应。一种句式可以同时具备几种功能,而某种功能的实现也并非仅能依赖于一种句式。这一观点打破了传统语言学中对于语言功能的固定划分,强调了语言功能的多样性和灵活性。例如,在请求这一言语行为中,人们可以使用不同的句式和语气来表达请求,而这些不同的表达方式并不影响请求功能的实现。

(三)指示语

指示语在语言学中扮演着至关重要的角色,它们是语言结构中不可或缺的一部分,用于指称、指引和反映参与会话的人、事物以及会话的时间、空间等信息。指示语可以分为多种类型,包括人称指示语、时间指示语、地点指示语和社交指示语等。这些指示语与语境紧密相连,是连接语言系统与语境的桥梁。

首先,人称指示语是人们交际时的相互称呼语,是人物间相互关系的客观反映。它们通过代词、动词等形式,表达出说话者对听话者、其他参与者以及自身在会话中所扮演的角色和关系。例如,在对话中,说话者可能会使用“你”“我”“他”等代词来指代不同的参与者,从而明确彼此之间的关系和角色。

其次,时间指示语和方位指示语则是人们交际时用来定位时间和方位的词语。时间指示的参照点是说话人说话的那一刻,而方位指示的参照点则是说话人所提及的人或事物。这些指示语通过特定的词汇和语法结构,帮助说话者准确地传达时间和地点的信息,使听话者能够更好地理解会话的内容和背景。

---

① 李刚.约翰·塞尔的言语行为理论及意向性问题探析[J].理论界,2023(07):49-56.

　　此外,社交指示语则是从指示的功能角度进行分类出来的指示语。它们不仅是用来传递信息,更重要的是在交际过程中发挥着社交功能。说话人对指示语的选择往往会受到社会因素的影响,如文化、身份、地位等。例如,在不同的社交场合和语境中,人们可能会选择不同的称呼方式、礼貌用语等,以表达不同的社交意图和态度。

　　除了上述提到的指示语类型,还有一些其他类型的指示语,如情感指示语、行为指示语等。情感指示语用于表达说话者的情感和态度,如"我喜欢你""我很生气"等。而行为指示语则用于指导或描述听话者的行为,如"请坐下""把窗户关上"等。这些指示语在日常交流中也非常常见,它们帮助说话者更准确地表达自己的意图和情感,同时也使听话者能够更好地理解和执行指示。此外,指示语的使用也受到语境的影响。在不同的语境下,说话者可能会选择不同的指示语来传达信息或表达情感。例如,在正式场合中,人们可能会使用更加礼貌和正式的指示语,而在非正式场合中则可能使用更加随意和口语化的表达方式。因此,对于语言学习者来说,了解不同语境下指示语的使用规则和习惯,也是提高语言交际能力的关键之一。

（四）语言顺应论

　　1987 年,国际知名语用学家杰夫·维索尔伦(Jef. Verschueren)在其具有划时代意义的文章 *Pragmatics as a Theory of Linguistic Adaptation* 中,首次提出了顺应理论。[①]该理论的核心观点是,语言适应是一个动态的过程,涉及语言与环境的相互调整,或者说是环境对语言的适应以及两者之间的同步适应。维索尔伦强调,成功的、恰当的沟通交流不仅是信息的传递,更是一个复杂的适应过程,其结果也体现了这种适应。

　　在言语交流的过程中,适应性体现在人们不断地进行选择和调整。这些选择不仅涉及语言的形式,如语音、形态、句法、词汇、语义等各个层面,还涉及语言的内部变异,如地域性、社会性和功能性变异。这些选择并非随意,而是在语言内部或外部原因的驱动下,为了满足交际需求而在不同意识程度下作出的。

---

① Verschueren, J. *Understanding Pragmatics*[M]. Beijing: Foreign Language Teaching and Research Press, 2000: 79-85.

**英语语言学与
翻译的深度融合与渗透研究**

为了进一步阐述和深化这一理论，1999年，我国著名语言学家何自然和于国栋在《〈语用学的理解〉——Verschueren的新作评介》一文中，对维索尔伦的语言顺应理论进行了深入的分析和解读。[①] 他们认为，语言的使用是一个不断选择的过程，这些选择受到语言内部和外部因素的共同影响。这些选择不仅体现在语言的形式上，更体现在语言的功能和交际效果上。[②] 此外，何自然和于国栋还指出，语言顺应理论为人们理解语言的多样性和复杂性提供了新的视角。在全球化背景下，不同文化、不同语言之间的交流和融合日益频繁，语言顺应理论为我们提供了理解和应对这种交流和融合的重要工具。

维索尔伦的语言顺应论为人们理解人类语言的复杂性提供了全新的视角。他认为，人类语言具有三大核心特性：变异性、商讨性和顺应性。变异性是人类语言的一大鲜明特征。语言不是一成不变的，而是充满了无数可能的选择。这些选择包括词汇、语法、语调、语境等多个层面。例如，在英语中，表达"感谢"的方式有无数种，从简单的"Thank you!"到复杂的"I am deeply grateful for your assistance."都体现了语言的变异性。这种变异性使语言能够应对各种复杂多变的交流情境。商讨性是人类语言的另一大特性。这意味着语言的选择并不是严格按照形式与功能的关系进行的，而是在高度灵活的原则和策略基础上完成的。语言使用者会根据具体的语境、交际目的和个人意图，灵活地选择最合适的语言形式。例如，在谈判中，人们可能会使用委婉的语气和措辞来避免冲突，而在演讲中则可能采用激昂的语调来激发听众的热情。这种商讨性使语言具有极大的灵活性和适应性。顺应性是人类语言的核心和根本特征。语言使用者能够从可供选择的项目中进行灵活的变通，以满足交际需求。这种顺应性不仅体现在语言的结构上，还体现在语言的使用过程中。例如，在不同的文化背景下，人们对于礼貌、谦逊等社会价值的理解可能会有所不同，因此在使用语言时会作出相应的调整。这种顺应性使语言能够跨越文化、地域和社会差异，成为人类交流的重要工具。

维索尔伦不仅提出了语言的三大特性，还进一步阐述了四个语言

---

① 何自然，于国栋.《语用学的理解》——Verschueren的新作评介 [J]. 现代外语，1999（04）：431.
② 钱冠连.《语用学：语言适应理论》——Verschueren语用学新论述评 [J]. 外语教学与研究，1991（01）：62.

研究的维度：语境关系顺应、语言结构顺应、动态顺应和顺应过程特性。这四个维度相互关联，共同构成了语言顺应论的完整框架。语境关系顺应是语言顺应论的重要组成部分。它分为交际语境和语言语境两个方面。交际语境包括心理世界、社交世界和物理世界，这些因素共同影响着语言的选择和使用。语言语境则是指人们常说的上下文，包括篇内衔接、篇际制约和线性序列。这些上下文信息对于理解语言的意义和用法至关重要。语言结构顺应关注的是语言各层次的结构及建构原则。这包括语言、语码、语体等多个层面。语言建构成分和语篇结构也是语言结构顺应的重要方面。通过对这些结构的分析，人们可以更深入地理解语言的内在规律和运行机制。动态顺应是顺应理论的核心。它描述的是语境关系与语言结构在语言选择过程中的相互顺应。这种动态性体现在语言使用者根据具体情境不断调整自己的语言策略，以达到最佳的交流效果。这种动态顺应使语言具有强大的生命力和创造力。顺应过程特性是指在意义产生的过程中，语言交际角色所处的地位以及其作出语言顺应的心理过程，涉及语言使用者的认知、情感和社会文化等多个方面。通过对这些心理过程的研究，人们可以更好地理解语言顺应现象的本质和机制。

这四个维度并非孤立存在，它们相互联系、相互影响，共同构成了一个有机的整体。作为语用学研究的重点，它们为人们理解和把握语言的顺应现象提供了有力的理论支撑。

（五）关联论

关联理论作为一种具有深远影响力的理论，自斯波伯（Dan Sperber）和威尔逊（Deirdre Wilson）在 1986 年的著作《关联性：交际与认知》中提出以来，一直受到语言学和语用学领域的广泛关注。[①] 该理论从认知的角度深入探讨了语用学现象，为交际过程提供了新的解释和视角。

关联理论的核心观点主要集中在两个方面：交际目的和交际过程。关联理论认为交际的目的并非简单地让听话人复制说话人的思想，而是旨在改变听话人的认知环境。在交际过程中，说话人和听话人共同参

---

① Sperber, D.& D. Wilson. *Relevance：Communication and Cognition*[M]. Oxford：Blackwell, 1986/1995：122.

与,通过不断调整双方的认知环境来实现交际的目的。这种共有认知环境对于交际的成功与否具有决定性作用。这一观点强调了交际活动中信息传递的复杂性,以及参与者之间相互作用的重要性。

关联理论将交际过程视为一个明示—推理的过程。在这个过程中,理解话语意味着要让话语的关联性得以再现。关联性是指言语内容与特定语境之间建立的联系。这种联系不是随意产生的,而是受到语境效果的限制。因此,关联性可以被视为认知与语境之间的斗争。关联理论的目标是在认知与语境之间寻求平衡,以实现有效的交际。

关联理论主要包括两大原则:认知关联原则和交际关联原则。认知关联原则强调人类在认知过程中追求最大关联性,即在理解话语时,听话人可以付出最小的努力,从而获得最大的语境效果。这一原则将关联性视为认知输入的过程,包括知觉输入和推理输入。通过合理地加工这两种输入,人们可以获取最大的关联积累。这种积累有助于人们更好地理解和处理语言信息,从而提高交际效果。而交际关联原则则关注交际行为的最佳关联性。最佳关联性要求听话人在付出一定的推理努力后,能够理解话语并获得足够的语境效果。在这个过程中,最佳关联性需要满足两个条件:一是听话人能够注意到话语的语境效果;二是听话人付出足够的推理努力。这两个条件共同构成了最佳关联性的基础,使交际过程更加高效和准确。

第二节　语用学与翻译的融合理论

一、语用翻译思想

自中外翻译理论的诞生以来,翻译研究已经历数百年,其间涌现出了众多杰出的翻译理论家。他们在翻译研究领域作出了深刻的贡献,为翻译理论的发展奠定了坚实的基础。

美国的杰出翻译家、语言学家和翻译理论家尤金·A. 奈达(Eugene A. Nida),被誉为现代翻译理论的奠基人之一。[①] 他的贡献不仅仅在于

---

① 曾文雄 . 语用学翻译研究 [M]. 武汉:武汉大学出版社,2007:32.

他的翻译实践,更在于他对翻译理论的深入研究和划分。他将当代翻译理论划分为四个基本派别:语文学派、交际学派、语言学派和社会符号学派。这一划分揭示了翻译研究的多元化,每个派别在理论研究上有各自的侧重点。

语文学派注重对原文的分析和解读。这一派别的研究者们坚信,翻译不仅是语言之间的转换,更是一种对原文深入理解和解读的过程。他们致力于挖掘原文中的深层含义,以便在翻译过程中尽可能地保留这些含义。

交际学派关注翻译过程中的交际功能。这一派别的研究者们认为,翻译不仅是语言转换,更是信息传递和交流的过程。因此,他们在翻译过程中注重保持原文的交际功能,使翻译后的文本能够在目标语言环境中起到相同的作用。

语言学派强调翻译过程中的语言学问题。这一派别的研究者们从语言学的角度出发,研究翻译过程中的各种问题,如语言结构、语法、词汇等,以期提高翻译的准确性和质量。

社会符号学派则从社会符号学的角度来探讨翻译现象。他们认为,翻译不仅是语言和文本的问题,更是涉及社会、文化、历史等多个层面的复杂现象。因此,他们在研究翻译时,会考虑这些复杂因素的影响。

另一位重要的翻译理论家是根茨勒(Gentzler, E.),他在其名著《当代翻译理论》(*Contemporary Translation Theories*,2004)一书中,将翻译思想作为标准,以翻译的功能与目的为依据,将当代翻译理论划分为多种流派,如早期翻译研究流派、解构主义研究流派、翻译科学流派等。[①] 他的这一划分为人们理解当代翻译理论提供了新的视角。

在我国,谭载喜是一位著名的翻译家、翻译理论研究学者。他将西方翻译理论划分为布拉格学派、伦敦学派、结构主义学派、交际学派、文艺学派这五大学派。[②] 这五大学派代表了西方翻译理论的多元化,也反映了翻译研究的跨学科性。这一分类法为人们理解和研究西方翻译理论提供了有力的工具。

在翻译理论的发展过程中,各个流派的研究各有侧重,并相互补充。例如,语文学派和交际学派在研究翻译过程中都强调了翻译的交际功

---

① 曾文雄.语用学翻译研究[M].武汉:武汉大学出版社,2007:32-33.
② 谭载喜.翻译学作为独立学科的求索与发展[M].上海:复旦大学出版社,2017:100.

能,但侧重点不同,前者更注重对原文的分析和解读,后者则更注重翻译过程中的交际行为。这种相互补充的关系,使翻译理论研究更加全面和深入。

同时,各个流派的理论研究角度存在差异,但是这些差异并没有影响其与其他学科成果的相互作用。例如,翻译科学流派强调翻译的科学性和可预测性,而交际学派则更注重翻译过程中的交际行为,这两种观点虽然不同,但它们都在一定程度上揭示了翻译的本质。

翻译理论家从各个角度出发对翻译研究的发展轨迹作了清晰的刻画,并将研究范式是如何演进与转化、如何替代与交锋明确地呈现出来。这种从不同角度对翻译研究进行刻画的方法,使翻译理论研究更加丰富和立体。研究视角不仅在不断扩展,也在不断发生转移。例如,随着翻译研究的深入,翻译理论家们开始从语言学、社会学、心理学、文化学等多个角度来探讨翻译现象,使翻译理论研究的视角更加多元化。研究思路和研究手法都得到了改进与更新。例如,翻译理论家们开始运用计算机技术、网络技术等现代科技手段来研究翻译现象,使翻译理论研究更加科学和精确。

在这些研究中,有些学者将翻译理论与语言学相结合,这种结合极大地促进了翻译理论研究的发展。这种结合可以追溯到 1940—1950年。早期的翻译理论研究主要集中在对语言学翻译观的探讨,如洪堡特（ Wilhelm vonHumboldt ）和施莱尔马赫（ Friedrich Schleiermacher ）等语言学家的翻译观。然而,从语言学视角进行翻译理论研究也受到了一些批评。尽管如此,这一领域的研究并未受到这些批评的影响,反而持续向前发展。

语用学翻译研究是语言学翻译研究的一大延伸。语用学关注的是语言在不同语境下的使用,以及语言交际中的意义和意图。语用学翻译研究强调翻译过程的语境依赖性,认为翻译不仅是语言之间的转换,还涉及文化、社会、语境等多重因素。然而,语用学翻译研究也存在与根茨勒的"科学派"的很大差异。根茨勒的"科学派"主张将翻译研究视为一种科学,强调翻译的客观性和规律性。而语用学翻译研究则更加注重翻译的主观性和多样性。

二、语用翻译研究

随着语用学理论和翻译理论的不断发展和渗透,越来越多的国内外学者开始从语用学的视角来探讨翻译理论,从而在这一领域中逐渐形成了一条独特的发展轨迹。语用翻译研究是指在翻译过程中,译者不仅要关注词汇、语法等语言层面的转换,还要充分考虑原文和译文之间的语境、目的和功能等语用层面的转换。相较于传统的翻译研究,语用翻译研究更加注重译者在翻译过程中的主观能动性和目标语言读者的接受程度。

语用翻译研究具有以下几个特点。

强调译者的主体性:在语用翻译研究中,译者不再是被动地传递信息的工具,而是具有独立思考和判断能力的个体。译者在翻译过程中可以根据原文的语境和目的,灵活地调整译文策略,以实现更好的译文效果。

注重语境分析:语用翻译研究强调原文和译文之间的语境关系,认为翻译过程中语境的变化对译文质量具有至关重要的影响。因此,在进行翻译研究时,需要充分考虑语境因素,以确保译文的准确性和可读性。

强调目标语言读者的接受程度:在语用翻译研究中,译者不仅要关注原文的意义,还要关注目标语言读者对译文的接受程度。因此,译者在翻译过程中需要充分考虑目标语言读者的文化背景、语言能力和阅读需求,以实现译文的最大化传播效果。

倡导功能翻译观:语用翻译研究倾向于采用功能翻译观,认为翻译不仅是传递信息,更是传递情感、价值观和意识形态。因此,在翻译过程中,译者需要根据原文的功能和目的,采取适当的翻译策略,以实现译文的功能性。

（一）国外语用翻译研究

1.哈蒂姆和梅桑的研究

在国际学术界,哈蒂姆和梅桑（Hatim&Mason,2005）[①]两位学者被誉为最早将语用学理论应用于翻译研究的先驱。两位学者从语境的角度出发,对语用翻译进行了深入探讨。他们特别关注了语用翻译中的合作原则、言语行为与翻译的关系。合作原则是指在言语交际中,说话者和听话者应当遵循一定的原则,以达到有效的沟通。在翻译过程中,译者需要充分考虑这一原则,确保译文能够准确地传达原文作者的意图。

此外,哈蒂姆和梅桑还强调,译者应当重视语境对翻译的重要性。在翻译过程中,译者需要根据语境对源语语义进行合理推理,确保译文的准确性。同时,他们还提出,译者要注重源语与译语的关联性,把握好译文与读者之间的关联程度。这意味着译者在翻译时不仅要关注词汇和语法层面的转换,还要充分考虑文化背景和语境因素,以便更好地传达原义作者的意图。

在此基础上,两位学者进一步指出,译者应充分考虑与译文读者的文化语境,以实现作者意图的准确呈现。这意味着译者在翻译过程中需要在一定程度上调整译文,使其更符合目标读者的文化背景和认知习惯。这种调整并非完全放弃原文的异域特色,而是在尊重原文的基础上,实现作者意图的传递。

2.贝尔的研究

英国著名语言学家贝尔（Bell,2001）从认知的角度出发,对不同语言间的翻译行为进行了深入的探讨和描述。[②]他认为,翻译过程并非简单的语言转换,而是一个复杂的信息处理过程。贝尔将翻译过程分解为以下几个关键环节:视觉词汇识别系统及书写系统、句法处理器、语义

---

① （英）Basil Hatim,（英）Ian Mason.话语与译者[M].王文斌,译.北京:外语教学与研究出版社,2005:23.
② 曾文雄.语用学翻译研究[M].武汉:武汉大学出版社,2007:34.

处理器、语用处理器、思维组织器以及计划器。

视觉词汇识别系统和书写系统是翻译过程的基础。在这一环节中，译者需要识别并理解源语言中的词汇和书写形式，为后续的翻译处理提供基础。接下来，句法处理器、语义处理器、语用处理器分别负责对语言的结构性、意义性和功能性进行处理。这些处理器共同构成了翻译过程中的核心部分，使译者能够准确地理解和传达原文的含义。

在此基础上，贝尔进一步将翻译过程分为两个大的阶段：分析阶段和综合阶段。分析阶段主要包括句法、语用、语义三个层面的操作领域。在这个阶段，译者需要对源语言进行深入的分析，以便准确地把握原文的结构、意义和功能。综合阶段则是在分析阶段的基础上，将分析得到的信息重新组合、整合，形成符合目标语言表达方式和习惯的译文。

3. 格特的研究

格特（Gutt，1991）的关联翻译观是一种崭新且独特的翻译理论。这一观点认为，关联性是制约翻译过程的基本原则，并将翻译活动视为一个复杂的认知过程。关联翻译观主要包括以下四个方面。[①]

（1）翻译是一种语言交际行为。在这个过程中，译者需要在理解原文的基础上，运用恰当的语言表达方式将原文的信息传递给目标语言的读者。这种语言交际行为要求译者在翻译过程中充分考虑语境和读者的因素，以实现有效的信息传递。

（2）关联翻译观将翻译视为一个与大脑机制相关联的推理过程。在这个过程中，译者需要根据原文内容和目标语言语境进行不断地推理和判断，以确保翻译的准确性和恰当性。

（3）翻译是一个寻找关联链和最佳关联的认知过程。关联链是指原文中一系列相互关联的信息，而最佳关联则是指在特定语境下，译者需要寻找最符合读者期望的关联性。在这个过程中，译者需要充分挖掘原文的内涵和外延，以实现最佳关联。

（4）关联翻译观认为翻译是一个阐释源语的"明示—推理"活动。在这一活动中，译者需要通过解读原文的明示信息，推断出原文作者的意图和预设。同时，译者还需根据语境和读者的不同，准确、全面地传达

---

① 曾文雄. 语用学翻译研究 [M]. 武汉：武汉大学出版社，2007：34.

原文作者的意图与预设,确保译文符合读者的期望。

此外,格特(1991)进一步提出了"直接翻译"与"间接翻译"的概念。直接翻译主要意图在于使原文保持"语言特征的相似性",即在译文中保留原文的语言风格和表达方式。而间接翻译则主要意图在于使原文保留"认知效果的相似性",即在译文中传达原文的内涵和逻辑关系。

需要强调的是,关联翻译观并非为翻译提出具体的规范或方法,而是从认知的角度来解释翻译。这一理论主张译者在翻译过程中应充分考虑语境、读者和原文作者之间的关联性,以实现译文的准确性和可读性。通过关联翻译观,译者可以更好地把握翻译的本质,提高翻译质量和效果。

4.利奥·希金的研究

利奥·希金(Leo Hickey,2001)的著作《语用学与翻译》无疑是部具有里程碑意义的书籍。[1] 该书深入剖析了语用学对翻译活动产生的深远影响,并从多个视角阐述了这一影响的具体表现。

在前提与指示方面,利奥·希金揭示了翻译过程中如何通过语用学原理处理原文中的前提关系,使译文准确地传达原文的含义。同时,他还分析了语义前提和语用前提在翻译中的作用,进一步强调了正确把握这两种前提对翻译质量的重要性。

新信息与旧信息在翻译过程中同样具有关键性作用。利奥·希金指出,译者在处理这类信息时,应充分考虑语用学原理,确保译文能够准确地传达原文的信息结构和意图。

此外,模糊限制语和话语连接词在翻译中同样备受关注。利奥·希金详细阐述了模糊限制语在原文和译文中的功能,以及如何运用语用学原理处理话语连接词,使译文在语言表达和逻辑连贯性上与原文保持一致。

在文学翻译方面,合作原则是译者必须遵循的重要原则。利奥·希金强调了合作原则在文学翻译中的作用,指出译者应在充分理解原文的基础上,运用语用学原理使译文符合译入语的文化和语言习惯。

---

① 曾文雄.语用学翻译研究[M].武汉:武汉大学出版社,2007:35.

（二）国内语用翻译研究

1. 赵元任的研究

中国语言学家、旅美学者和哲学家赵元任（1962）先生曾发表了一篇名为《译文忠实面面观》的论文。[①] 在这篇论文中，赵先生深入探讨了翻译的重要性，特别强调了语义、语境、功能和语用等方面的关联。他指出，在进行翻译时，务必充分考虑语义的准确性，同时认识到功能与语用之间的对等关系。而在这对等关系中，语用的对等显然比语义的对等更为重要。

为了进一步说明这一观点，赵元任先生以 wet paint 这一词组为例，指出将其翻译成"湿漆"是错误的。他认为，仅仅翻译出词语的表面意义并不能准确传达原文的语境和意图。相反，将 wet paint 翻译成"油漆未干"则更能体现出原文的真实含义。

赵元任先生的这一观点，实际上是对翻译理论的一个重要补充。在翻译实践中，译者往往容易陷入追求字面意义的陷阱，而忽视了语境和语用的考虑。然而，语言的本质是交际，翻译作为一种跨语言、跨文化的交际手段，必须充分关注词语在具体语境中的运用，以及语言功能和语用的对等关系。

2. 曾宪才的研究

在翻译领域，学者曾宪才（1993）提出了一个具有深远意义的观点，即将语义、语用和翻译相结合，形成一种全新的翻译观念——语用翻译观。[②] 这一观点突破了传统的翻译方法，更加注重翻译的实质和目标。

在曾先生的论述中，他明确提出，翻译的核心任务就是对原文意义的忠实再现。这里的翻译意义分为两个层面：一是翻译的语义意义，即对原文的语言表达进行准确传达；另一个是翻译的语用意义，即在特定的语境下，将原文的表达意图和效果完整地呈现出来。

① 王宗炎. 介绍赵元任《译文忠实性面面观》[J]. 中国翻译, 1982（3）: 14.
② 曾宪才. 语义、语用与翻译 [J]. 现代外语, 1993（1）: 23-27.

值得注意的是,翻译的语用意义是翻译工作的重点和难点。它涉及表达义、社交义、祈使义、表征义、比喻义、联想义、风格义、主题义、时代义等多个方面。这些意义要素在翻译过程中,需要译者充分考虑和处理,以实现原文和译文在语境中的等效。

为了更好地翻译原文的语用意义,曾先生提出了几种实用的翻译技巧,如变通法、字面法等。变通法是指在保持原文意义的前提下,对译文进行适当的调整和创新,使其更符合目标语的表达习惯和语境要求。字面法则是将原文的字面意义直接译成目标语,力求保持原文的形式和风格。

通过曾先生的语用翻译观,我们不仅可以更好地理解和把握翻译的本质,还为翻译实践提供了有力的理论指导。在实际的翻译过程中,译者应充分运用语用翻译观,关注原文的语用意义,采用恰当的翻译技巧,从而使译文既能准确传达原文的语义,又能保持原文的语境效果。

3. 何自然的研究

翻译学者何自然(2007)[1]教授对奈达的"动态对等翻译"理论进行了深入研究。在此基础上,他提出了语用翻译理论,将其视为一种追求等效的翻译理念。语用等效翻译理论主要包括两个层面:语用语言等效翻译理论和社交语用等效翻译理论。

语用语言等效翻译理论关注的是在语言学层面(如词汇、语义、语法等)进行的翻译。这种翻译方法主要以保留原作内容为核心,不过分拘泥于形式。译者应力求用与原文最接近的对等语言来表达,以实现语言等效。这种翻译方法强调的是在保持原作意义的同时,使译文语言表达自然、流畅。

社交语用等效翻译理论将等效翻译置于跨文化、跨语言的层面。在这个层面上,译者需要充分考虑两种语言文化之间的差异,以及译文读者的接受程度。为实现社交语用等效,译者需运用各种语用学策略,处理好语境与原文内容之间的最佳关联性。

此外,何教授还强调,"翻译活动是一种包含原文作者、译文作者、

---

① 何自然.语用三论:关联论·顺应论·模因论[M].上海:上海教育出版社,2007:183.

译文读者在内的三元关系。"① 因此,在翻译过程中,译者需要重视语境与原文内容的最佳关联性,充分理解原文作者的意图和目的。同时,译者还要善于运用各种语用学策略,处理好两种语言间的文化差异,使译文既能准确传达原文意义,又能符合译文读者的阅读习惯和文化背景。

4.钱冠连的研究

钱冠连教授在 1997 年提出的"语用翻译观"是对翻译研究领域的重要贡献。② 这一观点主张翻译者的研究应以处理在混成符号束、语境和智力干涉的参与和干涉下的语义隐含为核心。在具体操作中,钱冠连教授提出了三点关键注意事项。

翻译者在处理这些问题时,必须在译文中保留源语作者的隐含意图。这是因为在语言交流中,作者的意图往往并非直接表达,而是需要读者通过理解语言的内涵和外延,去推断和感知。因此,在翻译过程中,翻译者应尽可能地还原作者的隐含意图,使译文读者能够获得与原文读者相似的阅读体验。

对于这些隐含意图的处理,翻译者必须考虑混成符号束、语境和智力干涉的影响。这意味着翻译者在翻译时不仅要关注语言的表层结构,还要深入理解语言背后的文化、历史和社会背景。在此基础上,翻译者需要在忠实原作的基础上进行再创造,使译文既符合原文的语用意义,又具有新的艺术价值。

翻译者要十分关注"文化亏损"的问题。在翻译过程中,由于语言和文化差异的存在,往往会导致某些意义或表达方式无法完全传递。为了解决这一问题,翻译者需要在保证等值翻译的基础上,尽可能地寻找替代表达,以使译文更加完美可译。

钱冠连教授的"语用翻译观"为我国翻译研究提供了新的理论指导,使翻译者在面对复杂多样的翻译问题时,有了更为全面和深入的思考路径。这一观点不仅对我国翻译事业产生了深远影响,也为国际翻译研究领域提供了有益的借鉴。

---

① 曾文雄.语用学翻译研究 [M].武汉:武汉大学出版社,2007:36.
② 钱冠连.汉语文化语用学 [M].北京:清华大学出版社,2002:249.

第三节　语用学理论指导下的英汉翻译实践

一、语言顺应论与翻译

　　翻译是一项极为复杂的交际活动。它涉及语言、文化、历史、社会等多个层面的交融与碰撞。在翻译界,对翻译的研究已经深入到了各个层面,而翻译理论的产生与发展,无不是建立在其他学科的基础之上。其中,维尔索伦的语言顺应论,作为语用学的重要观点,对翻译实践的指导意义日益受到学界的重视。

　　语言顺应论认为,语言的使用是在不同意识程度下为满足一定的交际需求,所进行的一个不断选择的过程。这一观点为翻译实践提供了新的视角。在进行翻译时,译者不仅要精通源语和目的语,更要深入理解两种语言背后的社会制度、时代背景、民族文化、历史渊源、宗教信仰和地理环境等差异。这些差异都会对翻译方法和策略的选择产生影响。因此,翻译也是一种不断选择语言的过程。

　　在国内,率先将语言顺应论引入翻译领域的是学者戈玲玲。2001年,她在《中国科技翻译》上发表了《语境关系顺应论对词义选择的制约》一文,首次将语言顺应论应用于翻译实践。[①] 戈玲玲在文章中详细阐述了语境关系顺应对词语词典语义的制约、对词语省略义的补充、对词语文化含义的增添三个方面,为后来的翻译实践提供了宝贵的理论指导。

　　随着研究的深入,更多的学者开始关注语言顺应论在翻译中的应用。2001年,陈喜华发表了《试论翻译中的语境顺应》,她认为翻译是一种特殊的交际活动,因此语言顺应论更适用于分析交际。[②] 陈喜华通过

---

① 　戈玲玲.语境关系顺应论对词义选择的制约[J].中国科技翻译,2001(04):27-29+39.

② 　陈喜华.试论翻译中的语境顺应[J].湖南大学学报(社会科学版),2001(S2):158-160.

实例说明了交际语境在翻译中的应用,为翻译实践提供了更多的参考。

袁斌业(2002)在《语言顺应论对翻译的启示》一文中,对语言顺应论在翻译中的应用进行了更为深入的探讨。[①] 他认为语言顺应论对翻译有两点启示:一是译者可以按照具体的交际语境灵活地选择翻译策略;二是除了胡译和乱译,所有翻译方法并无正误之分、优劣之别,都有其适用的场合和存在价值。这一观点为译者提供了更多的选择空间,使翻译过程更加灵活多样。

宋志平(2004)则从另一个角度对翻译进行了思考。他认为翻译是连续选择的过程,选择贯穿翻译活动的全过程。[②] 但译者的各种选择并不是漫无目的的,选择要为实现特定目的服务,受诸多因素的制约。这一观点强调了译者在翻译过程中的主动性和目的性,使翻译更加具有针对性和实效性。

王建国(2005)则从语用认知的角度对翻译进行了新的解读。他指出归化、异化、直译、意译只是众多翻译方法的几种,动态顺应才是翻译策略。[③] 他还从语用顺应论的角度指出翻译的过程是动态顺应的过程,动态顺应有主动被动之分。这一观点为翻译实践提供了新的思路和方法,使翻译过程更加动态和灵活。

综上所述,语言顺应论在翻译实践中的应用与发展为翻译研究注入了新的活力。它强调了译者在翻译过程中的主动性和选择性,使翻译更加符合实际的交际需求。同时,语言顺应论也为译者提供了更多的理论支持和实践指导,使翻译过程更加科学和规范。随着研究的深入和实践的积累,相信语言顺应论在翻译领域的应用将会更加广泛和深入。

二、顺应论与儿童文学翻译

在中国知网以"顺应论"和"儿童文学翻译"为关键词进行检索,得到了 64 条结果,其中学术期刊论文仅有 13 篇。这些研究论文主要围绕顺应论在儿童文学翻译中的应用进行了深入探讨。顺应论作为一种重

① 袁斌业.语言顺应论对翻译的启示[J].四川外语学院学报,2002(05):111-113.
② 宋志平.翻译:选择与顺应——语用顺应论视角下的翻译研究[J].中国翻译,2004(02):21-25.
③ 王建国.从语用顺应论的角度看翻译策略与方法[J].外语研究,2005(04):55-59.

要的语言学理论,为儿童文学翻译提供了全新的视角和方法。

苗瑛(2014)以经典儿童文学作品《绿野仙踪》为例,借助耶夫·维索尔伦的顺应论理论框架,从语境关系顺应和结构顺应两个维度,对比分析了陈伯吹和马爱农两位译者的译文。[①]她指出,顺应论对儿童文学翻译具有重要的指导作用。在翻译过程中,译者需要选取符合儿童认知水平和心理语言的表达方式,从而帮助儿童在阅读过程中增长知识、拓宽视野,并激发其阅读兴趣。这样的翻译不仅能够传递原文的信息,还能在潜移默化中培养儿童的阅读能力和审美情趣。

黎晓凤(2014)同样从语境关系顺应和结构顺应的角度出发,对《吹小号的天鹅》的中译本进行了深入剖析。[②]她认为,儿童文学翻译需要对语言结构和语境进行动态顺应,以实现源语和目的语的动态对等。这种动态顺应不仅体现在词汇和句法层面,还体现在文化、心理和审美等多个层面。只有这样,才能确保译文既忠实于原文,又能被儿童读者所接受和喜爱。

崔东琦(2013)则以《绿山墙的安妮》为例,探讨了顺应理论在儿童文学翻译中的应用。[③]他认为,翻译过程本身就是在目的语认知语境中进行语言选择并诠释源语文化的过程。在儿童文学翻译中,译者需要充分考虑到儿童的认知特点和心理需求,选择适合他们的表达方式和词汇,以确保译文能够引起儿童读者的共鸣和兴趣。

蒋旗、何泠静(2022)则从顺应论的视角出发,围绕结构顺应、语境顺应和动态顺应三个方面,对《杀死一只知更鸟》的高红梅译本和李育超译本进行了对比分析。[④]他们认为,李育超的翻译处理更符合儿童的心理需求、接受能力和语言偏好,因此其译本在儿童读者中的接受程度更高。这一研究进一步证明了顺应论在儿童文学翻译中的重要性和实用性。

综上所述,前人的研究已经充分证明了顺应论与儿童文学翻译研究

① 苗瑛.以《绿野仙踪》为例从顺应论角度看儿童文学翻译[J].海外英语,2014(21):167-168.
② 黎晓凤.从顺应论角度看《吹小号的天鹅》中译本[J].名作欣赏,2014(15):30-32.
③ 崔东琦.从顺应论看儿童文学翻译——以《绿山墙的安妮》的三个中译本为个案[D].齐齐哈尔:齐齐哈尔大学,2013:13.
④ 蒋旗,何泠静.顺应论视域下的儿童文学翻译——《杀死一只知更鸟》两个中译本的对比分析[J].英语广场,2022(29):21-24.

相结合的可行性和科学性。通过应用顺应论这一视角,人们不仅可以使译文处理更加符合儿童读者的心理状态、阅读习惯和阅读期待,还可以为翻译过程提供科学系统的理论框架,从而有效解决翻译实践中遇到的困难和问题。

三、语言顺应论指导下的英汉翻译实践——以儿童文学作品 Simply Alice 为例

下面通过 *Simply Alice* 这部儿童文学作品的翻译实践来具体分析。

(一)儿童文学翻译中语言结构的顺应

在 20 世纪 80 年代末,比利时语言学家耶夫·维索尔伦(Jef Verschueren)提出了著名的语用顺应论(Adaptation Theory)。[①] 这一理论强调了语言使用的灵活性和动态性,认为语言的选择是出于不同的交际目的,是有意或无意作出的。对于翻译工作来说,这一理论具有重要的指导意义,尤其是在儿童文学翻译领域。

儿童文学翻译的目标读者是儿童,他们的语言能力、阅读能力和兴趣特点与成人存在显著差异。因此,译者在翻译过程中需要充分考虑到这些因素,从语音、词汇、句法等角度进行语言结构的顺应。这意味着译者需要选择那些符合儿童语言习惯、易于理解和接受的词语和表达方式。为了激发儿童读者的阅读兴趣,丰富他们的知识储备,并满足他们的阅读期待,译者在翻译儿童文学作品时可以运用多种策略。

1. 语音层面

儿童读者的思维具有独特的具象化特征,这使他们在阅读时更容易被直观、生动的语言所吸引。因此,在儿童文学作品的翻译过程中,译者需要特别关注如何适应这一特性,使译文既能够传达原文的意义,又能够符合儿童读者的阅读习惯和审美需求。

---

① Verschueren, Jef. *Understanding Pragmatics*[M]. London & New York: Aronld, 1999: 1.

　　为了吸引儿童读者的注意力,译者可以突出原文的音韵特色。儿童文学作品往往具有丰富的音韵美,如押韵、对仗等修辞手法,这些手法能够增加文章的节奏感和韵律感,使儿童读者在阅读时感受到愉悦和舒适。在翻译过程中,译者可以通过保持或模仿原文的音韵特点,使译文同样具有吸引力。

　　适当运用叠词和感叹词也是提升译文趣味性和生动性的有效手段。叠词通过重复相同的词语或词组,能够增强语言的节奏感和表现力,使描述更加生动形象。感叹词则能够表达强烈的情感,引起儿童读者的共鸣和兴趣。在翻译过程中,译者可以根据原文的内容和语境,恰当选择使用叠词和感叹词,使译文更加符合儿童读者的阅读习惯。

　　然而,在运用这些技巧时,译者需要注意保持翻译的准确性和自然性。顺应原文本的语音特点并不意味着牺牲译文的准确性,而是在保持原文意义的基础上进行适当的调整和创新。同时,处理叠词和感叹词的翻译时,也需要考虑目标语言的表达习惯和文化背景,避免产生误解或歧义。

　　(1)叠词的使用

　　叠词在儿童文学的翻译过程中具有不可忽视的作用。它以其形象性和音乐性的特征,赋予了儿童文学更加活泼生动的文学特色,为儿童读者带来了独特的阅读体验。

　　叠词通过重复相同的词语或词组,形成了强烈的视觉和听觉效果,使语言更具形象性。在儿童文学翻译中,译者巧妙地运用叠词,能够生动地描绘出故事中的场景、人物和情感,使儿童读者仿佛置身于其中,感受到故事情节的真实和生动。

　　叠词在发音上具有一定的节奏感和韵律感,这使它在儿童文学翻译中具有音乐性的特征。通过巧妙地运用叠词,译者可以模仿儿童读者的语言习惯,使译文更加贴近儿童的阅读口味,从而拉近与儿童读者的距离。

　　在儿童文学翻译中,叠词的使用不仅可以贴合儿童文学的文学特色,还能增加读者在阅读过程中的感性认知,从而激发读者的阅读兴趣。通过模仿儿童读者的语言习惯,叠词可以帮助译者拉近与读者的距离,让读者更好地理解和感受故事中的情感和意境。例如:

I could feel the blood throbbing in my temples.

我感觉太阳穴在一下一下地突突地跳。

（*Simply Alice*）

　　在一个寂静的夜晚,爱丽丝的电脑上突然闪烁起一封新邮件的提示。发件人一栏是空白的,这让她不禁感到一丝不安。她犹豫了片刻,但还是决定打开这封神秘的邮件。信中,匿名人称自己一直在默默地观察爱丽丝的生活,对她充满了好奇,并希望能与她见面。这封邮件让爱丽丝感到十分紧张,恐惧的氛围像一股无形的力量,一下一下地撞击着她的心房,使她的心跳突然加速。她不禁想象着这个匿名人可能是什么人,他为何要观察她,又为何要与她见面? 这些疑问像一团团迷雾,让她的心情更加沉重。在这个紧张的时刻,爱丽丝感到自己的每一个神经都在紧绷着。她试图保持冷静,但那股恐惧的氛围却像一股无形的力量,让她无法平静。她知道自己必须面对这个挑战,但她也知道,这将是一段艰难的历程。译文通过巧妙地运用"一下一下、突突"等叠词,成功地渲染了恐惧的氛围,让读者能够深刻感受到爱丽丝内心的恐惧和不安。这种描写方式不仅使人物塑造更加形象,也让故事情节更加生动。

　　（2）感叹词的使用

　　感叹词是一种常被用来突显情感、强化语言表达力和塑造人物性格的词汇,其在文学创作中的作用不容忽视。特别是在儿童文学领域,感叹词的使用更是独具匠心,为儿童读者带来别样的阅读体验。在儿童文学中,感叹词以其独特的表现力,成为吸引儿童读者注意力的有力工具。儿童由于年龄和心理特点,往往难以长时间集中注意力。因此,儿童文学作家在创作过程中,巧妙地运用感叹词,可以有效地吸引并维持儿童的阅读兴趣。此外,感叹词还能增强文章的童趣,让儿童文学作品更加符合儿童的审美趣味。儿童的思维往往更为直接、简单,他们喜欢直观、生动的表达方式。感叹词以其鲜明的情感色彩和简洁的语言形式,正好迎合了儿童的这一需求。例如:

"Who's Molly?" Elizabeth asked, a whine in her voice.

"谁是莫莉呀? "伊丽莎白问道,她的声音带着点抱怨。

（*Simply Alice*）

　　在爱丽丝与伊丽莎白这对朋友之间的对话中,伊丽莎白因正在接受治疗而情绪低落,加之长时间未与挚友爱丽丝见面,使她的心情更为复杂。当爱丽丝提及新朋友莫莉时,伊丽莎白对此表现出了既好奇又不满的情绪。为了更生动地展现伊丽莎白在友情面临考验时的内心波动,译者将原文的疑问句改为感叹句,从而深化人物形象的塑造。

2. 词汇层面

在翻译儿童文学作品时,译者在词汇的选取上扮演着至关重要的角色。他们需要兼顾儿童的阅读能力和兴趣,确保译文既能够传达原文的精髓,又能够吸引儿童读者的眼球。首先,考虑到儿童读者在阅读过程中有着增长知识、丰富见识的期待,译者会有意识地运用四字格的形式来表达原文。四字格是一种言简意赅、富有韵律感的表达方式,它在儿童文学翻译中的运用,不仅有助于儿童在阅读过程中积累知识,还能够提升他们的阅读兴趣。例如,在翻译一些描述自然风光的句子时,译者可能会选择使用"山清水秀""鸟语花香"等四字格词汇,这些词汇既能够准确地传达原文的意境,又能够让儿童在阅读中感受到自然的美好。这种寓教于乐的方式,有助于培养儿童的阅读兴趣和习惯。其次,译者还需要充分考虑儿童自身的特点。由于儿童的认知能力和语言水平有限,如果译文过于复杂或晦涩难懂,那么儿童就会感到阅读困难,甚至失去阅读的兴趣。因此,译者在翻译过程中需要使用简明易懂的词汇,避免使用过于生僻或复杂的表达。同时,他们还需要用通俗化、口语化的语言来拉近与儿童读者的距离,让儿童在阅读过程中感受到亲切和温暖。此外,译者在翻译过程中还可以适当运用修辞格,如比喻、拟人等手法,来增强文章的表现力。这些修辞格的运用不仅能够让儿童更好地理解故事情节和人物形象,还能够培养他们的审美意识和想象力。

(1)口语词的使用

儿童文学作为一种特殊的文学形式,其语言特点相较于大众文学有着显著的不同。儿童文学的语言通常较为简单,用词通俗易懂,这是因为它要贴近小读者的理解能力,使他们能够更好地沉浸在故事的世界中。这种语言风格的选择,不仅是为了让孩子们易于理解,更是为了激发他们的阅读兴趣,培养他们对文学的热爱。

在儿童文学中可以看到,词语的组合并不追求华丽繁复,而是力求清晰明了地展示故事的来龙去脉。这样的写作方式使文章逻辑清晰,故事简明,合乎情理。这样的语言风格不仅能够让孩子们更好地理解故事,更能够让他们在阅读过程中体验到阅读的乐趣。

由于儿童的阅读能力尚有很大的提升空间,因此他们在阅读过程中更易于对直白而具体的表达留下深刻的印象。这也为儿童文学的翻译工作提出了更高的要求。在翻译儿童文学作品时,译者需要充分考虑到目标读者的特点,力求使语言通俗易懂,贴近儿童的现实生活。例如:

"Let's go," I murmured, taking big strides back down the hall.

"我们走吧。"我低声说,大步走回大厅。

(Simply Alice)

在故事情境中,当主角爱丽丝因空等而情绪低落时,原句中的 murmur 一词若译为"喃喃自语"则显得较为文艺,不利于直接传达其内心情感。而"咕哝"一词则与儿童的日常语言环境相去甚远。因此,我们将其直接处理为"低声说",这种表达方式更加贴近儿童的日常生活语境,同时也能够直观地展现出爱丽丝的低落情绪。这样的处理既保证了信息的准确传达,又便于儿童读者理解。

（2）修辞格

在儿童文学翻译中,如何让作品保持其原有的魅力,同时又能吸引孩子们的兴趣,是一个充满挑战性的问题。修辞作为一种重要的语言工具,能够大大增色译文,使之更加生动、形象,从而吸引孩子们的注意力。首先,修辞能够增强译文中人物形象的塑造。在儿童文学作品中,人物往往具有鲜明的个性和特点,而修辞正是塑造这些人物形象的得力助手。通过比喻、拟人等修辞手法,可以将人物的特点和性格更加生动地展现出来,让孩子们更加容易理解和接受。其次,修辞可以丰富译文的情感表达。儿童文学作品中往往蕴含着丰富的情感,如爱、友谊、勇气等。通过使用修辞,可以更好地传达这些情感,让孩子们在阅读中感受到温暖和力量。此外,修辞还可以提升译文的文学价值。儿童文学作品往往具有很高的文学价值,通过使用修辞,可以更好地保留和展现这些价值。例如:

I was listening to what Elizabeth was saying, but what I was really looking at, or trying not to look at, was her chin, because right smack in the middle of it was a huge red pimple, and there was another on the left side of her forehead.

我耳朵在听着伊丽莎白的话,但眼睛却牢牢钉在她的下巴上,我已经努力不去看了,但是她下巴正中间有一个巨大的红疙瘩,而且在她额头的左边还有一个。

（ *Simply Alice* ）

在译文中,译者巧妙地采用了比喻的修辞方式,将主人公爱丽丝的视线具象化地呈现出来。通过使用"钉"这一字,译者成功地描绘了主人公专注凝视的状态,使描绘既生动形象,又不失原文意思的传达,使读者在理解的同时,也能感受到一丝幽默与轻松。

3. 句法层面

在翻译的过程中,句法层面的顺应是一项至关重要的技巧。这要求译者不仅理解源语的含义,而且能够灵活地调整其句子结构,使其更加贴近译语的语言规范。特别是在汉英两种差异巨大的语言之间进行翻译时,这种句子结构的调整显得尤为关键。考虑到儿童的阅读能力尚待提高,理解能力相对较弱,因此在翻译时,译者需要特别关注句子结构的调整。

首先,对于英语中的长句,译者应当巧妙地将其转换为简单句或短句。这样做可以显著降低句子的复杂性,使儿童读者在阅读时更容易理解。例如,原句"The little girl who lived in the countryside and loved to pick flowers in the meadow every day was very happy." 可以被翻译为"住在乡下的小女孩每天都很开心地在草地上摘花。"这样的翻译不仅保留了原句的意思,而且通过简化句子结构,使其更加适合儿童阅读。

其次,除了调整句子长度,译者还需要注意译文的语序排列。汉语和英语在语序上存在很大的差异,因此在翻译过程中,译者需要按照汉语的表达习惯对译文进行重新排列。这样做可以使句子更加自然流畅,符合儿童的阅读习惯。例如,原句"The teacher asked the student why he was late for class."在翻译为汉语时,应当调整为"老师问学生为什么上课迟到。"这样的语序更符合汉语的表达习惯,也更便于儿童读者理解。

（1）短句运用

英语与汉语作为两种截然不同的语言,各自承载着不同的文化特色和表达方式。其中,英语的句子结构往往更为紧凑,信息密度也相对较高,这使英语句子在表达上更为直接和高效。然而,当这种紧凑的英语句子被直接翻译成汉语时,可能会遇到一些问题。特别是对于儿童读者来说,他们的阅读能力和理解能力相对有限,如果译文过于复杂或句子过长,可能会给他们带来阅读上的困扰。因此,译者在处理儿童读物的翻译时,需要特别关注句子的长度和复杂度。他们需要将原本紧凑的英语句子进行拆分,以适应儿童的阅读水平。这不仅要求译者对两种语言的差异有深入的了解,还需要他们掌握如何合理地处理句子结构,使译文既忠实于原文的意思,又能让儿童读者轻松理解。在拆分长句的过程中,译者通常会遵循汉语的表达习惯,将长句拆分成若干个短句或流水句。这样做的好处是短句更加简洁明了,易于理解,符合儿童读者的阅读习惯。同时,流水句则能更好地保留原文的连贯性和流畅性,使译文更加自然。此外,译者还需要注意在翻译过程中保持逻辑的连贯性。这意味着,尽管句子被拆分成多个部分,但各部分之间的关系仍需保持清晰,以便儿童读者能够顺利地将这些信息整合起来,形成一个完整的故事或概念。例如:

I think he resents Faith doing anything that doesn't involve him.

在我看来,菲斯如果做什么事情,要是没带上他,他就受不了了。

（*Simply Alice*）

这句话涵盖了三个主体,分别是"我""菲斯"以及"菲斯的男友"。原句通过定语从句将这些成分紧密相连。然而,为了确保儿童读者能够轻松理解,译者将这句话巧妙地拆分为四个简洁明了的短句,从而在逻辑上逐步深入,使内容更易于被儿童读者接受。

（2）调整语序

在英语与汉语之间,由于分属于迥异的语系,其表达习惯自然存在显著的差异。这种差异在翻译过程中尤为明显,尤其是在儿童文学的翻译中。译者在进行儿童文学翻译时,不能仅仅满足于对原文的字面翻译,而必须充分考虑到目标语言——汉语的表达习惯,以及儿童的阅读习惯和理解能力。英语句子通常结构复杂,从句套从句,而汉语则更倾向于简洁明快地表达。因此,如果译者在翻译过程中完全遵循原文的语序,可能会导致译文显得生硬、拗口,不符合汉语的表达习惯,特别是对于儿童读者来说,阅读时会遇到诸多障碍。例如:

The real surprise was when Pamela told me she was dropping out of the drama club. I couldn't believe it.

帕梅拉告诉我她要退出戏剧俱乐部,我大吃一惊,简直不敢相信。

（*Simply Alice*）

考虑到帕梅拉始终表达出对演艺事业的热忱,甚至曾在六年级戏剧中担纲主演,当得知她要退出戏剧俱乐部的消息时,我深感震惊。如此热爱戏剧的她,竟有此决定,简直令我难以置信。在翻译时,为贴合中文表达习惯,译者将原文的连词 when 省略,将事件描述置于句首,而将我的感想和评论移至句尾,并进行了适当的整合。

（二）儿童文学翻译中语境关系的顺应

在交际的过程中,语境是一个非常重要的因素。语境是指言语交流的环境和背景,包括时间、地点、场合、参与者的身份和关系等因素。在交际双方对话的过程中,语境会随着交流的深入而不断变化。因此,在翻译过程中,译者需要充分考虑语境的变化,灵活顺应交际所处的语境,从而使译文更加形象生动,激发儿童读者的阅读兴趣。

1. 语言语境

在儿童文学翻译的过程中,如何将源语准确无误地转换成译入语,同时保持儿童文学作品的童趣和天真,是一项既具有挑战性又富有创造性的任务。在这一过程中,认知偏差是不可避免的现象,它源于源语与译入语之间的语言、文化和思维方式的差异。为了最大限度地减少这种偏差,译者需要灵活应用顺应论,紧密贴合语言语境,以确保交际过程的顺畅和自然。

语言语境是儿童文学翻译中至关重要的因素。它不仅包括词汇、语法和句式等语言要素,还涉及文化背景、社会习俗和儿童心理等多个层面。译者在处理儿童文学翻译时,必须对这些要素有深入的理解和掌握,以便能够准确选择关联成分,实现语言的顺畅衔接和清晰表达。在选择关联成分时,译者可以运用多种手段,如连词、重复和省略等。例如:

"He gives her a lot of attention, all the wrong kind," Molly said.

"他过分关注菲斯了,所有无关紧要的事他都想掌控,"莫莉说。

（*Simply Alice*）

莫莉对罗恩和菲斯之间的关系发表了自己的评价,她强烈反对罗恩的某些行为。因此,在翻译时,译者没有采用直译的方式,即"他给了她很多关注,都是错误的",而是采用了更加明确和具体的表达方式,以揭示罗恩对莫莉的过度关注。进一步指出,这种过度关注表现在"所有无关紧要的事他都想掌控"上。这种处理方式比原文更加清晰明了,更易于儿童读者理解和接受。

2. 交际语境

在交际过程中,语言不仅是信息的传递工具,更是情感的表达、认知的体现和社交的媒介。交际者的语言特征受到多种因素的影响,其中包括认知和情感等因素。这些因素在交际过程中起着至关重要的作用,因此,译者在翻译时必须充分考虑这些因素,以确保翻译结果能够真实地反映原文的意图和情感。例如:

"Well, believe it or not, there are some things in life worse than humiliation," said Dad.

"好吧,相信我,孩子,生活中有些事情比丢面子更糟糕,"爸爸说。

(*Simply Alice*)

在这段交际对话中,爱丽丝在学校不幸出了丑,当众从楼梯上摔了下来。面对这一尴尬和痛苦的情境,她的父亲需要以一种既稳重又理性的方式来安慰她。原句中的 believe it or not 虽然直接,但在此情境下可能显得过于冷漠。因此,译者在翻译时充分考虑了父亲角色的情感表达,选用了"相信我,孩子"这一表述。这种表达方式不仅更贴近一个父亲应有的口吻,也更符合这一特定交际语境下的情感交流需要。

3. 社会文化语境

翻译中,译者不仅要精通源语言和目标语言,更要深入理解两种语言背后的社会文化语境。这是因为语言不仅是文字的组合,更是文化的载体和反映。在翻译时,如果单纯进行文字转换而忽视文化因素,很可能会导致译文失去原有的韵味和深意,甚至造成误解。

对于译者来说,顺应目的语的社会文化语境是翻译过程中的重要考量。这涉及政治制度、经济情况、文化传统、意识形态、地理环境、民族心理、宗教信仰等多个方面。这些元素共同构成了一个民族或国家独特的文化土壤,影响着人们的思维方式和行为习惯。因此,译者在翻译时必须对这些因素进行综合考虑,确保译文能够准确传达原文的含义,同时又在目的语文化中得到恰当的呈现。

以儿童读物翻译为例,由于儿童读者的认知能力尚未发展完全,他们在阅读时更依赖于直观的感受和生动的描绘。因此,在翻译儿童读物时,译者需要特别关注目的语文化中的儿童心理特征和阅读习惯。例如,在翻译一些寓言故事或科普知识时,译者需要采用简洁明了的语言和生动的比喻,以吸引儿童的注意力并激发他们的阅读兴趣。例如:

"Cross my heart," she said.

"我对天发誓,"她说。

(*Simply Alice*)

Cross my heart 这句话在中文里通常被翻译为"对天发誓"。虽然这两个表达在字面上看似不同,但它们都承载了深厚的文化背景和共同的道德含义。这句话的原始形态与西方的基督教文化传统紧密相关,因为在基督教中,人们发誓时常常会在胸前画十字,以此表示他们的誓言是真诚且神圣的。然而,当这句话被引入中文语境时,译者并没有直接采用直译的方式,而是选择了"对天发誓"这一成语。这一选择不仅体现了译者的巧妙,也体现了对中文文化语境的深刻理解。在中国古代,人们常常以天为证,发誓时要对天发誓,表示誓言的庄重和不可违背。这种表达方式在中国文化中极为常见,如吴承恩所著的《西游记》中,孙悟空在多次发誓时就说:"我若说谎,就教天打雷劈!"这种翻译方式不仅保留了原句的含义,还使其更易于被中文读者理解和接受。这种处理方式也体现了翻译的一种重要原则,即"信、达、雅"。在保持原意的基础上,尽可能地使译文流畅自然,符合目标语言的文化习惯,从而使读者能够更好地理解和欣赏原文。

可见,翻译儿童文学作品的关键在于充分考虑儿童的熟悉特色和风格,从而创造出能够引发儿童读者阅读兴趣的文学作品。为实现这一目标,译者需要从两大角度,六大层面出发,精心进行翻译工作。

首先,在语言结构顺应方面,译者从语音、词汇、句法三大层面对翻译进行了深入探讨。在语音层面,译者巧妙地运用归化策略,注重叠词、感叹词等词汇的使用,将原文中平铺直叙的语言,通过汉语的抑扬顿挫、起承转合,赋予丰富的感情色彩,使其更加贴近儿童所熟悉的语言特色。这种处理方式不仅使译文更具趣味性,还有助于儿童理解故事情节,引发他们的共鸣。在词汇层面,译者同样以归化策略为指导,力求在儿童可接受的范围内,适当添加汉语中的四字格结构,既丰富了儿童的知识储备,又保持了译文的通俗化、口语化风格。这种处理方式不仅有助于儿童理解词义,还能让他们在阅读过程中感受到汉语的魅力。在句法层面,译者在归化策略的指导下,灵活运用分译法、语序调整法等翻译技巧。他们注重使用短句等贴近儿童表达习惯的句子,并根据汉语的逻辑对语序进行恰当的调整。这种处理方式使译文更加符合儿童的阅读习惯,有助于他们更好地理解故事情节。

其次,从语境顺应角度出发,译者充分考虑了语言语境、交际语境和社会文化语境。他们通过适当添加连词、使用重复等手段,使语言衔接更加顺畅;同时,调整翻译以适合具体的交际情境以及说话人的性格特征。在翻译过程中,译者还参考了译入语的社会文化语境,将源语中一些特殊的表达进行调整,以符合汉语的表达习惯。这种处理方式使译文更加贴近儿童的生活实际,有助于他们更好地理解故事背后的文化内涵。

在这两大角度、六大层面的指导下,译者采用归化策略,尽力让翻译实现趣味性、审美性和可读性。他们充分考虑了儿童读者的特点和需求,让翻译的语言顺应儿童读者熟悉的特色和风格。通过这种方式,译者创造出了受儿童读者喜爱的文学作品,引发了他们的阅读兴趣。

综上所述,译出童味是翻译儿童文学作品的关键。只有充分考虑儿童的熟悉特色和风格,才能创造出能够引发儿童读者阅读兴趣的文学作品。在这个过程中,译者需要从语言结构顺应和语境顺应两大角度出发,精心进行翻译工作。只有这样,才能最终创造出儿童读者喜闻乐见的文学作品,为他们的成长提供有益的精神食粮。

第四章 心理语言学与翻译的
深度融合与渗透

　　心理语言学与翻译的融合即翻译心理学研究的内容。翻译心理学（Psychotranslatology），又称心理翻译学，是一门交叉学科，从应用心理学角度，利用科学和文艺方法研究翻译现象、活动、行为、过程及原理，旨在揭示翻译的本质。翻译心理学包括宏观和微观研究，前者从宏观视角，借助社会心理学等方法进行广义、归纳性研究，后者从微观视角，依据普通心理学等理论进行狭义、分析性研究。翻译心理学涵盖人文学科和自然科学，具有兼容性和广泛性，全面深入研究翻译，不仅是文化、语言交流手段，还是文化心理建构途径，从心理视角研究翻译学能更全面解释翻译活动、现象、行为。翻译心理学不仅纯人文，还与自然科学相结合，是交叉学科。本章将全面探究翻译心理学。

第一节 心理语言学理论阐释

一、心理语言学的产生

　　早在 19 世纪末，心理语言学这门新兴的交叉学科便开始受到广泛关注。这一领域的诞生，离不开德国心理学家普赖尔（Preyer）、斯特恩（Stern）和美国心理学家奥尔波特（Allport）等学者的贡献。

　　普赖尔于 1882 年发表了《儿童心理》（*The Mind Of the Child*, 1882）一书，首次系统地探讨了儿童的心理发展过程，为心理语言学的研究提供了理论基础。①

斯特恩则在 1907 年出版了《儿童的语言》(*The Language of Children*, 1907),进一步强调了语言在儿童心理发展中的重要性。这两位学者的研究,奠定了心理语言学的基础。②

随后,奥尔波特在 1924 年发表了《社会心理学》(*The psychology of early children*, 1924),对儿童的社会行为和心理过程进行了深入研究,为心理语言学的应用领域提供了新的视角。③ 这些研究不仅推动了心理语言学的发展,同时也为后来的语言学家和心理学家提供了宝贵的资料和启示。

进入 20 世纪 50 年代,随着语言学和心理学的成熟,两门学科开始不断融合,出现了诸如"心理的语言学""语言心理学""心理语言学"等新的术语。这些术语的出现反映了心理语言学作为一个独立学科的逐渐形成。

然而,心理语言学的诞生并非一蹴而就。从 19 世纪末到 20 世纪 50 年代,心理语言学经历了从无到有的发展过程。这一过程不仅离不开普赖尔、斯特恩、奥尔波特等学者的贡献,同时也得益于语言学和心理学的发展。如今,心理语言学已经成为一个独立的学科,拥有丰富的理论和应用研究。未来,心理语言学将继续在语言学和心理学的基础上,探索人类心理与语言之间的奥秘。

二、心理语言学的概念

心理语言学,作为一门跨学科领域,旨在探究语言如何影响和反映人类思维、认知和情感等心理活动。它以语言学、心理学和社会学等为基础,从多个层面进行深入研究。

心理语言学可以被理解为一门研究语言与心理过程之间相互作用的学科。这种相互作用体现在语言作为人类最重要的沟通工具之一,不仅是传递信息的工具,更是表达情感、思维和认知的方式。心理语言学

---

① 王初明.应用心理语言学外语学习心理研究[M].长沙:湖南教育出版社,1990:14.

② 刘利民.心理语言学[M].成都:四川大学出版社,2000:25.

③ 董燕萍,顾曰国,陈国华,王初明.心理语言学与外语教学[M].北京:外语教学与研究出版社,2009:65.

通过探究语言的结构、语义和语音等方面,揭示了语言如何在儿童心理过程中发挥作用。例如,通过研究语言中的语法结构和词汇选择,可以了解儿童的思维方式和认知偏好。此外,心理语言学还关注语言与社会文化之间的相互关系,通过研究不同语言背景下的语言使用和表达习惯,可以揭示语言如何影响个体和社会的心理过程。

心理语言学也可以被理解为一门研究语言对心理过程产生影响的学科。语言不仅是一种表达工具,更是塑造和影响儿童心理过程的重要因素。心理语言学通过研究语言对情感、情绪和认知等心理过程的影响,揭示了语言如何塑造儿童的思维模式和行为方式。例如,不同语言中的词汇和表达方式会对儿童的情绪和情感产生不同的影响,从而影响儿童的行为和思维方式。同时,心理语言学还关注语言与个体心理发展之间的关系,通过研究语言使用和发展阶段之间的关系,可以揭示语言如何影响个体心理发展。

此外,心理语言学还可以被理解为一种应用学科,它可以应用于教育和语言治疗等领域。心理语言学的研究成果可以帮助教师更好地理解儿童的语言学习过程,从而提供更有效的教学方法和策略。例如,心理语言学研究发现,儿童在语言学习过程中,往往会受到情感因素的影响,如焦虑、恐惧等。教师可以通过观察和干预儿童的这些情感因素,来提高儿童的语言学习效果。此外,心理语言学还可以帮助语言治疗师了解语言障碍背后的心理过程,从而制定更恰当的治疗方案。例如,研究发现,语言障碍往往与个体的情绪、认知和社交能力等心理因素密切相关。因此,语言治疗师需要深入了解患者的心理状况,以便制定更有效的治疗方案。

三、心理语言学的主要内容

心理语言学是一门研究人类语言行为、语言习得、语言理解、语言产生以及语言障碍等语言现象的学科。该学科涉及心理学、语言学、神经科学等多个领域,具有重要的理论和实践意义。

心理语言学的主要研究方向包括习得、理解、产生、障碍、语言与思维、神经认知等。习得是指个体通过接触和交互,逐渐掌握语言的过程。理解是指个体对语言的意义和结构进行分析和理解的过程。产生是指个体运用语言表达思想和情感的过程。障碍是指个体在语言习得、理解、产生等方面出现困难和障碍。语言与思维是指语言是人类思维的重要工具,二者相互影响、相互作用。神经认知是指神经科学和语言学交叉领域的研究,旨在探究大脑与语言行为之间的关系。

这里重点分析语言习得与语言理解这两个方向。

语言习得是指个体通过接触和交互,逐渐掌握语言的过程。语言习得的研究主要涉及语言获得、语言习得机制、语言习得障碍等方面。语言获得是指个体通过观察和模仿,获得语言的能力。语言习得机制是指个体如何通过学习和经验获得语言能力的过程。语言习得障碍是指个体在语言习得过程中出现的困难和障碍。例如,儿童语言习得障碍是指儿童在语言习得过程中出现的言语困难,如语言表达不清、听不懂语言等。

语言理解是指个体对语言的意义和结构进行分析和理解的过程。语言理解的研究主要涉及语义理解、语法理解、语用理解等方面。语义理解是指个体对语言的意义和内涵进行理解和解释的过程。语法理解是指个体对语言的语法结构和规则进行理解和解释的过程。语用理解是指个体对语言在特定情境下的使用和表达进行理解和解释的过程。例如,语用理解的研究涉及语篇理解、对话理解、言语行为理解等方面。

第二节 心理语言学与翻译的融合理论

一、翻译心理学的研究对象

(一)翻译的文化心理

1.跨文化心理学

跨文化心理学作为一个涉及文化、行为和心理现象的交叉学科,吸引了众多学者的关注。然而,对于这一领域的定义,不同的学者有着不同的见解。这些定义不仅为人们提供了理解跨文化心理学的多维视角,也为人们深入探究文化、行为和心理变量之间的关系提供了理论基础。

　　有学者将跨文化心理学定义为对人类行为及其传播的科学研究。[①]
这一定义强调了跨文化心理学关注的核心问题——人类行为及其传播。
通过对社会和文化力量形成和影响行为的途径或方式的研究,跨文化心
理学试图揭示人类行为背后的文化和社会因素。这种定义有助于人们
理解同一作品在由不同文化语境中的译者翻译时可能出现的差异性,为
跨文化比较研究提供了理论基础。

　　有学者认为跨文化心理学是系统地比较不同文化条件下的心理变
量,以确定行为差异发生的原因和过程[②]。这一定义强调了跨文化心理
学关注的核心问题——行为差异及其原因。通过对不同文化条件下的
心理变量进行比较,跨文化心理学试图揭示行为差异发生的原因和过
程。这种定义强调了文化和行为之间的因果关系,即文化是因,行为是
果。这种因果关系的理解有助于人们更好地理解跨文化心理学的研究
内容。

　　此外,还有学者将跨文化心理学定义为对不同文化种群成员的经验
性研究。[③]这一定义强调了跨文化心理学关注的核心问题——文化种群
的经验性研究。通过研究不同文化种群成员的经验,跨文化心理学试图
揭示文化种群之间的差异性。这种定义有助于人们对译者的翻译行为
进行预测,为跨文化翻译研究提供了理论基础。

　　可见,跨文化心理学的定义是一个多元且丰富的研究领域。不同的
定义为人们提供了理解这一领域多维、深入、全面的角度。通过深入研
究这些定义,人们可以更好地理解跨文化心理学的内涵、外延及其在实
际应用中的作用。同时,这些定义也为跨文化心理学的研究提供了理论
基础,为未来跨文化心理学的研究提供了方向。

　　2. 文化心理学

　　翻译心理学作为心理学的一个分支,强调在跨文化交际中,心理过
程与文化因素的相互作用。这也就意味着翻译心理学在很大程度上依
赖于文化心理学的理论支持。

　　文化心理学和翻译心理学之间的关联主要表现在以下几个方面。

---

① 　陈浩东.翻译心理学 [M].北京:北京大学出版社,2013:24.
② 　陈浩东.翻译心理学 [M].北京:北京大学出版社,2013:24.
③ 　陈浩东.翻译心理学 [M].北京:北京大学出版社,2013:25.

第四章　心理语言学与翻译的深度融合与渗透

文化心理学认为,文化和心理是相互依赖、相互建构、互为因果的。文化,作为人类社会生活的基础,不仅影响着人们的思维方式、价值观和行为模式,同时也被这些心理过程所塑造。换句话说,文化是人们用心理建构的世界图景,在建构的过程中,心理被其建构的文化所改造。

人的实践活动既依赖自己的心理来改造世界,又赋予世界新的图景并使之文化化。在这个过程中,人的行为受到自己文化背景的规范和约束。例如,在不同文化背景下,人们对同一事物的理解和认知可能存在差异,这种差异往往源于各自文化背景的影响。

翻译心理学关注翻译过程中的文化失真或文化丢失现象。在跨文化交际中,由于文化差异的存在,原作的某些信息可能会在翻译过程中被误解或丢失。这种现象的出现既可能是由于译者对原文的理解不准确,也可能是由于译者在翻译过程中,受到自己文化背景的影响,对原文的理解和表达产生了偏差。

翻译心理学还研究在何种情况下发生文化失真或文化丢失。这方面的研究有助于人们更好地理解和解决翻译过程中出现的文化问题,提高翻译的准确性和可信度。

（二）翻译的认知心理

1. 翻译心理学与认知神经科学

认知神经科学这一新兴领域起源于 20 世纪 90 年代,结合了认知科学和神经科学的研究方法。认知神经科学旨在深入探索人类认知活动的脑机制,以期阐明大脑如何调用各个层次上的组件(如分子、细胞、脑组织)以及全脑各部分协同工作,从而实现人类的认知活动。

认知神经科学还利用其他技术手段,如脑电图(EEG)、磁共振成像(MRI)和功能磁共振成像(fMRI)等,来研究译者或双语者的双语表征、双语切换和翻译的神经机制。这些技术手段为翻译认知心理研究提供了有力的实验工具。

在翻译认知心理研究中,认知神经科学起到了关键性的作用。它不仅揭示了翻译过程中的认知机制,还提供了实际操作的方法和手段。此外,认知神经科学的研究成果对于理解和优化翻译过程,提高翻译质量,以及培养翻译人才等方面都具有重要意义。

然而,认知神经科学在翻译领域的应用还处于起步阶段,许多问题尚待解决。例如,如何将翻译活动中的认知过程与大脑活动进行精确的关联,以及如何通过大脑活动的研究来指导翻译实践等问题,都需要进一步探讨和研究。

2. 翻译心理学与心理语言学

心理语言学,作为心理学和语言学的交叉结合边缘性学科,旨在探索言语理解、言语产生和语言习得的过程。其中,言语理解又称言语解码,是指人类对语言符号进行解读的过程,是心理语言学的一个重要研究领域。而言语产生则是指人们通过语言符号进行表达的过程,是心理语言学的另一个重要研究领域。此外,心理语言学还研究语言习得,即个体在语言环境中通过不断接触和模仿,逐渐掌握和运用语言的过程。

翻译作为一种基于语言媒介的心理活动,是心理语言学的重要应用领域。翻译理解,即翻译的言语理解过程,是指译者在理解源语言的基础上,将其转化为目标语言的过程。而翻译表达即翻译的言语产生过程,是指译者在理解源语言的基础上,将其转化为目标语言并表达出来的过程。因此,翻译心理学,尤其是翻译认知心理学,是心理语言学的一个重要分支。

翻译具有方向性,即正向翻译和逆向翻译。正向翻译也称为顺向翻译,是指从源语言到目标语言的翻译过程。逆向翻译也称为反向翻译,是指从目标语言到源语言的翻译过程。在正向翻译中,译者的主要任务是将源语言的编码信息解码,然后用目标语言进行表达。而在逆向翻译中,译者的主要任务是将目标语言的编码信息解码,然后用源语言进行表达。因此,正向翻译和逆向翻译中的言语编码具有完全不同的编码机制。

此外,翻译心理学还研究译者的跨语言心理活动。翻译心理学研究的是译者在翻译过程中的心理活动,包括对源语言的理解、对目标语言的选择、对翻译策略的运用等。翻译心理学的研究对象不仅包括译者的认知过程,还包括译者的情感过程和社会过程。

（三）翻译的审美心理

审美心理学作为研究人类审美过程中心理活动规律的学科,其主要研究内容包括审美经验、美感、审美主体以及审美心理过程等。审美经验是人们在欣赏美的自然、艺术品和其他人类产品时所产生的愉快心理体验,它涉及知、情、意三个层面的心理活动。美感是审美心理过程中的核心要素,包括审美感知、审美想象、审美情感等。

审美心理学的研究内容还包括心理美学和文艺心理学。心理美学是研究审美心理活动与美学理论的关系,探讨审美心理活动如何影响美学理论的形成和发展。文艺心理学是研究文艺作品创作和欣赏过程中的心理活动,探讨审美心理活动如何影响文艺作品的创作和欣赏。

此外,审美心理学还涉及翻译心理学,研究翻译过程中的审美心理活动,包括译者的审美过程、审美直觉、移情过程等。翻译心理学是审美心理学的一个重要分支,它探讨翻译过程中的审美心理活动,为翻译理论和实践提供了理论支持。

因此,审美心理学主要研究内容包括审美经验、美感、审美主体、审美心理过程等。审美心理学的研究内容涉及心理美学、文艺心理学和翻译心理学等多个领域,为美学理论研究和实践提供了理论支持。

二、翻译心理学未来的研究任务

（一）研究翻译思维

1. 翻译思维在研究中的重要地位

在翻译思维的研究中,学者们普遍认为翻译思维是翻译活动的基础,是实现翻译目标的关键。翻译思维不仅涉及语言的转换,还涉及文化、语境、语言背后的深层含义等多个方面。因此,对翻译思维的研究,不仅有助于理解翻译的本质,还有助于提高翻译的质量和效率。

一些学者还探讨了翻译思维的形成和运作机制①。他们认为,翻译思维的形成和运作,既受到个体的思维方式、语言水平、文化背景等因素的影响,也受到社会环境、翻译社群、翻译工具等因素的影响。这些因素共同构成了翻译思维的形成和运作机制,影响着翻译的效果和质量。

另外,学者们还关注了翻译思维的训练和提高。② 他们认为,翻译思维的训练和提高,既需要对翻译理论的深入理解,也需要对实际翻译经验的积累和总结。通过翻译思维的训练和提高,可以提高翻译的质量和效率,增强翻译者的专业能力和竞争力。

2. 翻译思维研究的成果

思维科学作为一门新兴的学科,在我国的历史仅有短短的三四十年。自 20 世纪 50 年代,认知科学这一新兴领域在美国兴起,并被纳入思维科学范畴,其历史也仅有六十多年的发展。尽管人们早已认识到翻译思维的重要性,但由于相关科学的发展和人类对自身大脑认识的困难,对翻译过程中译者思维规律的探索仍然面临诸多挑战。

我国对翻译思维的研究可以追溯到 20 世纪 80 年代。从那时起,翻译思维研究逐渐成为翻译学的一个重要分支。在翻译思维研究中,人们逐渐认识到翻译思维研究实际上是一门跨学科的研究,需要借助其他学科,尤其是国外的认知科学及我国的思维科学的研究成果。

在翻译思维研究中,人们提出了翻译是信息转换的过程,这一观点为翻译思维研究提供了新的视角。信息转换是翻译的核心过程,这一过程涉及语言、文化、认知等多个方面。因此,对翻译思维的研究,需要从多个角度进行深入探讨。

此外,我国翻译思维研究还总结出了翻译中的三种思维方法,即抽象思维、形象思维和灵感思维。这些思维方法是翻译过程中不可或缺的部分,对翻译质量和效率有着重要影响。抽象思维主要涉及对抽象概念和思想的处理,形象思维则主要涉及对具体形象和场景的处理,而灵感思维则主要涉及对突发性、非逻辑性信息的处理。

然而,尽管我国翻译思维研究取得了一定的成果,但仍存在一些挑

---

① 颜林海. 翻译审美心理学 [M]. 北京: 科学出版社, 2015: 24.
② 颜林海. 翻译审美心理学 [M]. 北京: 科学出版社, 2015: 26.

战。首先,我国翻译思维研究的理论体系尚未完善,需要进一步地完善和丰富。其次,我国翻译思维研究的方法论尚未成熟,需要进一步地探索和尝试。最后,我国翻译思维研究的实证研究尚未充分展开,需要进一步地加强和深化。

3. 翻译思维研究的进步空间

翻译思维及其语言符号转换的研究,虽然刚刚起步,但已经引起学术界的广泛关注。在翻译思维的研究中,需要深入挖掘翻译思维过程的内在机制,提出一套翻译思维过程模式和翻译的思维方法。同时,我们还需要具体运用英汉双语语言符号的转换来论证翻译思维机制的作用过程。

在翻译思维方面,我们需要对翻译思维过程的内在机制进行深入、细致的研究。这包括对翻译过程中的认知、情感、决策等各个环节的详细分析,以便更好地理解翻译思维的运作方式。此外,还需要提出一套翻译思维过程模式,以便对翻译过程进行有效的控制和优化。这包括对翻译过程中的各个环节进行详细的描述,以及提出相应的操作方法和策略。

在语言符号转换过程中,需要将符号学的理论与翻译转换有机结合。符号学是一门研究符号系统及其运作规律的学科,它为人们提供了研究语言符号转换的有效工具。通过对符号学的研究,人们可以更好地理解语言符号转换的过程,以及各种转换模式在翻译中的作用。

此外,还需要从符号学的角度对英汉双语语言符号的转换进行具体分析。这包括对英汉双语语言符号的转换模式、转换规则、转换过程等进行详细的研究。通过对这些问题的研究,人们可以更好地理解翻译过程中语言符号转换的作用,以及如何有效地进行语言符号转换。

(二)读者集体心理与翻译活动的关系

为进一步推进翻译研究的发展,有必要对译作读者心理与翻译活动的相互作用问题进行深入探讨。首先,研究者应关注翻译活动对读者心理的建构作用,分析翻译如何在不同文化背景下影响读者的认知、情感和价值观。其次,研究读者心理对翻译活动的反馈机制,探讨读者心理如何影响翻译策略的选择和翻译质量的评价。

此外,在跨学科研究的基础上,翻译研究还可以与其他领域如神经科学、教育学等相结合,进一步拓宽研究视野。例如,通过神经科学手段探究翻译过程中大脑活动的变化,以期深入了解翻译对读者心理的影响;从教育学的角度,探讨翻译教学如何培养读者的跨文化素养和批判性思维能力。

译作读者心理与翻译活动的相互作用研究具有重要的理论和实践意义。只有深入研究这一问题,才能更好地理解翻译在文化交流、心理建构等方面的重要作用,为推动翻译研究的发展提供有力支持。未来,翻译研究将继续跨学科、多层次地探索读者心理与翻译活动的互动关系,为翻译实践和翻译教学提供更为坚实的理论基础。

翻译活动在文化交流和文化心理建构中起着至关重要的作用。通过运用文化心理学和文艺心理学理论,以及从宏观历史的角度来审视翻译活动,人们可以更好地理解其在社会文化交流中的重要地位。同时,研究翻译活动与大众读者心理的相互作用,对于提高翻译质量、满足读者需求以及提升读者文化心理层次具有重要的现实意义。因此,应该高度重视翻译活动,充分发挥其在文化交流和文化心理建构中的作用,以推动我国文化事业的繁荣发展。

(三)翻译实证类型研究

实证类型研究是翻译心理学的一个重要分支,它关注的是翻译过程中各种文本类型、形态和文体的功能、作用和目的。由于翻译实证类型的多样性,每一种类型都会受到一种或多种应用心理学的影响,从而表现出独特的共性特征。对这些共性特征进行深入的分析和总结,有助于人们更加科学、准确地理解翻译现象。

首先,需要了解翻译心理学的研究背景。在当今全球化的背景下,跨文化交流日益频繁,翻译作为文化交流的桥梁,其重要性不言而喻。然而,翻译过程中误译现象屡见不鲜,这不仅影响了文化交流的顺利进行,也给译者带来了诸多困扰。因此,从心理学角度出发,探讨翻译过程中的各种心理现象,对于提高翻译质量和促进跨文化交流具有重要意义。

误译现象可以从普通心理学和文化心理学的角度进行研究。普通心理学关注的是人类心理活动的规律，而文化心理学则侧重于研究文化背景对个体心理的影响。在翻译过程中，译者的心态、文学素养、文化背景等因素都会对翻译质量产生影响。因此，在研究误译现象时，需要综合考虑这些因素，而不仅是将误译归咎于译者的理解问题或语言修养问题。

　　进一步来说，误译现象的研究具有重要价值。首先，误译反映了不同文化之间的碰撞和摩擦，揭示了交流过程中的文化预设和误读。通过对这些现象的研究，人们可以更好地理解中英文化心理的差异以及这种差异对翻译活动的影响。其次，误译现象可以帮助人们深入了解译者的心理过程，从而为翻译教学和译者培训提供有益的启示。最后，研究误译现象有助于提高译者的文化敏感性和跨文化沟通能力，使翻译作品更加贴近原文，更好地服务于文化交流。

第三节　心理语言学指导下的英汉翻译实践

　　本翻译实践报告所选的文本《有毒的积极性》（Toxic Positivity）是一篇专业性较强的心理学类文章，其语言规范、句式结构严谨，充分展现了心理学文本的典型特征。在信息传递方面，该文本不仅注重准确性，还通过修辞手法的运用，使专业知识的传递更加生动流畅，原本复杂晦涩的心理学概念也得以通俗易懂地呈现。

　　在翻译这样的文本时，译者必须充分考虑到其复杂性和综合性。因此，选择一种综合的翻译理论作为指导至关重要。生态翻译学的三维转换原则为人们提供了一个很好的框架。它强调译者在翻译过程中要综合考虑语言本身、语言所属的文化体系以及通过语言表达的交际意图。这种多维度的适应性选择有助于我们突破源语和译入语在思维方式及文化习惯上的差异，更好地再现原作的内容和风格。

一、《有毒的积极性》(Toxic positivity) 中语义修辞格的翻译实践

语义修辞格作为语言艺术的一种重要手段,通过巧妙地运用语义联想和语言变化,创造出了如明喻、暗喻、拟人、借代等多种修辞手法。这些修辞手法不仅丰富了语言的表达形式,更使文本情感与思想得以充分展现。在翻译过程中,为了准确传达原文的修辞效果,必须充分考虑到语言、文化、交际等因素的相互影响,从而实现真正的传情达意。

在翻译语义修辞格时,生态翻译学的三维转换原则为人们提供了重要的指导。这一原则强调在翻译过程中,要实现语言维、文化维和交际维的适应性转换。具体来说,就是在保持原文语义修辞格的基础上,结合译文的语言特点、文化背景和交际需求,进行适当的调整和创新,以确保译文的准确性和可读性。

(一)明喻之保留喻体

在英语修辞学中,simile 是一种通过 like 等喻词将两类不同的事物(本体和喻体)连接起来,以展示它们之间相似关系的比喻手法。这种修辞手法在文学作品中被广泛使用,以增强表达的效果和丰富性。而在汉语修辞学中,明喻被定义为用另外的事物来比拟文中事物,这种比拟在两个成分之间常常通过"好像""如同""彷佛"等喻词词组来实现。明喻作为汉语中的一种重要修辞手法,同样在文学作品中发挥着不可或缺的作用。由此可见,尽管英语修辞中的 simile 和汉语修辞中的明喻分别属于不同的语言体系,但它们的本质目的是相同的:都是通过喻词来揭示两种不同事物之间的相似关系。这种相似性为英汉互译提供了可能,使在翻译过程中能够保持原文的含义和修辞风格。

在进行英汉互译时,如果喻体与寓意在两种语言中是完全对应关系,不存在跨文化障碍,那么最好采用保留喻体的方法。这样做既能够保持原文的含义,又能保留原文的修辞风格。这种翻译方式属于英汉互译过程中非常对等的两种翻译方式之一。然而,值得注意的是,尽管 simile 和明喻在本质上具有相似性,但由于英汉两种语言在文化背景、表达习惯等方面的差异,有时候在翻译过程中可能需要对喻体进行适当的调整或替换。这样做是为了更好地适应目标语言的表达习惯,使译文

更加自然、流畅。例如:

The Google office in Tel Aviv even has an artificial beach and a slide, while one of its London offices features beach huts and meeting rooms shaped like giant dice. (第69页第16行)

(*Toxic positivity*)

初译:特拉维夫的谷歌办公室甚至有一个人造海滩和一个滑梯,而它在伦敦的办公室则有海滩小屋和形状像巨大骰子的会议室。

改译:谷歌在特拉维夫的办公室甚至有一个人造海滩和一个滑梯,而它在伦敦的办公室则有海滩小屋和形状像巨大骰子的会议室。

分析:现代工作场所正向积极向上的方向发展,许多企业正努力通过娱乐化的办公环境来提高员工的工作积极性,营造更加温馨舒适的工作氛围。据网络资料,谷歌公司的办公室文化备受瞩目。2013年,谷歌在伦敦投资10亿英镑建设新办公室,除了提供常规的办公空间、商店、咖啡室及会议室外,还设有零售空间、社区活动空间、泳池和屋顶跑道等多样化的配套设施。办公室的外部采用玻璃窗格设计,每个窗格上还装饰着各种色彩,其中"骰子"一词恰好能引发人们对会议室方正形状和豪华装修的联想。由于"骰子"这一比喻在全球范围内具有通用性,因此翻译时无须过多修饰,可以直接保留,以便将原文中的意象传递给目标读者。此外,在改译过程中,译者将原文中的 The Google office in Tel Aviv 进行了语序调整,以便更清晰地展现谷歌在特拉维夫和伦敦两地办公室之间的对比关系。这样的调整使译文在语言和文化层面更好地融入目标语的语境。

(二)拟人之意译法

在英语修辞中,拟人(Personification)是一种常用的修辞手法,它赋予无生命的事物、抽象概念或有生命的事物以人的思想、感情和行为,使它们仿佛具有了人类的特性。这种修辞手法在文学作品中被广泛运用,使抽象的概念变得具体化,便于读者想象和理解,同时也使语言更加生动、有趣。在源语文本中,作者巧妙地运用了拟人修辞格,将原本抽象的概念和事物赋予了人性化的特征。这种修辞手法不仅使语言更加富有感染力,同时也避免了重复使用陈旧的表达方式,使语言更加鲜活、有力。

然而,在翻译过程中,译者需要面临如何将这种修辞手法准确地传达给目的语读者的挑战。从生态翻译学的角度来看,翻译拟人修辞格时需要注意到译文是否符合汉语的思维方式和语用习惯,是否达到了适应性选择和选择性适应,以及是否最大限度地寻求了源语和译语的生态平衡。因此,在翻译拟人修辞格时,译者需要从语言维度、文化维度等多维度进行考虑。在语言维度上,译者需要寻找合适的表达方式,将原文中的拟人修辞格准确地传达给目的语读者。在文化维度上,译者需要考虑到不同文化背景下的读者对于拟人修辞格的接受程度,以便更好地实现文化交流和传播。

此外,在翻译拟人修辞格时,译者还需要追求神韵表达,而不是仅仅追求词语的准确。这意味着译者需要在理解原文的基础上,运用自己的语言能力和创造力,将原文中的拟人修辞以更加生动、形象的方式表达出来,使目的语读者能够感受到原文所传达的情感和意境。例如:

Toxic positivity has officially entered the building.(第 30 页第 33 行)

(*Toxic positivity*)

初译:毒鸡汤已经开始正式进入这所大楼了

改译:毒鸡汤已经开始正式肆虐这座大楼了。(第 30 页第 34 行)

分析:修辞手法的运用,对于提升文本的可读性具有至关重要的作用。在原文中,谓语 officially entered 的运用,通过描绘人的动作与行为,为 Toxic positivity 赋予了人性化的特质。在上下文的语境中,作者以一个人将失业的消息分享给朋友,却收到"凡事往好处想"之类的积极言论作为例证,说明毒鸡汤已经开始在这个环境中生根发芽。在初次翻译时,虽然 entered 一词的翻译准确无误,却未能充分展现出毒鸡汤的强大影响力。因此,在修改翻译时,译者选择了意译的方式,用"肆虐"一词来形容毒鸡汤如病毒般悄无声息地侵入人们的生活,从而强化了 Toxic positivity 的拟人效果,实现了语言的生态平衡。这样的表达方式既保留了原文的含义,又提升了文本的表达效果。

二、《有毒的积极性》(Toxic positivity)中结构修辞格的翻译实践

在翻译的过程中,译者常常面临着如何在保持原文语言特色的同时,实现语言维、文化维和交际维之间的平衡。这种平衡的实现对于再现原文的修辞格效果至关重要。

第四章　心理语言学与翻译的深度融合与渗透

结构修辞格是指通过特定的句式结构和语言组织方式,增强文章的表达效果,使语言更加生动、形象、有力。常见的结构修辞格包括平行结构、反复结构、对比结构和设问结构等。这些结构修辞格的运用,不仅使文章行文流畅、句式清晰、逻辑紧密,还能突出重点、强化观点,使句子层次更为分明,更能突显差异性,达到行文对仗的效果。然而,在翻译过程中,由于语言、文化和交际维度的差异,译者往往难以完全再现原文的结构修辞效果。因此,译者需要运用一些翻译策略,以尽可能地保持原文的特色和韵味。

平行结构又常被称为排比,是修辞手法中非常引人注目的一种。它巧妙地利用一系列结构相似、意义相关的词语或句子,使文本在表达上呈现出一种整齐划一、节奏感强烈的艺术效果。尽管在英语中,平行结构不要求每个单词数量完全相同,但它要求各个部分在语法成分上保持一致,这样才能确保整体结构的和谐与统一。平行结构的魅力在于其层次清晰、逻辑严谨的特点。每一个排比句都如同精心打磨的宝石,各自独立而又相互辉映,共同构建出一个丰富而深刻的意境。这种修辞手法在文学作品中尤为常见,无论是诗歌、散文还是小说,都能见到其优美的身影。在翻译平行结构时,译者需要面临一项艰巨的任务:既要忠实于原文本的信息和内涵,又要尽可能地保留其独特的艺术魅力。这就要求译者在理解原文的基础上,运用恰当的翻译策略,使译文既能够传达原文的意义,又能够体现原文的风格。

对于平行结构的翻译,一种常用的方法是顺序拆译法。这种方法的基本思路是,将原文中的排比句按照其先后顺序逐一拆译,然后按照汉语的表达习惯重新组合。这样一来,译文不仅能够保留原文的结构特点,还能够使汉语读者在阅读时感受到与原文相似的艺术效果。值得注意的是,平行结构通常包含多个排比句,篇幅较长。然而,其表意顺序和叙述层次与汉语却颇为相近。因此,在翻译过程中,译者需要充分考虑到汉语的表达习惯,对原文进行适当的调整和优化,以确保译文的流畅和自然。例如:

This book might make you feel something other than joy or happiness or good vibes. It might shine a light on habits or phrases that have become part of your daily vernacular. It might make you uncomfortable.（第 29 页第 27 行）

（*Toxic positivity*）

初译：这本书可能会让你感受到快乐、幸福或良好氛围之外的东西。它可能会让你了解一些习惯或短语，这些习惯或短语已经成为你日常用语的一部分。这可能会让你不舒服。

改译：这本书可能会让你感受到快乐、幸福或好心情以外的东西；可能会揭露那些已经成为你部分日常用语的习惯或短语；也可能会让你感到不舒服。

分析：联系上下文可以看到，从车辆保险杠上的贴纸到社交网络上流行的正面能量语录，生活的各个角落都在倡导人们以积极的心态面对一切。然而，作者旨在揭示消极情绪的真相，这正是作者对书中核心内容的精练概括。作者通过运用 This book might 和 It might 引导的三个并列短句，清晰而逻辑地表达了这一真相可能并不总是那么令人愉快。在翻译时，这三个短句在形式语法上保持一致，同时在功能上也相互呼应。因此，译者选择采用顺译法，将这三个短句逐一译出，并在改译过程中将其合并为一句排比句。这样的处理方式不仅准确传达了原文的含义，还强调了它们之间的平行关系，使译文更加清晰明了。

第五章　生态语言学与翻译的
深度融合与渗透

　　随着全球化的加速,跨文化交流日益频繁,翻译在国际政治、经济、文化等领域发挥着重要作用。生态语言学作为研究语言与生态环境之间相互关系的学科,逐渐成为翻译研究的一个重要分支。生态语言学与翻译的深度融合不仅有助于提高翻译质量,还有助于推动绿色翻译实践,促进可持续发展。本章主要研究生态语言学与翻译的深度融合与渗透。

第一节　生态语言学理论阐释

　　2001 年,胡庚申教授的一篇名为《翻译适应选择论初探》的论文,犹如一颗种子,播下了生态翻译学理论的希望之种。随着时间的推移,这一理论逐渐生根发芽,枝繁叶茂。2004 年,胡教授的译学专著《翻译适应选择论》正式出版,其中首次提出了生态翻译学的概念,为翻译研究开辟了一个全新的视角。

　　胡教授提出的生态翻译学理论,其哲学依据深邃而独特。他主张翻译活动与生物界之间存在着千丝万缕的联系。翻译与语言紧密相连,语言与文化相互依存,文化又与人类息息相关,而人类本身又是生物界的一部分。因此,从生态系统的角度来看,翻译活动可以被视为生物界的一部分,与生物界相互关联、相互作用。胡教授借鉴了达尔文"适者生存"的基本思想,将其解释为翻译活动的"生存适应",强调翻译在适应环境的过程中不断进化和发展。

2003 年,胡教授在其著作《翻译适应选择论》中对"翻译生态环境"和"翻译"进行了深入阐述。他认为,"翻译生态环境"是指原文、源语言和目标语言的世界,涵盖了翻译的语言、交际、文化和社会层面,以及作者、客户和读者等多元因素。[①] 翻译活动则是在这一生态环境中,译者根据各种因素进行适应和选择的过程。

翻译适应选择论的基本翻译原则是多维度适应与适应性选择。译者在翻译过程中需要在语言、文化、交际等多个维度上作出适应性的选择转换。这些选择转换旨在使译文在语言表达、文化内涵和交际效果等方面达到最佳状态。具体来说,语言维度的适应选择转换关注译文的语言准确性和流畅性;文化维度的适应选择转换则强调对原文文化内涵的传达和译文的文化可接受性;交际维度的适应选择转换则关注译文在交际功能上的实现和读者的接受度。

在生态翻译学理论中,"翻译"被视为译者适应翻译生态环境的选择活动。这一过程中,"适应"和"选择"都是以译者为中心主导。其中,"适应"是指译者对原文、源语和译语等翻译生态环境的理解和适应;"选择"则是指译者在适应翻译生态环境的基础上,对翻译方法和策略的选择以及对最终译文行文的选择。这种以译者为中心的翻译观念体现了生态翻译理论对译者主体性的重视和尊重。

综上所述,生态翻译学强调遵循多维度的适应和适应性选择原则,认为翻译方法应该是语言、文化与交际三个维度之间的转化。这一理论不仅为翻译研究提供了新的视角和方法论指导,也为译者在实际翻译工作中提供了有力的理论支持和实践指导。在全球化背景下,生态翻译学的理论价值和实践意义日益凸显,成为翻译界关注的焦点之一。

---

① Hu, Gengshen. Translation as Adaptation and Selection[J]. *Perspectives: Studies in Translatology*, 2003(4): 284.

第二节　生态语言学与翻译的融合理论

一、生态翻译学的主要内容

（一）生态翻译环境

在生态翻译学的视角中,翻译被形象地比喻为将作品从一种生态环境移植到另一种生态环境的过程。在这个过程中,译者如同园丁,精心维护着翻译生态环境的平衡,使原作在新的语言文化土壤中能够生根发芽,茁壮成长。

翻译生态环境是一个复杂而丰富的“世界”,其中涵盖了原文、源语和译文所展现的多个层面。语言,作为最基础的要素,承载着文化、交际和社会等多方面的信息。正如植物需要适宜的土壤、水分和阳光才能生长,翻译作品也需要在相应的语言环境中才能得以理解和欣赏。在这个“世界”中,作者、读者和委托者等构成了“翻译群落”。他们之间的互联互动,形成了一个复杂的生态网络。译者作为这个网络的枢纽,既要尊重原作者的思想和情感,又要考虑读者的接受能力和文化背景,同时还要满足委托者的翻译要求。

在这样的生态环境中,翻译不仅是语言的转换,更是一种文化的传承和创新。译者需要深入理解原文的文化内涵,用恰当的语言表达出来,使译文既忠实于原作,又能被读者所接受。这既是一种挑战,也是一种艺术。

除了语言和文化层面,翻译生态环境还包括社会层面。在不同的社会背景下,人们对同一句话的理解可能会有所不同。因此,译者在翻译时需要考虑到社会因素的影响,使译文既符合原文的意思,又能被目标读者所理解和接受。

（二）适应与选择

生态翻译学，作为一种新兴的翻译理论，巧妙地将达尔文的生物进化论中的"适应与选择"概念引入到翻译领域。这种理论主张，翻译活动不仅是语言的转换，更是一种适应与选择的过程。换言之，翻译可以被看作是译者在翻译生态环境中进行的适应与选择活动。

在生态翻译学的理论框架下，翻译过程中的"适应"主要指的是译者对翻译生态环境的适应。这里的翻译生态环境包括了源语言的文化背景、语境、读者的接受程度等多个方面。译者需要全面、深入地理解源语言的文化内涵和语境，才能准确地进行翻译。例如，在翻译古诗词时，译者需要深入了解古代的文化、历史、哲学等背景，才能准确地传达出诗句的深层含义。[①] 而"选择"则是指译者在适应翻译生态环境的基础上，以翻译生态环境的"身份"实施对译文的选择。这种选择不仅包括对词汇、句式、语法等语言层面的选择，还包括对文化、语境、读者接受度等非语言层面的选择。译者需要根据翻译生态环境的需求，选择最合适的翻译策略和方法，以确保译文的质量和效果。

总体来说，生态翻译学中的适应与选择理论为人们提供了一种全新的翻译视角。它强调了译者在翻译过程中的主动性和选择性，要求译者不仅要具备扎实的语言基础，还要具备丰富的文化背景知识和敏锐的洞察力。只有这样，才能在翻译生态环境中做到真正的适应与选择，让源语言在新的生态环境中得以存活和发扬。此外，生态翻译学理论还为我们提供了一种全新的翻译评价标准。传统的翻译评价往往只关注译文的准确性和流畅性，而忽略了译文在翻译生态环境中的适应性和选择性。而生态翻译学理论则强调，一个好的译文不仅要准确传达源语言的信息，还要在翻译生态环境中具有良好的适应性和选择性。这种评价标准的转变无疑为翻译实践和研究带来了新的挑战和机遇。

（三）三维度转换

生态翻译学是一种独特的翻译理论，它提出了"多维度"的翻译方

---

① 胡庚申.生态翻译学：建构与诠释[M].北京：商务印书馆，2013：76.

法。这种方法强调在"多维度适应与适应性选择"的原则下,翻译过程应着重于语言维度、文化维度和交际维度的适应性选择转换。语言维度的适应性选择转换。这一维度主要关注源语和目的语之间的语言形式平衡。在进行翻译时,译者需要在两种语言之间寻找一种平衡,以确保源语的信息能够准确无误地传达给目的语读者。这需要对两种语言有深入的了解,包括它们的语法、词汇、句子结构等方面。只有这样,译者才能确保翻译的准确性,使目的语读者能够理解源语的内容。文化维度的适应性选择转换。这一维度强调了翻译过程中的文化平衡。翻译不仅是一种语言活动,更是一种跨文化的交流活动。因此,译者在翻译过程中需要注重文化间的平衡,以确保信息的有效传递。为了实现这一目标,译者需要对两种文化有深入的了解,包括它们的历史、习俗、价值观等方面。只有这样,译者才能克服文化差异,确保源语的信息能够被目的语读者所理解。交际维度的适应性选择转换。这一维度主要关注整体的交际意图。在进行翻译时,译者需要从宏观角度出发,考虑整体的交际效果。这意味着译者需要关注源语所传达的情感和意图,并在翻译过程中进行适应与选择,以确保这些情感和意图能够在目的语中得到准确的体现。只有这样,译文读者才能感受到源语作者的意图和情感,从而实现交际的目的。

需要注意的是,虽然生态翻译学主要关注语言、文化和交际三个维度的适应性选择转换,但这并不意味着其他维度不重要。在实际的翻译过程中,译者还需要考虑其他因素,如社会背景、历史背景、读者群体等。这些因素都可能对翻译结果产生影响,因此译者需要在翻译过程中进行全面考虑,以确保翻译的质量和效果。

1. 语言维度的适应性选择转换

语言维度的适应性选择转换是指在翻译过程中,译者需要对语法结构和语言形式进行适应性选择,使其能够融入目标语言的生态系统。这种适应性选择不仅涉及词语搭配、语法规则、句型结构,还包括语言风格等方面。

中文和英文分别属于两种截然不同的语言生态系统,因此在很多方面,如词语搭配、语法规则、句型结构及语言风格等,都呈现出显著的差异。这就要求译者在进行翻译时,需要充分考虑不同语言体系之间的表达方式和习惯差异,具备在源语和目标语之间进行熟练转换的技能。

2. 文化维度的适应性选择转换

在全球化的大背景下,文化交流和传播日益频繁,翻译作为一种跨文化交流的工具,承担着消除语言障碍、促进文化互鉴的重要任务。在这个过程中,译者需要关注到一个重要的方面,那就是文化维度的适应性选择转换。

翻译过程中的文化维度选择转化对译者提出了更高的要求。译者不仅要具备良好的语言功底,还需要具备丰富的跨文化意识。这意味着,在翻译过程中,译者要避免曲解源语或译语所承载的文化,确保译文能够准确地传达原文中的文化信息。在翻译过程中,译者需要关注文化维度的适应性选择转换,以实现跨文化沟通的顺畅。在这个过程中,译者要充分调动自己的跨文化意识,尊重原文中的文化内涵,同时注重译文的接受性,以实现双语生态环境的动态平衡。这样译文才能更好地服务于跨文化交流,促进各国文化的互学互鉴。

3. 交际维度的适应性选择转换

生态翻译学,作为一种前沿的翻译理论,着重强调译者在执行翻译任务时需灵活进行交际维度的适应性选择转换。该理论的核心观点是,翻译的本质在于准确无误地将源语的交际意图传达给目标语读者。在此过程中,译者需审慎考虑跨文化交际的多元因素,并深入洞察目标语受众的心理需求,从而确保语言传达的精准性和有效性。

首先,生态翻译学强调译者要牢固树立并秉持跨文化交际的理念。这意味着译者在翻译过程中要充分认识到不同文化之间的差异,并在翻译策略上作出适应性的调整。只有这样,才能确保译文能够准确地传达源语的交际意图。

其次,生态翻译学认为译者在翻译时要深入探究原文的交际目的。这要求译者对原文进行细致入微的分析,以便准确地把握作者的交际意图。同时,译者还需要密切关注目标语受众的心理感受,以确保译文能够符合他们的阅读期待。在此基础上,生态翻译学主张译者对原文进行交际维度的适应性选择转化。这一过程涉及译者在词汇、语法、修辞等方面作出的调整。通过这种适应性选择,译者旨在实现交际维度的和谐与平衡,使译文既能传达原文的交际意图,又能为目标语读者所接受。

最后,生态翻译学强调译者需考虑语言结构的顺应性。这意味着译者在翻译过程中要尽量遵循目标语的语法规则和表达习惯,避免过于生硬的翻译。通过这种方式,译者可以创作出既体现原文交际意图、又符合受众期待的高质量译文。

二、生态翻译学理论应用

胡教授凭借他丰富的翻译经验和对翻译理论的深入研究,将达尔文"适者生存"的基本思想与中国传统的哲学思维相结合,创造出了独具中国特色的翻译理论。这一理论不仅引起了国内学术界的广泛关注,也吸引了众多海外的专家学者前来探讨研究。

2015年6月,在"第五届国际生态翻译学研讨会"上,与会学者对"生态翻译学理论"的相关论文进行了总结。他们指出,随着生态翻译学的不断发展和成熟,其研究已经呈现出跨学科的趋势。其应用范围已经越来越广泛,涵盖了史学、文学、翻译伦理学、应用翻译学、翻译教育、口译研究等多个领域。[①]

在应用翻译学方面,生态翻译学理论的应用尤为突出。例如,湖南外贸职业学院商务外语学院副教授杨贝艺在《生态翻译学视角下湖南红色旅游外宣资料翻译策略研究》一文中,从语言、文化和交际三个维度转换的角度出发,提出了促进红色旅游外宣资料翻译质量提升的有效对策。她强调了翻译人才培养和管理的重要性,并探讨了适合红色旅游外宣资料的翻译方法。

此外,西北工业大学外国语学院副教授薛红果在《生态翻译学视域下旅游景点公示语英译问题研究》一文中,从生态翻译学的视角分析了旅游景点公示语在语言、文化、交际维度转化中的翻译错误或翻译不当案例,并提出了相应的改进措施。她的研究不仅有助于提升旅游景点公示语的翻译质量,也为生态翻译学理论在应用翻译学领域的实践提供了有益的参考。

---

① 陶友兰,边立红,马会娟等.东西方生态智慧交融的生态翻译学研究——"第五届国际生态翻译学研讨会"综述[J].中国翻译,2016,37(02):74-77.

这些研究案例充分展示了生态翻译学理论在实际应用中的广阔前景和巨大潜力。随着全球化和跨文化交流的不断深入,生态翻译学理论的应用范围将越来越广泛,不仅在国内受到重视,也有可能走向世界,被更多的人所熟知和应用。

第三节　生态语言学指导下的英汉翻译实践

一、生态翻译学视角下的汉语文化负载词翻译

目前,我国经济实力不断提高,国际影响力有所增强,在国际社会上已然塑造了一个负责任的大国形象。文化软实力是国家实力的重要方面,在积极吸收外来文化的同时,也需要坚守中华优秀传统文化,汲取文化内涵的精华,重视传播文化,强化人民群众文化自信。通过对各类文化作品进行翻译可以为文化交流提供重要帮助,在翻译工作中文化负载词翻译难度较大,且由于我国传统文化体系结构复杂,文化差异明显,具有多元化的特征,使文化负载词翻译成为相关领域所研究的重点。在汉语文化负载词翻译过程中应当坚持生态翻译学理论,在保证翻译准确性的同时将其中所蕴含的中国文化韵味传递给其他国家,充分发挥翻译工具的功能和作用。

(一)文化负载词

文化内容具有稳定性的特征,会受到地域因素、族群因素以及历史时期等多个要素的影响,各种文化会通过某种载体呈现,而语言是呈现文化的重要载体之一。通过对语言进行分析可以了解某种文化的核心要素,掌握文化现象以及文化内容,而词汇是语言构成的基本单位,其中承载着多种不同的文化要素,这一类语言即为文化负载词。文化负载词在翻译领域具体指某一文化中的特有词汇以及术语,拥有排他性的特征,翻译难度较大,翻译行业将该类词汇的翻译工作作为重点研究内容。文化负载词如果翻译质量较低很有可能会使相关人员的理解出现

错误和偏差,引发文化冲突问题,一直以来是翻译难点,是考察翻译工作者个人能力的关键。

（二）汉语文化负载词英语翻译影响因素

汉语文化负载词包含着民族的各种思维模式,并且会受到地理环境、文化思想的影响,属于整体性思想观念,将自然以及人之间的关系形成了整体,因此在对其翻译时会受到地区民众思维模式的影响。翻译工作者其思维模式和专业性是影响翻译效果的关键要素,如果其翻译导向存在区域性偏差,则所翻译出的词语其语境效果也会有所差异。当前很多翻译人员在翻译活动中都更加重视针对词语以及句子进行翻译,没有认识到文化因素的影响,使翻译内容缺少文化意境,翻译效果也会有所偏差。翻译人员必须重视强化自身的文化意识,了解文化差异,在翻译过程中塑造文化意境,更加敏感地发现汉语文化负载词所存在的文化元素,打破以往翻译活动时存在的文化壁垒问题。直接翻译是最为常用的翻译模式,该种翻译方法是将字面意思直接用英语表达出来,但是该种方式会受到原文的限制,在文化差异的影响下其他国家的人员也无法对翻译内容有更加清晰的了解。在翻译时必须针对直译内容进行再次创造,融入翻译工作者的个人文化情感,渗透文化底蕴,让汉语文化负载词翻译变得更加多元。

（三）生态翻译学视角下的汉语文化负载词英译原则

在生态翻译学的影响下文化负载词在翻译时需要确保翻译内容和原文含义相一致,翻译风格和译文相同,并且翻译内容流畅,可以为其他国家的人阅读活动的开展提供重要基础。汉语文化负载词英译时会利用各种不同方式呈现信息,将文化元素以及其他国家文化进行融合,从而形成翻译文化。文化负载词涉及类型较多,包括语言类、文化类、政治类等。作为翻译人员需要挑选合适的翻译方式,将词语中存在的核心词作为翻译工作核心,以此为基础对文化意境进行构建,加强目标读者对文化负载词的了解效果。在翻译时遵循功能等值原则,重视对文化负载词进行转化,使其可以在翻译内容中形成相同的语境效果,利用夸张排比的方式解决在英译时所出现的文化差异问题。在保有文化负载词言语特色的基础上打破文化壁垒,提高信息传达合理性。汉语文化负载词普遍具有传神性的特征,直接翻译难以对该种意境进行合理塑造,应当通过舍弃成分的模式对某些词语舍弃,利用语义对等塑造文化意境,充分发挥意译策略的优势。但在舍弃时需要考虑到不同成分的影响,如果舍弃不合理很有可能会出现文化空缺问题,在这种情况下应当利用音译策略,以音译的形式将文化负载词展示出来,能够让词汇的文化信息性有所保留,也可以对语言结构进行丰富。对文化负载词进行转换时可以将特殊翻译设定为文化意象,提出具备汉语民族特色的词汇类型,让读者在阅读时能够充分发挥自身的想象对原文内容进行思考和处理。

(四)生态翻译学视角下的汉语文化负载词英译策略

生态翻译学理论的提出为汉语文化负载词英译提供了有效参考,下面基于生态翻译学理论提出具体的英译策略。

1. 转换语言维度

语言维度转化是翻译时所关注的重点,在翻译活动中应当对原作的内容进行分析,结合语言形式选择合适的转换模式,坚持适应性选择理念。翻译工作者首先应当对原文内容的词汇、语法、语义以及表达习惯等多类要素实施综合考虑,考虑完毕后从多个角度以及层次出发进行转换。汉语和英语分别属于不同的语系,前者为汉藏语系,后者为印欧语系,语系差异也使两种语言在表达形式上产生了较大的差异。翻译工作者应当了解原文的语言生态环境,以此为基础选择文本表达模式,在保证可以准确传递原文意义的同时顺应翻译目标语言的表达习惯。在翻译的过程中可以选择直接翻译的模式,如"众人拾柴火焰高"是体现团结力量的俗语,在翻译时可以将其翻译成为"The fire burns high when everyone breathing wood to it."即当每一个人都拾起柴火时火焰便会变得越来越高,外国读者也能够精准地了解该种文化语境,感受原文所表达的文化意义。

在汉语体系中包括大量的成语,成语内容丰富,生动形象,具有深厚的文化内涵,在翻译的过程中如果单纯地使用直译方式,则很有可能会影响读者对于语言生态环境的理解程度。因此，在对成语进行翻译时可以优先选择意译方式，如"车水马龙"是指车如流水、马如流龙，主要是形容马路上车马很多，景象热闹，如果按照直译的方式翻译这一成语，会将其翻译成为 like running water and moving dragon。龙在中西方文化中含义相差较大，在中国语境中龙是高贵和权力的代表，在西方龙则是邪恶以及暴力的体现，如果直接将其翻译成 dragon，会出现文化冲突，所以在翻译时通过意译方式可以将其翻译为 heavy traffic，可以让读者更好地了解交通热闹的景象。

2. 转换文化维度

转换文化维度具体是指了解语言所属的文化系统，感受文化生态的特点，在翻译时了解两种语言文化所包括的内涵，以文化内涵为基础对翻译方式进行调整。通过对文化维度进行转化可以让双方对于文化元素有更加清晰的了解，避免在文化传播过程中出现过大的差异。作为翻译工作者需要形成良好的文化意识，感受英语以及汉语文化差异和壁垒特点，努力克服翻译障碍，形成跨语言翻译模式，提高跨文化交际质量。如"状元"是我国在封建社会所得出的一个特定文化词语，"状元"只能被汉语文化系统中的群体所理解，即使某些群体了解语言的发音方式，但是也无法理解其内在的含义和特点。因此，在翻译时翻译工作者对"状元"二字进行了解释，即 zhuangyuan, top scholar at the Imperial examination。

"直到春暖花开的清明节，司马家的十九颗人头还悬挂在福生堂大门外的木架子上"是莫言作品中较为著名的一句话，在翻译时需要关注清明节这一节日，清明节是我国传统节日之一，是祭奠祖先的重要节日。在翻译时将其翻译为 "The nineteen heads of the Sima family hung from a rack outside the Felicity Manor gate all the way up to Qingming, the day of ancestral worship in the warmth of spring, when flowers were in full bloom." 翻译通过注释的方式阐述了清明的节日习俗，而在这一特殊节日中司马家庭的人头仍然被挂在福生堂大门外，充分体现了作者的讽刺意味。

3. 转换交际维度

交际维度具体是指在翻译过程中从交际意图角度出发进行分析,关注人与人之间的交际想法,让交际意图在文章中能够得以传达和呈现。翻译出的作品应当考虑到读者的认知以及文法知识了解度,尽可能地减少阅读难度。例如,瓷器追求纯净优雅的美,这在青花瓷中体现最为充分,青花瓷是我国所出产的一种瓷器品种,浓缩了优秀的民族文化,但是其中"青"字无法找到对应的翻译词语。在翻译过程中考虑到双方交际意图,翻译人员可以将其翻译成为 blue and white,可以形象地描绘出青花瓷蓝白相间的典雅特征,将纯白以及优雅青色进行结合可以带给读者良好的视觉效果,让翻译内容可读性有所提高。交际维度转换是生态翻译学理论所坚持的关键,翻译工作者必须充分考虑交际意识以及意图,以此来让译文成为文化传播的主要方式。

目前,世界发展速度不断加快,各国家之间的文化沟通变得愈发频繁,为了避免外国文化在我国迅速传播、影响年轻一代价值观念,必须始终坚定文化自信以及文化意识,不断向其他国家传播优秀传统文化。英语是国家之间沟通所使用的主要语言工具,在生态翻译学理论下应当对文化负载词翻译模式进行调整,遵循三维度转换原则,从语言维度、文化维度以及交际维度三个角度出发进行合理翻译,提升翻译质量,提高文化传播效果。在今后文化负载词翻译研究中应当重视对文化元素进行深入分析,了解在不同环境下文化元素所表达的特定意义,让英文翻译能够在传播原文意义的同时渗透文化元素,提高文化传播效果。

二、生态翻译学视角下的新闻报道中网络热词翻译

网络流行语在大环境下兴起,并逐渐形成了一套网络文化体系。生态翻译学研究方法是带有跨学科特征的研究方法,可以拓宽翻译工作者的翻译视角以及提供大量的翻译实践。下面通过对网络流行语的理解和翻译方法的研究,结合网络流行语在新闻报道中的优势和问题,为其他翻译者提供启示。

第五章　生态语言学与翻译的深度融合与渗透

（一）网络流行语的特点

网络流行语是网络语言的一种,反映一个时代内的热门话题或热门表达方式。网络流行语通常以文字、数字、字母的形式,传播速度快,具有很强的感染力和深远的影响力。网络流行语是在信息时代的背景下产生的新的语言体系,是一种极为特殊的语言,具有简洁性、幽默性等特点。

1. 简洁性

信息时代背景下,篇幅冗长乏味的信息往往很难抓住读者的眼球,网络流行语的出现很大程度上提高了人们的阅读兴趣,因为其内容大多简洁、精练。例如,"意满离",实际要表达的意思是心满意足地离开,相似说法还有"满退评",即满意地退出评论区,多表示因在评论区看到自己想要的吐槽而满意。再如,"妈见打",形容妈妈见了一定会打的顽皮行为。这些词虽然简洁但并不妨碍读者的理解并且有一定的趣味性。还有一些其他方式的网络流行语,如汉语拼音缩写"永远的神""对不起""有一说一""阴阳怪气"等网络流行语,即 yyds、dbq、yysy、yygq,就是通过每个字的汉语拼音首字母来表示的。网络语言在快节奏的社会生活下不断被催生。

2. 幽默性

网络流行语往往使用一些谐音来增添词语或句子的幽默性。例如,"就挺秃然的",它将此处的"突然"改为"秃然",让读者一下就有了画面感,顿觉搞笑。幽默的网络流行语更能增加其传播频率和范围。方言,即地方性语言,具有强烈的文化特征和色彩,随着网络流行语的广泛传播,方言的应用也为流行语的幽默性提供鉴赏意义。例如,在"扎心了,老铁"中"老铁"一词源于东北方言,表达的是一种亲密亲切的好友关系。"猴赛雷"猴赛雷是广东话"好厉害"的谐音,用来表示夸奖与赞美,也有崇拜的含义。网络流行语之所以如此容易形成,大多与汉语言文学、俗语以及地域语言文化等因素息息相关,网络语言的产生往往代表了某一时代的文化观念与文化特色。

（二）三维度转换视角下新闻网络热词的英译

1. 语言维度的适应性选择转换

语言维度的适应性选择转换,即译者在翻译过程中对语言形式的适应性选择转换,这种转换是在不同方面、不同层次上进行的。在翻译过程中,为了给受众带来简明准确的数据信息,译者需要准确地了解其特性,并从各种语言特性中进行选择。

（1）直译法

直译通常是指保留原文的内容,不改变原文的翻译方法。这种翻译的好处是可以准确传达原文文意,也可以留住原文的翻译风格,据统计有 70% 的文章都常采用直译的翻译方法。如国家新闻中,"保障和改善民生"翻译为 ensure the well-being of the people and improve their lives;"城乡公共就业服务体系"译为 urban and rural systems for providing public employment services。这些热词不需要用特殊的方法来进行翻译,直译即能传递准确的信息。一般而言,若翻译原文的文化影响不大的话,则使用直译法;当翻译原文具有较大的文化影响时且采用直译法无法准确传达信息时往往采用意译法。

（2）意译法

意译法通常适用于中外文化差异较大的文本。例如,上文提到的"扎心了,老铁",如果采用直译法将"老铁"译为 old iron,此翻译完全偏离了原文含义,读者读到这里一定会感到奇怪,而通过意译可以将其翻译为 old fellow, fellow 表示亲密的朋友,这样就清晰易懂了。值得注意的是,意译法强调译文本和源文本的语义对等,也就是两个文本之间的语义平衡,这就需要译者在翻译时充分理解源文本的内涵和意义,用最精准且符合该国文化的语言传递给读者。例如,"打酱油",如果采取直译方法译出来是 buy soy sauce,读者一定会产生困惑,不知所云。而翻译为 I'm just passing by,读者便会明白这是与自己无关的事,相当于"路过"。所以在当前网络流行语翻译中,需要运用生态翻译学理论提高网络用语的环境适应性。

2. 文化维度的适应性选择转换

文化层面的适应性选择和转换即指译者在翻译的过程中注重对中英文双语文化内容的迁移表达与理解的演绎。通常情况下,译者会采用直译的方法传递给读者最易理解、最直接的信息。不过文化的不同带来的偏差在翻译过程中是必然会发生的情况,一旦出现不能适应原著表述的词汇或句型,在直译后添加注解不失为一种好的方法。

3. 交际维度的适应性选择转换

生态翻译学理论的视角下,交际维度的翻译策略指交际维度的适应性转换。译者在翻译过程中不仅要从语言层面和文化层面进行准确地表达和解析,还要注意语言的交际层面,一定要传达出每一篇译文所要表达的交际意图。通过了解清楚作者的创作意图,准确地进行交际维度转换,使译文读者和原文读者达成一致的情感共鸣。

随着中国的科技进步与繁荣发展,与国际的交流和沟通愈发深入,一些火爆的热词流传到国外从而变成了约定俗成的用法,这种就可以直接采用音译法来实现交际意图。例如,2016 年出现的一种极受群众追捧的互联网流行语“葛优瘫”,直接翻译为了 Ge Yo slouching。还有类似的表达如,“单身狗”译为 damn single,不仅发音相似,还可以准确表达出原文的意思。

在实际翻译中必须注意,关于三维度转换这三种主要翻译方法的互相交织、互相包容、互相影响。所以,在实际的翻译过程中不管译者选择哪种翻译方式,都必须结合三维度转化理论,避免翻译中出现不符合中西方语言习惯的现象出现。

(三)网络热词在新闻报道中的优势和问题

1. 网络热词在新闻报道中的优势

在传统印象中,新闻的内容大多都是官方严肃的,而热词和流行语的出现加持了新闻的趣味性和幽默性,渐渐地拉近与读者的距离。新闻报道有一些内容仅靠客观的直白的描述是无法传达出其真实的情感的,往往都是用一些冗长复杂的解释来表达,这会大大减少文章的阅读量,网络热词可以弥补这个情感空缺。比如,"内卷""躺平",这是一对反义热词,是因当下社会巨大竞争压力而产生的热词。今天的"内卷"只是年轻人对压力环境的一种缓解压力的自嘲,"躺平"也是为了明天的努力养精蓄锐。这两个词语都表达出了年轻人理性看待竞争,积极面对压力的心态,将其英译为 involution 和 lying flat。

2. 网络热词在新闻报道中的问题

新闻报道的类型和题材的区别很大,然而流行语是自发性衍生出的语言,本身就没有规范和限制,如果运用不当不仅会让新闻变得不严谨,还会使读者产生歧义,难以理解。新闻不仅是传递信息的媒介,更是传播和宣传正能量和社会价值观的向导。有些报道的内涵和特点也决定了报道内容需要客观严谨,如随意采用带有主观性和娱乐性的网络热词就是不妥帖的,会导致文章走偏从而产生不良影响。

汉语的文化特征非常明显,在选择和使用网络热词时需要思考和揣摩其是否可以体现我们的中华传统文化,翻译工作者需要对网络热词的生态环境有清晰的认识,要合理、有效地翻译网络流行语。

三、生态翻译学视域下的公示语英译规范实践

公示语作为公共生活中不可或缺的一部分,其重要性不言而喻。它们不仅在日常生活中为公众提供便利,更是一个国家、一座城市的文化名片。公示语的翻译质量直接关系到我国文化的传播效果,因此,提升公示语的英译质量对于丰富城市人文内涵、塑造城市形象、提升特色历史文化内涵的读者接受度、提高国际知名度与影响力都具有至关重要的作用。

(一)生态翻译学与公示语翻译的适配度

生态翻译学理论的提出,无疑为公示语翻译研究开辟了新的视角,

并为评估和提升公示语翻译质量提供了坚实的理论支撑。这一理论的核心观念是,翻译行为并非单纯的语言转换活动,而是受到历史、文化、社会等多重宏观因素影响的复杂过程。因此,在进行公示语翻译时,译者需要运用生态翻译学理论,确保译文与双语生态环境的和谐与契合。

首先,生态翻译学推动译文实现"适者生存"的原则。在公示语翻译过程中,译者需要对源语生态系统进行"选择性适应",同时还需要对目标语生态系统进行"适应性选择"。这意味着公示语的翻译不仅要准确传递信息,还要使目标语读者能够获得与源语受众相似或相同的认知体验。为了实现这一目标,译者需要遵循生态翻译学的三维转换理论,全面考虑源语和目标语的生态环境,灵活运用各种翻译策略,如直译、意译、音译等,以处理公示语翻译中的语言、文化和交际三个维度,实现双语间的适应性选择转换。这样的翻译过程有助于推动高效的跨文化交际,使公示语在不同语言环境中都能发挥其应有的功能。

其次,生态翻译学对于提升城市语言生态环境具有重要意义。精准的公示语译文不仅能够展现城市的文明形象,还是外国游客了解和接受城市地域特色和历史文化的重要途径。提高公示语英译的整合适应选择度,不仅有助于改善城市的对外宣传形象,提升地区的国际知名度和影响力,还能推动文化走出去战略的实施。在这个过程中,译者需要深入研究双语生态环境,尊重不同文化背景下的语言习惯,以确保公示语翻译的准确性和得体性。同时,译者还需要关注公示语翻译的社会效应,通过优化译文,提升城市的语言生态环境,为城市的国际化发展贡献力量。

最后,生态翻译学强调译者在翻译过程中的主导地位与作用。这一理论主张译者应发挥主观能动性,在维持语言生态平衡的过程中承担起双重使命和责任。一方面,译者需要接受来自生态系统以外的客观条件的选拔和约束,如政策导向、市场需求等;另一方面,译者还需要协调生态群落各方利益相关者的要求,如原文作者、目标语读者、翻译机构等。在这个过程中,译者需要灵活运用各种翻译策略,对译文进行润色加工,以满足外部生态环境对译文的期待。同时,译者还需要增强目标语受众意识,充分考虑外国读者的阅读需求,以提高公示语翻译的可读性和可接受性。

（二）基于生态翻译学理论的公示语翻译规范化策略

近年来,尽管公示语的英译工作取得了一定的进展,但整体质量仍不容乐观。这种情况不仅对构建良好的语言生态环境构成了阻碍,同时也对我国城市整体形象的塑造产生了负面影响。因此,如何提高公示语英译的整体质量,规范公示语翻译,已经成为一项刻不容缓的任务。

首先,需要从多维度保障公示语翻译的质量。包括对公示语翻译人才的培养,提高他们的专业素养和语言能力;制定并落实公示语翻译的相关标准和规范,确保翻译工作的科学性和规范性;加强公示语翻译的审查和监管,确保翻译质量的稳定和可靠性。

其次,理论应用在公示语翻译中起着至关重要的作用。通过对翻译理论的深入研究和应用,可以使公示语翻译更加精准、贴切,更好地传达原文的含义。因此,需要加强对翻译理论的研究和推广,提高公示语翻译的理论水平和实践能力。

最后,协同监督是保障公示语翻译质量的重要手段。通过政府、企业、社会组织和公众的共同参与,形成全方位、多层次的监督机制,可以有效地保障公示语翻译的质量。在此基础上,还应建立健全公示语翻译的反馈和改进机制,及时发现并解决问题,不断优化公示语翻译的质量。

总之,公示语翻译规范的确立是一个系统工程,需要从多维度保障、理论应用和协同监督三个方面进行全面布局。只有这样,才能真正提高公示语英译的整体质量,为构建良好的语言生态环境和塑造城市整体形象提供有力支持。在此过程中,应积极探索和实践,不断总结经验,为公示语翻译规范的确立提供有力保障。

1. 译前

为了提高公示语翻译的质量和效果,需要建立健全的多维保障体系,对其进行规范化的管理。下面从三个方面探讨如何完善这一体系。

首先,译者的资历和素养对于公示语翻译至关重要。作为翻译活动的核心执行者,译者必须具备深厚的语言功底和专业知识,以确保译文的质量和准确性。因此,译者需要组建一支由国内外熟悉中英文、专业素养过硬的专家和资深学者组成的公示语翻译团队。这支团队不仅负责公示语的翻译和审定工作，还需关注译文的传播效果和受众反馈，以不断优化和改进翻译策略。同时，译者还需建立一个专业且稳定的人才智库，为公示语翻译提供持续的人才支持。通过创办专门网站，宣传公示语翻译的优秀团队和案例，译者可以树立行业标杆，推动公示语翻译行业的健康发展。

其次，遵循语言译写规范是确保公示语翻译质量的关键。译者在翻译公示语时，应遵循国家级公示语翻译规范，如《公共服务领域英文译写规范》等。这些规范为公示语翻译提供了明确的指导和依据，有助于确保译文的准确性和一致性。同时，译者还需兼顾英语国家同类信息的约定俗成表达，实现公示语的专业性和普适性。在这个过程中，译者应注重营造和创设良好的语言生态环境，确保公示语英译的规范性和有序性。通过全面审视双语语言生态系统，细致入微、字斟句酌、精准用词，译者可以使译文与国际通用标准接轨，顺应英文语言生态环境。

2.译中

在语言维度上，公示语翻译要求译者具备精准提炼并转换文字信息的能力。汉语和英语作为两种截然不同的语言，它们在语法、词汇、句式等方面都存在显著的差异。因此，译者在翻译过程中需要充分考虑到这些差异，灵活运用各种翻译策略，如增译、减译、转换等，使译文既符合目标语的语言规范，又能准确传达原文的信息。例如，在翻译一些具有中国特色的公示语时，译者可以采用音译加解释的方法，帮助目标语读者更好地理解和接受。

在文化维度上，公示语翻译要求译者具备跨文化意识，充分考虑源语和目标语文化背景的差异。文化因素在公示语翻译中起着至关重要的作用，因为不同的文化背景下，人们对于某些概念和行为的认知可能存在差异。因此，译者在翻译过程中需要深入了解源语和目标语的文化背景，遵循目标语受众的思维方式，关注他们的文化认知心理，有效实现对原文蕴含的文化因子的补偿。同时，译者还应着力弘扬特色地域文化，使译文更具地域特色和文化魅力。

在交际维度上，公示语翻译要求译者确保译文清晰易懂，符合公示语的严格规范性和标准性。公示语作为一种特殊的文本类型，其主要目的是传达信息、引导行为、提供服务等。因此,译者在翻译过程中需要充分考虑到公示语的交际功能,确保译文能够准确、清晰地传达出原文的意图。同时,译者还应遵循目标语的语言规范,使译文符合目标语受众的语言习惯,提高译文的可接受度。

3. 译后

公示语的翻译质量直接关系到目标语言受众对源语言信息的理解和接受程度,而建立并加强"读者反馈"与多维协同监督机制,则是提高公示语翻译质量的关键。

(1)健全读者反馈机制

公示语翻译的最终目标是让目标语言受众能够精准全面地理解源语言信息的内涵。要实现这一目标,就必须高度重视读者的反馈意见。读者反馈机制的建立与完善,不仅能够让翻译管理部门及时了解公示语受众的期望和需求,还能够有效调动公众参与公示语翻译的积极性,形成全社会共同参与的良好氛围。

具体而言,公示语翻译管理部门可以通过多种渠道(如微信公众号、微博等社交媒体平台),采用问卷调查、实地走访等形式,加强与目标语言受众的实时互动信息反馈。通过这种方式,管理部门可以收集到大量宝贵的意见和建议,从而确保公示语的达意性、时效性及可接受性。同时,这也为翻译人员提供了宝贵的参考和依据,有助于他们不断优化翻译策略,提高翻译质量。

(2)构建协同监督机制

公示语翻译是一项复杂的系统工程,涉及翻译委托人、译者、公示语制作部门以及目标语言受众等多个方面。因此,要确保公示语翻译的质量,就必须构建协同监督机制,形成各方共同参与、相互监督的良好局面。

首先,翻译管理部门应统筹各方优势力量,做好公示语的定期审核与监管维护工作。包括对翻译人员的资质审核、翻译过程的监督以及翻译成果的评估等方面。通过严格的审核和监管,可以确保公示语翻译的科学性、权威性及专业性。

其次,译者也应积极参与到协同监督机制中来。他们应熟练运用三维适应性选择转换的英译策略,根据目标语言受众的文化背景、语言习惯等因素,进行有针对性的翻译。同时,他们还应积极与读者进行互动反馈,及时调整翻译策略,以满足读者的需求。

最后,目标语言受众也应积极参与到协同监督机制中来。他们可以通过各种渠道提供反馈意见和建议,帮助翻译人员不断优化翻译策略,提高翻译质量。同时,他们还可以通过自己的实际行动(如遵守公示语规定、传播正面信息等),为优化城市语言生态环境贡献自己的力量。

(3)实现双语语言生态、文化生态及交际生态的平衡

通过健全读者反馈机制和构建协同监督机制,可以使公示语翻译更好地服务于社会,提高公示语翻译的质量和效果。这不仅有助于优化城市语言生态环境,还有助于促进双语语言生态、文化生态及交际生态的平衡。

具体而言,优秀的公示语翻译作品不仅能够让目标语言受众准确理解源语言信息的内涵,还能够传递出源语言文化的独特魅力。这种文化的交流与融合,有助于增进不同文化之间的相互理解和尊重,促进文化生态的多样性和平衡性。同时,准确的公示语翻译还能够为交际生态的顺畅运行提供有力保障。无论是在商业交流、旅游观光还是日常生活中,公示语都扮演着重要的角色。通过加强公示语翻译的质量管理,可以为不同语言背景的人们提供更加便捷、高效的交流平台,推动交际生态的和谐发展。

总之,建立并加强"读者反馈"与多维协同监督机制是提高公示语翻译质量的关键。通过健全读者反馈机制、构建协同监督机制以及实现双语语言生态、文化生态及交际生态的平衡,可以共同推动公示语翻译事业的发展,为优化城市语言生态环境、促进文化交流与融合、推动交际生态的和谐发展贡献自己的力量。

四、生态翻译视角下的字幕翻译实践——以《琅琊榜》为例

随着我国国际交流不断深入,"一带一路"倡议的贯彻与实施,向世界传播文化成了目前一项重要的使命,而影视输出在其中就起着极为重要的作用。

《琅琊榜》作为一部古装权谋剧,获得诸多重量级奖项,随着《琅琊榜》的大热,其也被海外网站翻译成不同的语言上映。因此,在研究中国古装剧走出国门方面,《琅琊榜》可谓一个重要样本。字幕翻译得好坏,

关系到中国文化能否顺利走出国门,因此对《琅琊榜》的字幕翻译进行了较为细致的研究,希望能为后续的古装剧字幕研究提供借鉴。

我国学者对字幕翻译的研究起步较晚,还没有系统化,故从生态翻译学的角度对《琅琊榜》字幕中的对话翻译进行分析,或许可以为接下来的古装权谋剧的字幕翻译提供新的方向。

在国外,西方学者对此研究起步较早,最早对字幕翻译理论的研究可以追溯到 20 世纪 50 年代末到 60 年代初。在国内,随着时间的推移,越来越多的学者开始进行字幕翻译研究。张春柏教授(1998)认为视听语言具有大众性和即时性的特征。钱绍昌教授(2000)认为字幕具有倾听性、即时性、全面性、普及性和无注性等特点。这些学者提供了大量的视听翻译经验,为视听翻译的研究和发展奠定了基础,但系统的字幕翻译理论目前还没出现,仍有很大的发展空间。①

在此期间,在影视翻译的研究上大多是从目的论、关联理论或是异化归化的角度进行分析,但胡庚申教授提出的生态翻译理论,为翻译研究提供了新的方向。

在上述理论性研究的基础上,具有生态翻译学性质的应用型研究课题也相继展开。对《琅琊榜》的研究主要有两方面:一方面,是从文化的角度进行研究,张靖(2016)指出,剧中所传递的价值观都成为中国文化形象乃至中国国家形象的一种外在表征。另一方面,就是对《琅琊榜》的字幕翻译策略:韩笑(2017)在《〈琅琊榜〉英文字幕翻译策略浅谈》以《琅琊榜》为例,通过分析其语言特点及影视作品翻译的特点来探讨其字幕相应的英译策略,于斐燕(2019)在《从生态翻译学角度看〈琅琊榜〉字幕翻译》对 31 集的两个翻译版本进行三维度分析,以及所采取的适应性策略。②

综上所述,学习《琅琊榜》的字幕翻译目前相对较少,从生态翻译视角的角度研究也较少,因此从生态翻译视角下着重分析《琅琊榜》对话中的字幕翻译。

---

① 朱春红.基于生态翻译学视角《琅琊榜》字幕翻译研究[J].黑河学院学报,2020(8):125.
② 朱春红.基于生态翻译学视角《琅琊榜》字幕翻译研究[J].黑河学院学报,2020(8):126.

（一）《琅琊榜》字幕翻译的三维度适应性选择

1. 语言维度的适应性选择

《琅琊榜》语言独特，富有各类诗歌、谚语、成语等，因此，研究者将从语言学的角度对字幕翻译进行分析。

"从官老爷到阶下囚，不哭才怪呢？"

"倒也有些不哭的。"

"From bureaucrat to prisoner, of course they will cry"

"There are some that didn't cry."

这是两名狱警的对话。"不哭才怪呢？"虽用问句，但实际是肯定语气。如果采用字面翻译，那就是 it is strange that if they did not cry。这样回译的话，就会发现意思改变了，无法表达原句的意思，容易造成误解，且过于冗长，违反了字幕的限制并且可能影响视觉效果。因此，翻译人员将结构改变为外国观众熟悉的另一种表达方式。"他们当然会哭"不仅能准确表达原意，还能强化了那些因犯绝对哭的口气，一举两得，这也体现了语言维度上的适应性选择。

2. 文化层面的适应性选择

爱德华·霍尔（Edward T. Hall, 1997）说，人类生活的任何方面都很难摆脱文化的影响和变化。因此，它需要译者注意文化差异。在翻译过程中，当翻译人员面对文化差异时，有必要作出适应性选择。

麒麟才子

A Divine Talent

"麒麟"在中国大家喜欢用麒麟的名字来给孩子命名，以显示孩子非常聪明。麒麟在西方人眼里也曾是智慧的象征，但他们称它为独角兽。然而，随着时间的推移，一些西方人开始认为它是现代金钱拜物教的图腾，带着负面意味。因此，译者根据文化差异进行适应性选择，将其翻译成"神圣的天才"，以避免不必要的误解。"神圣的天才"能够完全表达的内涵"麒麟才子"。在适应性选择的指导下，译者进行最佳的适应性文化转换,避免文化冲突,保证了信息的顺利传递。

3.交际维度的适应性选择

该剧存在不少交际层面的话语,故从交际层面进行分析。

你这嘴巴倒真甜。

You are good at sweet talking.

"你嘴巴真甜"形容人很会说话,可以把人哄得很开心,说这话的人也带着一股开心的意味。如果该句采用直译的翻译方法,则会变成 you mouth is so sweet,这样的译文并没有表达出真正的意思,也无法传达出说话人的欣喜,如此,其不但无法实现交际意图,还会造成误解。因此译者进行适应性选择,采用意译,实现交际目的。"You are good at sweet talking."不仅能够表达真正的意思,还能帮助观众产生同样的感觉,实现交际意图。

(二)《琅琊榜》三维度转换下的翻译策略

1.语言维度的翻译策略

省译是指源语中一些不必要的信息在译语中被省略。此外,根据字幕的约束和特点,字幕翻译应力求简洁。因此,当译者需要在语言维度上进行选择性适应时,省译是一种合适的策略。例如:

明知是陷阱,是虎狼之穴,可是仍然要……

Knowing well that it's a trap, it's the tiger's den, and still wanting to rush in...

从译文中,可以看出"狼"被省略了。这个与"铜墙铁壁"的译文是一个道理,铜墙、铁壁二者意思一样,因此只译其中一个,而"虎"和"狼"在这都指代危险和可怕的事情,因此一些重复的东西可以删减,这样的翻译符合英语习惯。

2. 文化维度的翻译策略

归化是一种以目标文化为导向的翻译。它把一些包含文化差异的东西放入目的语中一些熟悉的意象中,有助于外国观众的理解。例如:

老夫虽姓素,可从来不吃素。

Though my surname is Su, but I am not someone you can mess with easily.

"吃素"在中文有两层意思:一是指不吃荤腥食物,二是比喻不好惹,厉害。根据语境该例则是第二层意思。第二层意思就涉及了文化差异了,因此采用直译则会造成误解,所以译者采用归化的翻译策略,将其译为 but I am not someone you can mess with easily 可以表达出说这话的人的自信和自大,实现源语的氛围和效果,实现中西文化的和谐。

3. 交际维度的翻译策略

(1)直译

直译就是保留原文内容和形式的翻译。此外,还应遵循忠实的原则,翻译要通顺。使用直译可以保留源语言的文化、风格等。例如:

夏江:我不过是擅长褪去人的皮肉,照出他们的真肺肠罢了。

I am just good at peeling the skin off people, and revealing their innards.

"褪去人的皮肉"和"照出他们的真肺肠"听起来就让人毛骨悚然,但是这话却被夏江轻轻松松地说出来,充分表明了这人的残酷,为了能让观众体会到同样的感受,译者选择直译,其中 peeling the skin 和 revealing their innards 就在目的语汇中展示出恶心的意象,让观众知道这人冷酷的一面。因此,可以得出,为了实现适应性选择可在交际维度上采用直译。

(2)意译

意译是根据原文大意进行翻译,不作逐字翻译。例如:

我倒要听听这宫里还能嚼出什么舌头来

I'd like to hear what tripe can come out of those people.

"嚼舌头"在中文里表示胡说,搬弄是非。这是带有中国特色的语言。

若采用直译,必会造成误解,面对这一情况,译者采用意译的翻译策略,将其译为" what tripe can come out of those people ",其中 tripe 指的是废话,瞎写或瞎说的东西,这能准确地表达原文的意思,实现其中的交际意味,也是译者适应性选择的结果。

译者在翻译过程中进行了三个维度的适应性选择,并根据三个维度的特性相应采用了省译、归化、直译、意译等翻译策略,来实现适应性选择和转换,最终使《琅琊榜》被外国观众所接受,在一定程度上促进了中国文化的传播。

总之,根据生态翻译学,选择性适应和适应性选择原则可以应用到古装剧的字幕翻译中。此外,从翻译原则出发,译者在翻译过程中更全面地思考问题,选择合适的翻译策略来适应翻译生态环境。因此,生态翻译学是指导古装剧字幕翻译的一个不错的理论,有利于文化的传播。

第六章 文化语言学与翻译的 深度融合与渗透

　　文化语言学与翻译的深度融合,不仅有助于提升翻译质量,还有助于促进跨文化交流。在当今全球化的背景下,跨文化交流的重要性不言而喻。理论是实践的基础,只有不断完善理论体系,才能为翻译实践提供更有力的支持。在这方面,我国学者已经取得了一定的成果,但仍有很大的发展空间。我们需要进一步探讨文化语言学与翻译之间的关系,以及如何在翻译过程中处理好文化差异等问题。翻译不仅是语言之间的转换,更是文化之间的交流。译者不仅要熟练掌握两种语言,还要深入了解两种文化。只有这样,才能在翻译过程中准确地传递原文的文化内涵。翻译质量的好坏不仅体现在语言表达上,还体现在文化传递上。因此,评价翻译质量时应将文化因素纳入其中。此外,还应关注翻译的创新与发展。随着科技的进步,翻译工具和手段也在不断更新,要善于利用新技术,提高翻译效率和质量。

第一节　文化语言学理论阐释

一、文化

　　"文化"(culture)这一词语意味着什么呢? 它有多种意义。例如,人们认为那些能读会写的人,那些懂得艺术、音乐和文学的人是"文化人"。不同人对文化的理解有不同方式,每一种方式都或多或少有助于我们理解某个过程、事件或关系。遇到陌生人时,第一个被问的问题通常是,"你来自哪里?"这主要是想了解这个人长大的地方或者是想知道这个人之前住在什么地方。我们下意识地认为在同一地方长大或生活的人说同样的语言,有很多相同的价值观,用相似的方式交流,换句话说,他们被认为具有相同的文化。

实际上,在我国的古代文献中"文化"两个字是分开出现的,"文"的本来意思为各种颜色交错,"物相杂,故曰文","天文"指自然规律,"人文"指人伦社会规范;"化"的本意是改变、变化之意。《说文解字》将"化"释为"教行也",即改变人类原始蒙昧状态以及进行各种教化活动。从汉代开始,"文"与"化"连缀出现,"文化"与"武力"相对应,是动词,具有"文治教化"之意。英文单词 culture,源于拉丁文动词 cultura,含有耕种、居住、加工、留心、照料等多种意思。随着时间的推移,culture 含义逐步深化,由对树木、作物等的培育引申为对人类心灵及情操的培养,从人类的生产活动,逐渐引向人类的精神领域。19 世纪中叶以来,"文化"一词开始具有现代意义,并且随着人类学、社会学等人文学科的兴起,成了这些学科的重要术语。

(一)文化的定义

自从进入近代研究视野,"文化"这一概念在中外学术界不同学科领域曾出现上百种甚至更多的定义。[①]美国描写语言学家爱德华·萨丕尔(Edward Sapir,1921)定义文化为一个社会的行为和思想。理查德·本尼迪克特(Richard Benedict,1930)认为真正把人们凝聚在一起的是他们的文化、共同的思想和标准。

美国人类文化学家爱德华·霍尔(Edward T. Hall,1959)提出:"文化是人类的媒介。人类生活的方方面面都受到文化的影响和改变。这意味着人的个性,表达方式(包括情感的表现),思考方式,行为方式,解决问题模式,所居住城市的规划和布局,交通系统的运行和调度,以及经济和行政系统如何组建和运行都受到文化的制约。"

柯恩(R. Kohls,1979)认为文化是指特定人群的总体生活方式。它包括一群人想的、说的、做的和制造的一切。文化学家罗伯逊(I.

---

① 卢红梅.华夏文化与汉英翻译[M].武汉:武汉大学出版社,2006:3.

Robertson,1981）的观点是每个社会的文化都是独特的,包含了其他社会所没有的规范和价值观的组合。

荷兰学者吉尔特·霍夫斯塔德（G. Hofstede）在 2001 年提到"我认为文化是将一个群体或一类人与另一个群体或一类人区分开来的思想上的集体程序。思想代表了头、心和手——也就是说,它代表了思考、感觉和行动,以及对信念、态度和技能的影响。"

我国人类学家费孝通先生写道,"文化的深处时常并不是在典章制度之中,而是在人们洒扫应对的日常起居之间。一举手,一投足,看似那样自然,不假做作,可是事实上却完全没有任意之处,可说是都受着一套从潜移默化中得来的价值体系所控制。在什么场合之下,应当怎样举止,文化替我们早就安排好,不必我们临事考虑,犹豫未决的。愈是基本的价值,我们就愈是不假思索。行为是最不经意的,也就是最深入的文化表现。"

文化定义的多元化说明文化确实是一个庞大且不易把握的概念,虽然各有侧重,这些解读和界定都解释了文化的一个或几个层面。

（二）文化的分类

由于文化的多样性和复杂性,很难给文化下一个明确清晰的定义,对文化的分类也是众说纷纭、不尽相同。我们从一个侧面来看文化的分类,文化也可以理解为满足人类需求的一种特殊方式。所有人都有一定的基本需求,比如每个人都需要吃饭和交朋友等等。

心理学家亚伯拉罕·马斯洛（Abraham Maslow,1908—1970）认为,人都有五种基本需求①:

第一,生理需求,这是我们赖以生存的基本需求,包括食物、水、空气、休息、衣服、住所以及一切维持生命所必需的东西,这些需求是第一位的。

第二,安全需求,首先,我们得活下去,然后得保证安全。安全需求有两种,身体安全的需求和心理安全的需求。

第三,归属感需求,一旦我们活着并且安全了,我们就会尝试去满足我们的社交需求。与他人在一起并被他人接受的需求,以及属于一个或

---

① 严明.跨文化交际理论研究 [M].哈尔滨:黑龙江大学出版社,2009:3.

多个群体的需求。

第四，尊重需求，这是对认可、尊重和声誉的需求，包括自尊，以及对他人的尊重。努力实现、完成和掌握人和事务，往往是为了获得他人对自己的尊重和关注。

第五，自我实现的需求，人的最高需要是实现自我，充分发挥自己的潜力，成为自己可能成为的人。很少有人能完全满足这种需求，部分原因是我们太忙于满足较低层次的需求。

根据马斯洛的理论，人们按上述的顺序满足这些需求。如果把这些需求从低到高比作金字塔的话，人们在攀登金字塔时总是先翻过第一步才能爬上第二层，通过第二层才能到达第三层，以此类推。尽管人类的基本需求是相同的，但世界各地的人们满足这些需求的方式各不相同。每种文化都为其人群提供了许多满足人类特定需求的选择。

人类需求的这五个层次，文化的分类在一定程度上也契合这几个层次。美国翻译理论家尤金·奈达(Eugene Nida,1945)将文化分为生态文化、物质文化、社会文化、宗教文化和语言文化；英国学者彼得·纽马克(Peter Newmark,1981)则把文化分为生态类、物质文化、社会文化、组织类、手势与习惯等几类。我国学者陈宏薇(2011)将文化分为三类，分别是物质文化、机构文化与精神文化。[①] 中外研究者根据不同的标准提出了自己对于文化的分类，既有共时、历时的分类，也有学科视角的分类，这几种分类方式均有可借鉴之处。

另一个形象的类比将文化比为冰山，认为每种不同的文化就像一个独立的巨大冰山，可以分为两部分：水平面以上的文化和水平面以下的文化。水平面以上的文化仅占整体文化的小部分，约十分之一，但它更可见，有形且易于随时间变化，因此更容易被人们注意到。水平面以下的文化是无形的，并且难以随时间变化。它占了整个文化的大部分，约十分之九，但要吸引人们的注意力并不容易。水平面以上的文化部分主要是实物及人们的显现行为，如食物、衣着、节日、面部表情等诸如此类人们的说话习惯和生活方式，也包含文学作品、音乐、舞蹈等艺术的外在表现形式。水平面以下的文化包含信念、价值观、思维模式、规范与态度等等，是构成人的行为的主体。尽管看不到水平面以下的部分，但它完全支撑了水线以上的部分，并影响了整个人类的各个方面。

---

① 白靖宇.文化与翻译(修订版)[M].北京：中国社会科学出版社,2010：2.

二、文化语言学

人类文化语言学（ethnolinguistics）是一门新兴的交叉学科，诞生于语言学与文化人类学的交融领域。它关注的核心议题是"语言、思维、文化及其关系"，这是当前语言研究中最具活力和潜力的探索方向。语言、思维与文化的关联，亦被称为语言世界观，这是一个历史悠久的研究领域，其根源可追溯至古希腊古典时期。

自18世纪启蒙运动兴起，德国、法国、英国等国的思想家们开始对语言世界观问题展开深入探讨。他们逐渐明晰了这一问题的内涵，使其从哲学思辨的范畴上升至经验科学的领域。在这一过程中，哲学家、语言学家和人类学家们共同努力，推动了语言世界观问题的研究不断发展。

进入20世纪20年代，哲学人类学和人类语言学的崛起，进一步凸显了语言世界观问题在现代语言学和文化人类学中的核心地位。这两个领域的研究者们通过跨学科的方法和视角对语言世界观问题进行了深入剖析。在这个背景下，广义学术界包括语言学家、人类学家、语言哲学家等在内的学者们纷纷将研究焦点投向语言世界观问题，围绕这一主题展开了持续不断的探索。这场探索的成果丰硕，影响深远。它不仅推动了理论语言学、社会语言学、心理语言学、应用语言学等学科的发展，还催生了许多相关分支学科。在研究过程中，学者们逐渐意识到语言世界观问题的复杂性和重要性，进一步揭示了语言与现实、思维、文化之间的密切联系。

时至今日，语言世界观问题的研究仍在不断拓展和深化。广大学者们继续从多学科交叉的角度，探讨语言的本质、功能和作用，以及语言在构建人类认知和世界观中的关键地位。在这个充满挑战和机遇的领域里，研究者们积极寻求新的理论突破和实践应用，以期为人类更好地理解和掌握语言提供有力支持。

语言、思维和文化的关系一直以来都是学术界关注的焦点，尤其是以西方为主的学者们在这一领域进行了长期而深入的研究。他们的研究成果丰硕，理论体系不断完善，为我们的认识提供了宝贵的启示。然而，由于语言、思维和文化的关系的综合性、复杂性，一些理论和实践问题依然困扰着相关学科的学者们。这些问题不仅涉及基础理论的构建，还包括实证研究的方法论,以及如何在多元文化背景下进行跨文化比较研究等。

在这样的背景下,人类文化语言学应运而生,它以跨学科的研究视角,致力于解决语言、思维和文化之间的关系问题。人类文化语言学不仅关注语言的结构、功能和演变,还将思维方式、文化价值观纳入研究范畴,从而揭示了语言、思维和文化之间的互动关系。这使我们能够从更深层次、更全面的角度去理解和解读这一领域的一系列复杂问题。

随着研究的深入和扩展,人类文化语言学不断提出新的理论观点和研究方法,以应对不断涌现的新问题。例如,神经语言学、认知语言学、社会语言学、跨文化交际等领域的兴起,为语言、思维和文化关系的研究提供了新的理论支撑和实践路径。此外,随着全球化进程的加快,多元文化语境下的语言、思维和文化冲突与融合现象也引起了学者们的关注,这使人类文化语言学的研究更具现实意义。

在我国,人类文化语言学的研究也取得了一系列重要成果。学者们结合我国的实际情况探讨了汉语的语言特性、汉民族的思维模式和文化价值观。此外,我国学者还积极参与国际学术交流,借鉴国外先进理论,为我国的人类文化语言学研究提供了丰富的理论资源和实践经验。

在当代语言学领域,人类文化语言学发挥着至关重要的作用。它为语用学、话语分析、跨文化交际理论、翻译理论以及(第二)语言习得理论等活跃的分支提供了本体论和方法论资源。通过对这些分支的研究,我们可以更加全面、深入地理解语言在不同语境下的使用和意义,进而揭示语言在沟通、思维和认知中的关键地位。

研究人类文化语言学,不仅能够直接介入语言、思维和文化这一领域,而且还能高屋建瓴地推动、促进和融合当代语言学分支的研究。这门学科为我们提供了一把解锁语言、思维和文化之谜的钥匙,引领我们在探索的道路上不断前行。

人类文化语言学关注语言在世界观、文化认知和人类社会发展中的重要作用。在全球化背景下,语言不仅是沟通的工具,还是文化的载体。通过对人类文化语言学的研究,我们可以更好地理解语言在不同文化间的互动和交流,为构建和谐的全球文化交流平台奠定坚实基础。

总之,人类文化语言学是一门具有重要意义的学科,它为我们提供了洞察语言、思维和文化奥秘的途径。通过对这门学科的研究,我们可以更好地认识和理解语言在个体和社会中的作用,进一步促进国际的文化交流与合作,为构建和谐的全球社会贡献力量。

第二节　文化语言学与翻译的融合理论

一、文化等值与自译

在当今全球化的背景下,文化交流与传播日益频繁,自译作为一种跨文化传播的手段,逐渐成为人们关注的焦点。文化等值与自译之间的关系密切,它们在很大程度上互为因果。下面将从自译的定义、文化等值的内涵以及二者之间的关系等方面进行探讨。

自译指的是将一种文化符号、现象或思想从源文化语境中剥离出来,然后在目标文化语境中进行重新解读、诠释和创新的过程。在这个过程中,译者不仅要具备丰富的文化底蕴,还要具备高超的跨文化交际能力。自译包括语言自译和文化自译两个层面,二者相互交织、共同作用。文化等值是指在跨文化传播中,源文化中的符号、现象或思想在目标文化中找到与之相对应的解读,使源文化与目标文化在某种程度上达到平衡和和谐。文化等值并非完全等同,而是在保持原文化特色的基础上实现文化间的相互理解和尊重。

自译与文化等值之间的关系可以从以下几个方面来阐述:

(1)自译是实现文化等值的重要手段。在自译的过程中,译者要充分考虑源文化与目标文化之间的差异,寻找合适的表达方式,使目标文化受众能够理解、接受并欣赏源文化。通过自译,文化差异得以沟通,文化内涵得以传递,从而实现文化等值。

(2)文化等值是自译追求的目标。自译旨在将源文化中的精华部分引入目标文化,使之与目标文化相互融合,形成新的文化现象。在这一过程中,文化等值起到桥梁作用,连接了不同文化,实现了文化的交流与互鉴。

(3)自译与文化等值相互促进、相互制约。一方面,自译推动了文化等值的发展,使不同文化在相互尊重、包容的基础上实现融合;另一方面,文化等值的要求反过来又制约了自译的质量,要求译者在尊重源文化特色的同时注重目标文化的接受程度和认同感。

文化等值与自译之间的关系密切且复杂。在当前全球化的背景下,我们应当关注自译的研究与实践,充分发挥自译在文化交流中的作用,促进文化等值的形成,为推动世界多元文化的发展贡献力量。同时,我们也要认识到,自译并非一蹴而就的过程,而是一个持续探索、不断创新的过程。在自译实践中,要尊重文化差异,倡导文化包容,以更加开放的心态面对文化交流与传播的挑战。只有这样,才能在自译中实现文化等值,推动全球文化的繁荣与发展。

二、文化翻译观与自译的限度

尽管自译者在翻译过程中可以更好地了解原文的含义,但他们在处理语言表达时仍然面临局限性。不同语言之间的表达方式和修辞手法各有特色,自译者可能在转换过程中过于注重形式而丢失了原文的文化内涵。此外,自译者往往对自己的母语表达过于熟悉,容易忽略潜在的语言表达问题。

自译者在翻译过程中很容易受到自身文化背景的影响。当他们翻译跨文化作品时,可能会不自觉地以自己的文化价值观去解读原文,导致译文的偏差。尽管自译者努力在翻译中传递原文的文化信息,但受限于个人文化素养和认知水平,很难完全做到忠实于原文。

自译者在翻译作品的评价过程中,往往会面临一个普遍的问题:对自己翻译作品的客观评价难以实现。这是因为个人情感和自我认知的局限性,使他们在评价自己的翻译时容易陷入两种极端:过于谦虚或过于自信。过于谦虚的自译者会在评价自己的翻译作品时,过分低估自己的成果。他们可能会忽视自己在翻译过程中付出的努力和取得的进步,对自己的翻译水平持保守态度。这种情况下,自译者可能会在不断寻求改进的过程中,错失发现自身优势和闪光点的时机。过于自信的自译者则会在评价自己的翻译作品时过分高估自己的能力。他们可能会认为自己翻译的作品完美无瑕,无视其中的不足和错误。这种情况下,自译者容易陷入自满的状态,不再努力寻求改进的空间。这两种极端态度都可能导致自译者在不断寻求改进的过程中难以找到准确的切入点。为了实现对自己翻译作品的客观评价,自译者需要跳出自我认知的局限,寻求外部反馈,以更客观、全面地认识自己的翻译水平。

方法之一是寻求同行或专家的意见。他们可以将自己的翻译作品拿给同行或专家评审,以获得更为客观的评价。这样,自译者不仅能从中学到自己的不足之处,还能了解自己在翻译领域的实际地位。

自译者还可以通过参与线上线下的翻译交流活动,与同行进行深入探讨,拓宽自己的视野。在这种互动过程中,自译者可以更好地了解自己的长处和短处,为今后的翻译工作找到明确的方向。

自译者在面对自己翻译作品的评价时,应意识到个人情感和自我认知的局限性,跳出自我评价的陷阱。通过寻求外部反馈,参加翻译交流活动,自译者可以实现对自己翻译水平的客观认识,从而在不断改进的过程中,找到准确的切入点。这样,他们才能在翻译领域取得更好的成绩,为自己的职业生涯奠定坚实的基础。

自译者需要不断提高自己的翻译素养,包括语言水平、文化修养和翻译技巧。通过深入学习翻译理论,自译者可以更好地认识到翻译的局限性,并在实践中不断调整自己的翻译策略。自译者应借鉴他人的翻译经验,通过与同行交流,了解不同的翻译方法和思路。这有助于自译者在翻译过程中发现问题,并在修改译文时更加注重文化内涵的传递。自译者应在翻译完成后进行多次修改和审查。在修改过程中,尽量从客观角度审视自己的译文,以发现潜在的问题。此外,可以邀请他人对译文进行评价和指正,以提高译文的质量。

自译作为一种翻译方式,在文化翻译观下具有其局限性。自译者需要不断提高自己的翻译素养,借鉴他人经验,并通过多次修改和审查,力求译文的质量。只有克服自译的局限性,才能更好地传递原文的文化内涵,实现文化交流的目的。

三、文化翻译观对自译者主体性的彰显

文化翻译观是翻译研究的重要理论之一,它强调在翻译过程中,译者不仅要克服语言的障碍,还要充分考虑文化差异。自译者主体性在文化翻译观中具有重要意义,因为它要求自译者在翻译过程中充分发挥自己的主观能动性,以实现文化交流的目的。

自译者主体性在文化翻译观中的体现,表现在对源语文化内涵的深入理解和传达。自译者需要对源语文化进行深入研究,以便更好地把握

作品中的文化元素。这要求自译者具有较高的文化素养,能够准确地把握源语文化的内涵。在此基础上,自译者还要努力寻找合适的表达方式,将源语文化中的内涵传达给目的语读者。

自译者主体性在文化翻译观中的体现,还表现在对目的语文化的敏感度和适应性。在翻译过程中,自译者要充分考虑目的语读者的文化背景和接受能力,使翻译作品既能保持源语文化的特色,又能为目的语读者所接受。这需要自译者在翻译过程中灵活运用翻译策略,如归化、异化等,以实现文化传递的目的。

自译者主体性在文化翻译观中的体现,还在于自译者对自己角色的认识和担当。自译者应意识到自己在文化交流中的重要责任,以促进世界各民族间的相互理解和友谊为己任。在这个过程中,自译者要保持一颗敬畏之心,对待源语和目的语文化都要尊重和严谨,以实现真正的文化交流和融合。

总之,文化翻译观对自译者主体性的彰显,有助于提高自译者的翻译质量和效果。自译者应充分发挥自己的主观能动性,在翻译过程中深入理解源语文化,适应目的语文化,并担当起文化交流的使者。通过这种方式,自译者可以为世界文化的多样性和交流作出更大的贡献。

第三节　文化语言学指导下的英汉翻译实践

一、《红楼梦》人名文化翻译实践

《红楼梦》不仅是我国古典文学的瑰宝,也是一部道尽人生喜和悲的人情小说。书中内容涵盖范围之广,可谓包含了所有的中国传统文化,而且在外国也颇具影响力。汉语作为中华文化的载体,也会受到文化的制约。《红楼梦》中人物众多且关系庞杂,而曹雪芹的命名技巧又非常独特,一些名字往往会运用双关的手法,即通过一些名字就可以推测人物在书中的性格和命运,不同的人物名字往往意味着不同的结局。由于这些人物名字的特殊性,因此在进行人名翻译时就显得极其重要了。

然而,由于中西思维方式的差异,翻译文学作品往往会出现关键信息遗失的情况,从而导致译文违背了翻译的忠实性原则。此外,不同的译者阅读能力不同,对源文本的理解也会各不相同,在翻译时会产生不同的含义,从而影响到翻译质量。因此,译者在翻译《红楼梦》时要仔细反复斟酌,对文中的人物以及社会背景进行足够透彻的了解,并采取适当的翻译策略进行翻译,确保译文的准确性。杨宪益和霍克斯的两个英译本是目前来说流传最为广泛的,他们各自运用了不同的翻译策略,对文中的人名进行了精准翻译,从而为中国传统文化中人名的翻译提供了借鉴。

（一）《红楼梦》的姓名文化

在封建社会,名字是极其重要的,它不仅可以代表一个人,而且名字的好坏还会直接暗示其前途或命运,这在上层阶级中尤其明显。封建社会等级观念很深,对地位高的人应遵守礼数,不能直呼其名。地位高的人或者长辈的名字不可以被随便使用,尤其是晚辈或者地位卑贱的人要谨记。据徐恭时统计,《红楼梦》中出现了共495名男子,480名女子,共975人。由此可见本书人数之多,名号繁杂。《红楼梦》中反映的是中国封建社会的贵族生活,因此在生活中需要遵守一些规矩,在这样的环境下,奴仆的名字不能和主人的名字相同,比如书中有一个丫鬟叫"红玉",因为其名字中含有"玉",而贾宝玉中也含有"玉"字,所以改了名。王熙凤是贾宝玉的表姐,她不喜欢别人尤其是奴仆在姓名中用"玉"字。在中国传统文化中,一个人的名字并非凭空而来,往往有一定的典故,或与家境生活有关,或反映了人物生活的一部分事实,又或是采用"范字"取名的方法。比如取名"金桂"是由于家里多桂花,"宝玉"是因为他出生就含着一块玉。贾家是世家大族,因此取名时按照行辈次序来排名,比如"水""代""文""玉",分别对应"贾演""贾代儒""贾敷""贾珠",这种方式也叫"范字"取名法,体现了他们所信奉的民族文化和认祖归宗的民族心理。

在中国传统文化中,人们在取名字时会讲究引经据典,特别是世家大族,这样才能显示家族显赫,而且男子在落冠成年还要根据名字再取一个号。此外,古时人们常通过数字大小来表示出生排行,比如老大、老二等,而且古代的下层人民通常会给自己的子女起贱名以期望好养活。古时很多人名都具有一定的关联性,比如有血缘关系的兄弟姐妹,他们的名字会都含有相同的字,比如元春、迎春、探春、惜春四姊妹,她们名字中都有一个春字,便是这一习俗的体现。

(二)《红楼梦》人物名称的特点

1. 谐音

曹雪芹先生的《红楼梦》在设计人名方面都非常巧妙,每一个人名都值得细细品味,而且不同人也对不同的人名会产生不同的理解。书中有很多人名都有谐音,比如"贾雨村""甄士隐"实际分别可通"假语存""真事隐",一个暗示所有的言论都是假的,一个暗示隐藏事实真相;"贾宝玉"实际可通"假宝玉"。有些谐音暗示了人物的命运,比如:贾母的四个孙女,分别是"元春、迎春、探春、惜春",这四个女性名字的第一个字组合起来就有了新的含义,即"原应叹息",暗示了这四位女性悲惨的命运,而娇杏实际可通"侥幸",即幸运;英莲实际可通"应怜",即值得同情;霍启实际可通"祸起",即命运多舛。

2. 追求吉利命名

《红楼梦》中的人物在命名时会有追求吉利的民族心理,在一些地位低下的人的名字中可以体现出来,琴棋书画、春夏秋冬是最常用的名字。曹雪芹对优伶等艺名的命名也体现了对家族生意越来越好的期盼,这也是追求喜庆、吉利的具体表现。书中姓名不仅是一种社会称谓,它更多地可以反映出一个人的喜好、追求以及愿望。《红楼梦》中贾、王、史、薛四大家族自然是希望自己家业兴旺、财源滚滚,因此有很多人物命名多用金玉珠宝等贵重物品,如金钏、宝玉、宝钗、翡翠等。

3. 神话人物的命名

《红楼梦》中出现很多神话人物,这些神话人物本身就有一定的象征意义,比如第一回出现的女娲、茫茫大士、渺渺真人、警幻仙子等虚幻的人物,分别寓意女性话题、佛教、道教以及人生如梦的境界。其中,

"情"的代表人物是警幻仙子；文中佛家思想的代表人物是茫茫大士；文中"道"的化身是渺渺真人，也即跛足道人。甄士隐为了寻求道家出路，最后随跛足道人出家。此外文中也有儒家思想的表现，比如女娲用石头补苍天。

4. 其他人物的命名

《红楼梦》中有许多和尚、尼姑以及道士的名号也非常有特点，比如：大幻仙人、张真人、王道士、马道婆等。佛家的法号有多种命名方法，但主要体现了汉族人民的求偶心理，其中双名使用居多，但也有用单名、三个字的，单名的有智能儿。此外，对于婆子的命名，一般是以姓加名式或者姓加妈，有的还采用嬷嬷式，如叶妈、竹妈、赖嬷嬷等，有的还会用其丈夫的姓加大娘、大婶或者家的来命名，如周瑞家的，这体现了她们的丈夫在家族中是有一定地位的。

(三)《红楼梦》中人物姓名的翻译策略

《红楼梦》作者曹雪芹先生共向读者展示了数百个栩栩如生的人物，由于每个人物名称各不相同，因此在翻译人名时会有很大的困难，在保持忠实的基础上尽可能保持原来人名的格式。霍译本为了让英语读者有更广阔的想象空间，采取的翻译策略是对书中的关键人物进行音译、非关键人物进行意译，从而使外国读者更容易理解人物名称的潜在意义，同时这种翻译策略也更有利于外国读者区分家族的上下级关系。杨译本对书中出现的所有真实人物的名字采用音译法翻译，即威氏拼音法，对虚拟人物或人物的绰号采用意译法翻译。但这种方法的不足之处在于无法体现人名中的潜在意思，忽略了曹雪芹先生的双关用法，导致外语读者无法像汉语读者一样获得相同的阅读体验，体会作者的真实意图。书中常用的翻译策略如下：

1. 音译法

音译是根据发音特点进行翻译的方法。这种方法广泛应用于不同类型的英译本中，主要用于翻译一些人名、地名等专有名词，在杨宪益版《红楼梦》中,音译法的不同之处在于采取了特别的音译法,即威氏拼音法,如元春(Yuanchun)、贾政(Chia Cheng)、宝官(Pao Kuan)、金钏(Chin Chuan)、贾雨村(ChiaYu-tsun)。霍译本翻译如下:贾政(Jia Zheng)、宝玉(Bao-yu)、黛玉(Dai- yu)、熙凤(Xi-feng)、贾雨村(Jia Yu-cun)。

通过比较,发现杨译本在人名的发音上更有助于外国人理解、拼读与记忆。霍译本在翻译主要人物的名字时尽可能地不改变格式进行音译,增加了外语读者的阅读难度但是保留了原文本的语言特点。音译的优势是显而易见的,它是人名翻译中最常用的方法,而人名归根结底只是一个社会称谓而已,其内涵意义往往更受关注。但是,单纯地进行音译很容易导致人名潜在意义的缺失,如"霍启"翻译成 Huo Chi。书中的人物在进行命名时往往被赋予了不同的含义,曹雪芹先生起名很注意人物的命运、性格、生活等,往往会用双关、谐音的手法进行命名,此外,还包含寓意较好的词汇,比如珠宝、花鸟、书画等,人名非常丰富,许多人物的名字或几个人物的名字合起来,都是有一定潜在意义的。这时,单纯的音译显然是行不通的,需要寻找其他翻译技巧或策略进行解决。

2.脚注法

原文中一些人名运用了双关或谐音的手法,因此简单地进行音译难免有些牵强。杨译本在处理这些人名时更多地会增加脚注或注释来进行解释,其优点是促进了外国读者对不同人名含义的理解,而不仅是对字母符号的理解,从而更好地理解作者命名的目的。中国古代的人名体系极其复杂,一个人的名字会包含很多成分,包括名字、字、号等,如薛蟠字文龙;贾宝玉字号"怡红公子";林黛玉号"潇湘妃子"等。以下是杨译本采取的加脚注策略:

贾化——Chia Hua("false talk."即"假话");

卜世仁——Pu Shih-jen("not a human being"即"不是人")。

霍克思在处理这些蕴含深层次的人名时,采用了意译法,如娇杏——Lucky,霍启——Calamity。

由此可见,杨译本在处理人名时进行了注释或脚注进行解释或说明,这样可以更好地帮助外国读者对人名进行理解,而霍译本直接进行了意译,虽然避免了脚注的麻烦,但是破坏了源语言的语言特点,不能给外国读者带来相同的阅读感受。

3.意译法

曹雪芹在写《红楼梦》时采用了独特的命名方法,使一些人的姓名有了很多隐含的意思,甚至和主人的前途命运联系在一起,而中西文化存在明显差异,如果仅仅停留在音译层面,就很难让外国人读懂人物姓名的真正内涵,因此需要采取意译法进行翻译。比如:

根据人名中汉语的多义性进行翻译:麝月(Musk,麝香)、茜雪(Snow pink,白雪粉红)。

《红楼梦》中有很多丫鬟,如隆儿、兴儿、丰儿等等,分别翻译为Rich、Joker、Felicity。

法名比如:静虚(Euergesiao,希腊语),即"行动、能力、势力",智善——Benevolentiao(拉丁语),即:"仁心"。

翻译小名、爱称时,如袭人——Aroma(芳香)。

4.其他译法

《红楼梦》中除了普通人物外,还有许多神话人物,比如神仙、和尚、尼姑等。译者在翻译时不能单纯地进行音译,首先应该准确理解这些虚拟人物代表的是什么,有没有潜在意义。由于原文本有神仙这类特殊人物,因此在翻译时需要尽可能地描写其神通广大的能力,从而便于外国读者理解。比如杨译本对一些虚构人物的翻译:"茫茫大士"(the Buddhist of Infinite Space);"渺渺真人"(the Taoist of Boundless Time)。霍译本对一些名称进行多语言翻译比如:珠宝类人名"宝官"(trésor,法语)。

这样翻译显示了两位仙人神通广大的能力以及无与伦比的地位,让外语读者惊叹于中国神仙的能力之大,同时对珠宝类人名的翻译能够让英文读者毫不费力猜测出其含义。

二、经典诗词文化翻译实践:以汪榕培的《木兰辞》翻译为例

《木兰辞》作为我国古典诗歌的名篇,这首诗歌因为其丰富的思想内容、凝练优美的语言形式及传奇的故事情节而深受中国人民喜爱,并被译成多种语言在世界上广为流传。在翻译转换理论视角下,汪榕培译本中存在结构转换、类别转换和单位转换。因此,下面主要详细阐述《木兰辞》汪榕培译本中存在的单位转换、结构转换和类别转换。

（一）结构转换分析

在分析《木兰辞》汪榕培译本的过程中,笔者发现汪榕培译本中绝大部分句子都存在结构转换,其原因主要是中英句子在结构上存在较大的差异,中文注重意合,而英文注重形合,因此在诗歌翻译的过程中很难做到原文和译文形式的完全对等。此外,中文诗歌中存在较多的无主语句、连动句、兼语句等句式,英语中并不存在此类句式,在翻译中文诗歌时需要对此类句式进行转换。通过分析可以发现《木兰辞》汪榕培译本存在结构转换主要存在以下四个原因：[①]

《木兰辞》原文中主语的缺失。

例（1）:

昨夜见军帖,可汗大点兵。

I saw the new recruiting lists last night; The Khan is summoning the men to fight.

例（2）:

愿为市鞍马,从此替爷征。

I'll go and buy a stalwart horse and pad so as to go to battle for my dad.

例（3）:

归来见天子,天子坐明堂。

Mulan receives an audience from the Khan, who makes a huge grant to the valiant "man".

例（4）:

同行十二年,不知木兰是女郎。

We fought for twelve years in the same brigade, but never knew that Mulan was a maid!

---

① 林茵茵.论卡特福德翻译转换理论的有效性及其局限[D].兰州:兰州大学,2010:13.

例（5）：

策勋十二转，赏赐百千强。

译文：Mulan is praised and offered the highest post, and given piles of treasures she can boast.

以上五个例句皆为无主语句，这种句式在中文中比较普遍，但在翻译为英文时需要根据实际情况补充主语或者将其翻译为被动句省略主语。例（1）译文的主语是根据前一句"女亦无所思，女亦无所忆。"来增添的。前一句译文中将"女"译为"I"，例1沿用前一句译文的主语，增添主语"I"。例（2）译文的主语是根据前一句"阿爷无大儿，木兰无长兄，"来增添的，前一句将"木兰"译为"I"，例（2）译文中继续使用"I"作为主语。例（3）译文的主语是根据句意来增添的，前后文并没有提到"木兰"，但是根据其句意推断是木兰"归来见天子"。例（4）译文的主语也是根据句意来添加的，是木兰的战友与木兰同行十二年，译文中译者以战友的身份来述说，即我们"同行十二年"。例（5）译文的主语原本是"天子"，译者将句子处理为被动句，增添主语 Mulan。

《木兰辞》原文中存在较多的联动句。

例（6）：

旦辞黄河去

She leaves the Yellow River by daylight

例（7）：

归来见天子

Mulan receives an audience from the Khan

例（8）：

从此替爷征

So as to go to battle for my dad

例（9）：

出郭相扶将

Her parents leave the courtyard arm in arm

例（10）：

磨刀霍霍向猪羊

Her younger brother butchers pigs on the farm

汉语连动句特点是在句中使用多个动词并且这多个动词联系着同一个主语，而在英语中一句话不能同时有两个谓语。所以在《木兰辞》

中译英时,会转换汉语连动句中的一个动词,将其省略或者转换成其他结构。例(6)和例(7)都是汉语中的联动句,在翻译时只翻译两个动词中的一个。例(6)省略了"去",只翻译了"辞";例(7)省略了"归来",只翻译了"见"。

例(8)(9)(10)在翻译时都是将连动句中的两个动词的一个处理为其他结构。例(8)译文中将动词短语"替爷"转换为介词短语 for my dad;例(9)将动词短语"相扶"转换为状语 arm in arm。例(10)将两个动词短语"磨刀"和"向猪羊"转换为一个动词词组 butchers pigs on the farm。这种处理相对来说是比较灵活的,可以将连动句中的一个动词处理为介词短语、状语或者动词词组等等结构。

《木兰辞》原文中还出现了较多兼语句。

例(11):

唯闻女叹息。

You only hear the maiden sigh and moan.

例(12):

问女何所思?问女何所忆?

Good lass, what thought has occupied your mind? Good lass, what thought can you not leave behind?

例(13):

不知木兰是女郎。

But never knew that Mulan was a maid.

例(14):

爷娘闻女来。

On hearing that Mulan will soon be home.

一般来说汉语兼语句是由一个动宾短语和主谓短语组合为一个句子,称作兼语句。而且句中主谓短语的主语在结构上是前一个动宾短语中的宾语。在《木兰辞》汪榕培译本中,译者对原文中兼语句的处理方法主要有两种:一种处理方法是将其中的主谓短语转换为宾语补语,另一种是将主谓短语转换为宾语从句。例(11)将兼语句的主谓短语"女叹息"转换为 hear the maiden sigh and moan 中的 sign and moan。例(13)中主谓短语"木兰是女郎"转换为 But never knew that Mulan was a maid 中的宾语从句 that Mulan was a maid。例(14)译文将兼语句中的主谓短语处理为宾语从句 On hearing that Mulan will soon be home。

《木兰辞》原文中也存在倒装句。

例（15）：

万里赴戎机，关山度若飞。

She goes for miles and miles to join the war, and crosses hills and valleys with the crops.

当原文中存在倒装的时候，译文中会改变倒装的部分。例（12）中"何所思"和"何所忆"为倒装，正常语序为"所思何"和"所忆何"。例（15）中"万里"为定语前置，在译文中处理为 for miles and miles，"关山"为宾语前置，在译文中将宾语放在谓语"度"之后。

以上四个原因是笔者在分析《木兰辞》原文和译文中发生结构转换的主要原因，并具体对这些转换进行归类分析。由此可见，结构转换在中英互译中是最常见到的，也是普遍会发生的翻译转换的一种。中文中特有的句式在翻译为英文时无法找到对应的句式，因此只能通过转变句式来实现。转换也存在较多的方式，比如无主语句可以增添主语或者转变为被动句，连动句可以将其中一个动词省略或者处理为其他结构，兼语句可以将其中的主谓短语处理为宾语补语或者宾语从句。

（二）类别转换分析

类别转换指的是原文和译文中的两个等值成分在类别上发生了转换。在分析《木兰辞》原文和译文的过程中，笔者发现主要是原文和译文的词和词组之间会存在等值的转换，两个等值成分在词性上会发生转换。例如：

例（16）：

女亦无所思，女亦无所忆。

I've nothing that has occupied my mind; I've nothing that I cannot leave behind.

例（17）：

暮宿黄河边。

And stays by the Yellow River for the night.

例（18）

送儿还故乡。

To send me home to start my life anew.

例（19）：

木兰无长兄。

I have no elder brother to carry the gun.

例（20）：

木兰不用尚书郎。

High posts at court are not what I pursue.

例（16）中原文的副词"无"转换成名词 nothing，原文中的名词"女"，转换为代词"I"。例（17）中原文的名词短语"黄河边"在译文中转换为介词短语 by the Yellow River。例（18）中原文的名词"儿"在译文中转换为人称代词 me。在词的类别转换中，主要是将原文中对人的称呼转换为人称代词。例（19）和例（20）中原文的"木兰"是一个名词，在译文中转换为代词 I。主要是因为在英文中为避免重复，常常会使用代词来代替已经出现过的词，而在中文中词语的重复是十分常见的。

例（21）：

东市买骏马，西市买鞍鞯。

She buys a strong steed in the eastern market; She buys a saddle in the western market.

例（22）：

出郭相扶将。

Her parents leave the courtyard arm in arm.

例（23）：

开我东阁门，坐我西阁床。

She opens doors of chambers east and west And sits upon her bed to take a rest.

《木兰辞》原文和汪榕培译本中还存在较多短语词性的转换。例（21）中原文里的"东市"和"西市"为名词词组，在译文中转换成了介词短语 in the eastern market 和 in the western market。例（22）中原文的动词短语"相扶"在译文中转换为名词短语"arm in arm"。例（23）中原文的"东阁"和"西阁"翻译为英语做前置定语时过长，因此在译文中做后置定语，译为 of chambers east and west。通过分析以上几类的短语转换，其原因主要是根据该短语在原文中所充当的成分，在翻译时对该成分进行适当的转换，使之更符合译入语的语言习惯。

在卡特福德的《翻译的语言学理论》一书中提到类别转换是两个等

值成分在翻译的过程中,二者的类别发生了转换。有论者提出类别转换主要是词的词性转换,但是笔者在分析《木兰辞》中类别转换时,考虑到原文和译文的等值成分也可能是短语层面的,因此将短语之间词性的转换也归为类别转换。

（三）单位转换分析

《木兰辞》汪榕培译本中存在较多的单位转换。《木兰辞》汪榕培译本中存在将原文中的词转换为译文中的短语和从句。

例（24）：

女亦无所思,女亦无所忆。

I've nothing that has occupied my mind; I've nothing that I cannot leave behind.

例（25）：

旦辞爷娘去,暮宿黄河边。

She leaves her dearest parents by daylight, And stays by the Yellow River for the night.

例（26）：

寒光照铁衣。

The chilly moon shines on their coats of mail.

例（27）：

伙伴皆惊惶。

They stare at her in great surprise and say.

例（24）中将原文的动词"思"和"忆"翻译为宾语从句 that has occupied my mind 和 that I cannot leave behind。例（25）中将原文前半句的名词"朝"转换为介词短语 by daylight,将原文后半句的名词"暮"转换为介词短语 for the night。例（7）中将原文前半句的动词"见"转换为动词短语 receives an audience。

此外,还存在将原文中的短语转换为译文中的复合短语或者句子的情况。例（26）中将原文的偏正短语"铁衣"译为名词和介词短语 coats of mail。例（27）中将原文的动词短语"惊惶"转换为译文中的动词词组和介词短语 stare at her in great surprise。

通过分析《木兰辞》中存在的一些单位转换的例子可以发现,产生单位转换的原因主要是汉语单个词或者词组所蕴含的意义比较丰富，而在英语中要找到相对应的词或者词组存在一定的难度，所以往往需要更高一级单位来对应。例（12）中将原文的动宾短语结构"何所思"和"何所忆"分别翻译成句子 what thought has occupied your mind 和 what thought can you not leave behind。例（8）中原文的动词"征"，意思是"出征"，在译文中转换为动词短语 go to battle。中文中短短的一个词或者词组，在翻译为英语时往往需要一个词组或者句子来与之对应。

通过对《木兰辞》原文和汪榕培译本的详细分析，笔者发现结构转换是最为普遍发生的翻译转换，其次分别是类别转换和单位转换。在分析类别转换和单位转换时，笔者发现原文和译文中存在的等值成分是不同词性的短语，在分类时笔者将其归为类别转换。因为笔者认为短语词性之间的转换也是归于类别转换的。但也有不同的论者提出，仅仅把词的词性转换归为类别转换，而短语的转换归于单位转换，所以关于短语的转换是否属于类别转换这个问题还有待进一步明确。

第七章 语篇语言学与翻译的
深度融合与渗透

    语篇语言学作为研究语言在实际运用中的学科,为翻译提供了有力的理论支持。语篇语言学关注语言运用的实际语境,强调语言意义的动态生成。在翻译过程中,译者需要充分考虑原文语境,理解原文意义,并在目标语言中找到相应的表达方式。语篇语言学的这一观点有助于译者更好地把握原文内涵,提高翻译质量。语篇语言学强调语言的多元性和互补性。在跨文化交流中,译者需要面对不同语言、文化背景的挑战。了解各种语言的特点和优势,发挥翻译的优势,有助于实现跨文化交流的顺畅进行。语篇语言学关注语言的连贯性和衔接性。在翻译过程中,译者需要保证译文的连贯性和衔接性,使译文读者能够顺畅地理解译文。通过运用语篇语言学的理论,译者可以更好地组织译文,提高译文的可读性。

第一节 语篇语言学理论阐释

一、语篇语言学的定义

    语篇语言学是一门研究语言在实际运用中的学科,它关注的是语言单位在实际语境中的组织、结构和功能。语篇语言学旨在揭示语篇的内在规律和外部环境之间的关系,从而帮助我们更好地理解和运用语言。

    语篇语言学的研究对象包括书面语和口语,它不仅关注单一的句子,还关注由多个句子组成的语篇。在研究过程中,语篇语言学将语篇分解为不同的层次,如词汇、句法、语义、语用等,以探究这些层次之间的相互关系和相互作用。

语篇语言学作为一个独立的学科,起源于 20 世纪 60 年代。在这一时期,语言学家们开始关注语言在实际交际中的运用,并意识到句子之间的联系对于理解整个语篇至关重要。随着语言学研究的深入,语篇语言学逐渐与结构主义、功能主义等理论相结合,形成了一种全新的研究方法。

在 20 世纪 70 年代至 80 年代,语篇语言学得到了迅速发展。这一时期,许多重要的理论和方法应运而生,如系统功能语言学、篇章结构分析、话语分析等。这些理论和方法为语篇语言学的研究提供了丰富的理论资源和研究方法。

近年来,随着计算机技术的发展和大数据时代的到来,语篇语言学的研究手段得到了极大的拓展。人工智能、自然语言处理等技术为语篇分析提供了新的研究方法,使语篇语言学在实际应用中发挥着越来越重要的作用。

语篇语言学在许多领域都有广泛的应用,如教育、翻译、新闻传播、人工智能等。以下是一些具体的应用实例:

教育领域:语篇语言学的研究成果可以帮助教师更好地理解教材、课程设计和教学方法,以提高学生的语言运用能力。

翻译领域:语篇语言学有助于译者把握原文的语境、风格和修辞手法,从而提高翻译质量和准确性。

新闻传播领域:语篇语言学可以用来分析新闻报道的结构、语义和修辞策略,以揭示新闻媒体的传播效果和意识形态。

人工智能领域:语篇语言学为自然语言处理、机器翻译等人工智能技术提供了理论支持和方法指导,有助于提高机器对语言的理解和生成能力。

总之,语篇语言学是一门具有重要理论和实践价值的学科。通过对语篇的结构、组织和功能进行分析,可以更好地理解语言的本质和作用,为推动语言学研究和实际应用的发展作出贡献。

二、语篇语言学的研究内容

（一）语篇的概念界定及其演变

在语言学习中，语篇发挥着至关重要的角色，是信息的载体，思想的传递者，更是文化的传承媒介。但何为"语篇"？这一概念在语言学界引发了广泛的讨论和争议。不同的语言学派和学者，从各自的研究视角出发，对语篇给出了形形色色的解释。

早期结构主义语言学派，如匹克和哈里斯（K. Pike & Z. Harris，1952）等学者，对语篇的界定主要聚焦于"句子以上的单位""句子的序列"或"超句体"等。他们认为，语篇是由一系列句子构成的整体，这些句子通过特定的语法规则和词汇链接，形成逻辑上连贯、意义上完整的文本。在这一框架下，他们提出了一系列形式特征，如"句子链接词语""在特定的序列中表达式与其替换式之间的关系""逻辑语义""深层结构"以及"话语主题的构成形式"等，作为构成语篇定义的必要组成部分。然而，这种对语篇的理解主要停留在句子语法层面，忽视了语境和语义的重要性。相比之下，功能语言学派则更加注重语篇的语义层面。他们认为，语篇不仅是句子的堆砌，更是实现交际功能和表达意义的重要单位。句子在语篇中不仅是构成元素，更是传递信息、表达观点、构建关系的重要工具。

随着研究的深入，越来越多的学者开始认识到语境在语篇理解中的重要性。语境，即语言使用的环境和背景，对于理解语篇中的词汇、句子和整体意义至关重要。在不同的语境下，相同的词汇和句子可能具有完全不同的意义。因此，在界定语篇时必须充分考虑语境的影响。此外，现代语言学研究还引入了认知语言学、社会语言学、心理语言学等跨学科的视角，为语篇研究注入了新的活力。这些新兴学科为我们提供了更加全面、深入地理解语篇的方式，使我们能够从不同的角度和层面探讨语篇的本质和功能。

其中,被广泛接受的是韩礼德和哈桑(Halliday & Hasan)[1] 所提出的 "A text is used in linguistics to refer to any passage, spoken and written, of whatever length, that does from a unified whole." "A text may be anything from a single prove b to a whole play, from a momentary cry for help to an all-day discussion on a committee", and "a text is best regarded as a semantic unit: a unit not of form but of meaning".

在语言学中,"语篇"和"话语"是两个经常被提及但容易被混淆的概念。然而,通过深入研究可以发现,这两个概念在交际性、连贯性和意义方面有着显著的差异。

语篇不仅是一堆毫无关联的句子和篇章的简单堆积,而是指一种具有交际性、连贯性和意义的语言单位。换句话说,语篇是一种有序的、结构化的语言形式,用于表达特定的信息、观点或情感。它可以是一篇文章、一个段落、一个对话,甚至是一个单独的句子,只要它能够有效地传达信息并保持内在的逻辑连贯性。在交际性方面,语篇通常是为了实现特定的交际目的而构建的。它可能是为了说服读者、提供信息、分享经验或建立联系。这种交际性使语篇在语言表达和接收过程中具有互动性,使说话者和听话者能够在共同的语言框架内进行有效的沟通。连贯性是语篇的另一个重要特征。一个好的语篇应该能够保持内在的逻辑联系和语义连贯性,使读者能够轻松地理解其内容和意图。这种连贯性可以通过各种手段来实现,如使用连词、代词和其他语法结构来建立句子之间的关联,或者使用重复的词汇和短语来强化主题和观点。语篇的意义也是其不可或缺的一部分。一则成功的语篇应该能够传达清晰、明确的信息或观点,使读者能够理解和接受。这种意义可以通过直接的陈述、论证或描述来表达,也可以通过隐喻、象征或比喻等修辞手法来增强。

与"语篇"相对应的是"话语"这一概念。虽然话语也是由一系列句子和词汇组成的,但它通常指的是在特定语境中即时产生的口头语言。与语篇相比,话语更加注重实际情境中的互动和交流,而不是预先构建的结构和逻辑。话语通常是在对话、演讲、访谈等情境中产生的,具有更强的即时性和灵活性。许多语言学家尝试对"语篇"和"话语"进

---

[1] Halliday & Hasan. *Cohesion in English*[M].Beijing: Foreign Language Teaching and Research Press, 2001: 103.

行定义和区分。例如,有些学者认为,语篇是一种静态的、书面的语言形式,而话语则是一种动态的、口头的语言形式。还有些学者则从交际性和连贯性的角度来区分这两个概念,认为语篇更注重结构和逻辑,而话语则更注重实际情境中的互动和交流。我国语言学家胡壮麟(1994)[①]提到,在某种意义上,"话语"和"语篇"只是反映出地域使用上的偏好,本质上没什么差异。韩礼德(2011)认为,话语和语篇是从不同角度看待的同一个概念而已,所以这两个词可以用来互相解释。[②]

朱长河和朱永生(2011)对"语篇"进行了精练的概括,他们认为:"语篇是人们为传递信息而实际使用的自然语言,是一个意义上连贯的整体,通常由两个以上的句子构成。"[③]这一定义为我们提供了一个出发点,用以深入探索语篇在语言交流中的多重角色和应用。

一则完整的语篇不仅是一堆句子的简单堆砌,而是由这些句子组成的、具有内在逻辑相关性的结构系统。这些句子通过语法和词汇的巧妙运用,形成了一个意义连贯的整体。这种连贯性不仅体现在句子之间的逻辑关系上,更体现在整个语篇所要传达的主题或信息上。在实际应用中,语篇的形式多种多样。它们可以是口头的,如我们日常的对话、汇报演讲等;也可以是书面的,如各类应用文、说明文、议论文等。这些书面语篇在日常生活和工作中发挥着不可替代的作用,它们是我们传达思想、交流信息、阐述观点的主要手段。此外,值得注意的是,语篇的长度并不是固定的。有时候,一句话甚至一个单词就可以成为一个独立的语篇,传达出明确的信息。例如,在回答"你吃饭了吗?"这个问题时,一个简单的"吃了"或"没吃"就足以构成一个完整的语篇。另一方面,一本书甚至几本书也可以被看作一个系统语篇,因为它们共同围绕一个主题或故事展开,形成了一个庞大的语义网络。

在构建语篇的过程中,语言使用者需要在词汇和语法知识的基础上,结合具体的交际情景,将语言组织成意义连贯的整体。这不仅是一个简单的语法和词汇的堆砌过程,更是一个创造性的思维过程。在这个过程中,语言使用者需要充分考虑听话者的背景知识、语境以及交际目的等因素,以确保信息能够准确无误地传达出去。除了传统的自然

---

① 胡壮麟.语篇的衔接与连贯[M].上海:上海外语教育出版社,1994:1-3.
② Halliday M A K.篇章、语篇、信息——系统功能语言学视角[J].北京大学学报(哲学社会版),2011(1):137-146.
③ 朱长河,朱永生.认知语篇学[J].外语学刊,2011(2):35-39.

语言语篇外,随着多媒体技术的发展,非自然语言符号的多模态语篇也逐渐进入我们的视野。这些多模态语篇中包含了图像、歌曲、音频和视频等多种元素,它们与语言共同构成了一个更加丰富、多元的信息传递系统。例如,在一个电视广告中,画面、音乐、文字解说以及配音等多种元素共同构成了一个完整的多模态语篇,向观众传达了产品的特点和卖点。

(二)语篇分析理论

语篇分析这一术语源于语言学家哈里斯在 1952 年在《语言》期刊上发表的 "Discourse Analysis" 一文,标志着该领域的正式诞生。哈里斯强调,语篇分析不仅关注单个词素的意义,更致力于探索句子以上层次的语言模型,即对整个语篇结构的深入分析,以便更全面地理解作者的创作意图。

姜望琪(2011)[①] 在《Harris 的语篇分析》一书中,从历史的角度对哈里斯的理论与实践进行了详尽的探讨,对其打破句子界限、专注于实际话语的研究方法给予了高度评价,这为我们理解语篇分析的发展历程和核心理念提供了宝贵的视角。

语篇分析作为一种重要的语言研究方法,在语言教学中发挥着至关重要的作用。它是语言学习者对语言材料进行细致识别和精确标记的关键手段。在这个过程中,学习者需要运用一系列科学有效的方法,从整体上对语言进行深入分析。这不仅包括对整个语篇结构的把握,还涉及对句子组合规则的理解,以及各个句子之间复杂关系的洞察。此外,衔接和连贯等层面的分析也是不可或缺的部分,它们共同构成了语篇分析的完整框架。值得一提的是,语篇分析的过程并非孤立存在,而是深深植根于具体的情境中。在实际应用中,语言学习者需要紧密结合实际语境,对语言材料进行全面而深入的分析。这种情境化的分析方法不仅有助于提升学习者的语言理解能力,还能够有效促进他们在实际交流中的运用能力。

---

① 姜望琪 .Harris 的语篇分析 [J]. 外语教学,2011（4）： 13-17.

1. 语篇宏观分析

(1) 篇章结构

刘辰诞(1999)指出根据篇章的形式及内容结构对篇章进行分类进而形成了篇章模式。[①]

秦秀白在 2000 年提出,从语篇结构的宏观层面分析,体裁结构的不同会导致篇章模式的不同。[②]这一观点为我们理解不同类型篇章的结构和中心思想提供了重要的理论支撑。篇章类型主要分为记叙文、说明文、议论文及应用文四类。这四类篇章各有其独特的表达方式和功能,它们在传递信息和表达思想时各具特色。

记叙文是一种以阐述、描写为主要表现形式的文本。它通过细腻地描写和生动地叙述,将人物、事件、景色或物品等内容呈现在读者面前。在阅读记叙文时,可以从篇章模式中提炼出作者的写作顺序、描写手法以及情感表达,从而更好地理解作者想要传达的信息和情感。

说明文是以说明为主要表达方式,它通常用于详细阐释客观事物和抽象概念。通过说明文,可以更加深入地了解事物的本质和内在逻辑,从而获得正确的科学认识。在分析说明文的篇章模式时,可以关注作者的说明顺序、说明方法和例证选择,以便更好地把握文章的主旨和要点。

议论文通过罗列事实、陈述事理来表达作者的思想和主张。议论文的重点在于让人信服,因此作者在写作时会采用各种论证方法来支持自己的观点。在阅读议论文时,可以从篇章模式中识别出作者的论证思路、论据选择以及论证方法,从而更好地理解作者的立场和观点。

应用文是人类在长时间实践中创造的一种文体,它主要用于获取信息、处理事务、沟通感情等实际用途。应用文的篇章模式通常较为固定,包括信函、报告、通知等各种形式。在阅读应用文时,可以从篇章模式中快速提取出关键信息,以便更好地应对实际应用场景。

在进行语篇阅读时,通过对篇章模式的分析,可以更有效地提炼出语篇的框架结构,进而理解其整体意义并明确体现其中心思想。这有助

---

① 刘辰诞. 教学语篇语言学 [M]. 上海: 上海外语教学出版社, 1999: 2.
② 秦秀白. 体裁教学法述评 [J]. 外语教学与研究, 2000 (01), 42-46+79.

于我们更加清晰地了解作者的创作意图,提高阅读理解和分析能力。同时,篇章模式理论也为读者在阅读过程中提供了理论支撑和实践途径,使读者能够从头到尾透彻地识别语篇,提取整体结构和中心思想。

（2）图式理论

在深入探索阅读理解的奥秘时,发现读者的语言图示储备是阅读理解的基础,而内容图式的储备则决定了读者能否深入剖析语篇的深层内涵。内容图式这一关键概念涉及与文本紧密相关的背景知识和读者已有的丰富经验。从根本定义出发,内容图示需要与时俱进,不断更新和扩充,以接纳先进思想、了解不同文化、储备丰富多样的知识。

在实际的教学过程中,教师应当着重深度剖析文本中的文化背景知识,解析作者的写作思想,从而丰富学生的内容意识。这样做不仅能使学生在阅读相关语篇时更加得心应手,而且能培养他们的跨文化意识和全球视野。例如,当学习一篇关于古希腊神话的课文时,教师可以先介绍希腊文化的背景和神话的起源,帮助学生构建关于这一主题的内容图示,使他们能更好地理解课文中的深层含义和象征意义。

同时,形式图式在阅读理解中也扮演着重要角色。通过形式图式,读者可以更好地理解语篇的结构和体裁,并从中推断出题材和信息,从而实现更有效地阅读。在日常教学中,教师可以通过引导学生分析不同体裁的文本结构,帮助他们掌握各种体裁的特点和阅读技巧。例如,在阅读一篇科学论文时,教师可以教授学生如何识别论文的引言、主体和结论部分,以及如何通过阅读摘要和关键词快速把握文章的主旨和要点。

2.语篇微观分析

（1）语篇衔接的定义

语篇衔接是语言学中的一个重要概念,它涉及篇章内部的连贯性和一致性。简单来说,衔接是连接不同句子或段落之间的桥梁,使整个篇章在逻辑上形成一个完整的整体。这种衔接不仅体现在词汇和语法层面,还涉及语义和语用等多个方面。

在词汇层面,衔接主要通过同义词、反义词、上下义词等词汇关系来实现。例如,在描述一个事件时,作者可能会使用不同的词汇来表达相同的概念,以增加篇章的丰富性和多样性。这种词汇衔接有助于读者更好地理解作者的意图和表达。

在语法层面，衔接主要通过句子之间的连接词、代词、省略等手段来实现。连接词如"然而""而且"等可以明确表达句子之间的逻辑关系；代词可以替代前文提到的名词，避免重复；省略可以简化句子结构，提高篇章的流畅性。这些语法衔接手段都有助于增强篇章的连贯性和可读性。

除了词汇和语法层面，衔接还涉及语义和语用层面。在语义层面，衔接需要确保篇章中的各个部分在意义上是相互关联的。例如，在描述一个过程时，作者需要确保各个步骤之间的逻辑关系是清晰的，以便读者能够按照正确的顺序理解整个过程。在语用层面，衔接则需要考虑读者的认知能力和文化背景等因素。作者需要使用适当的语言和表达方式，以确保读者能够准确理解篇章所传达的信息。

（2）语篇衔接的分类

韩礼德（1964）[①]首次提出衔接是一种连接两个句子或话语的概念。在 *Cohesion in English* 一书中韩礼德和哈桑（Halliday & Hasan, 1976）[②]进一步说明：衔接是语篇的特征，它反映了语篇的表层结构、证明了语篇中每句话都存在着内在联系。在黄国文（1988）的论述中，他深入探讨了语篇衔接的重要性及其分类。[③]他明确指出，语篇衔接可以分为两大类：语法衔接和词汇衔接。这两大类衔接手段在构建连贯的语篇中起到了不可或缺的作用。语法衔接是通过语法手段来实现句子或段落之间的连接。它主要包括四种类型：照应、省略、替换和连接。

照应是一种重要的语法衔接手段，通过使用代词等语法手段来表示语义关系。它可以分为人称照应、指示照应、对比照应和分句照应。例如，在句子"他买了一本书，那本书很有趣"中，"那本书"就是一个代词，通过照应前文的"一本书"来构建语义关系。

省略是为了避免重复，突出文章的重点内容，并更好地联系上下文。在省略中，主语、谓语、补语及其他部分都可以被省略。例如，在句子"我喜欢吃苹果，你也喜欢吃吗？"中，第二个句子省略了"喜欢吃"这个谓

---

① Halliday, M. A. K. *The linguistic study of literary texts*[M].Proceedings of the Ninth International Congress of Linguists, 1964.
② Halliday, M. A. K. & R.Hasan. *Cohesion in English*[M].London: Longman, 1976.
③ 黄国文.语篇分析概要[M].长沙：湖南教育出版社，1988：10-11.

语部分,使句子更加简洁明了。

替换是指用其他词语来替代上文中出现过的词语,以避免重复,并更好地联系上下文。替换可以分为名词性替代、动词性替代及小句型替代。例如,在句子"他买了一辆车,那辆车很快就坏了"中,"那辆车"就是名词性替代,替代了前文的"一辆车"。

连接则是通过因果关系、时间顺序、地点转移等方式来达成句子或段落之间的连接。例如,在句子"他努力学习,因此取得了优异的成绩"中,通过"因此"这个词来连接前后两个句子,表达了因果关系。

除了语法衔接外,词汇衔接也是实现语篇连贯的重要手段。词汇衔接主要是通过词汇的重叠、同义、近义、上下义和组合等方式来完成的。例如,在句子"我喜欢吃苹果,苹果是我最喜欢的水果"中,"苹果"这个词在两个句子中都有出现,形成了词汇的重叠,从而增强了句子的连贯性。这些衔接手段可能是形式上的,也可能是语义上的。它们可能用来连接语句内部的单词,也可能用来连接语句相互之间的语义联系。无论是语法衔接还是词汇衔接,它们都是语篇中常见的实现连贯的方法。这些衔接手段通过构建词句间的制约关系,使语义关联变得明显,进而使读者能够更好地理解语篇的整体意义。

第二节　语篇语言学与翻译的融合理论

一、语篇衔接与翻译融合理论

(一)语篇衔接与翻译融合理论的研究

在 20 世纪 80 年代末之前,关于翻译中语篇衔接问题的专门性探讨相对稀少,几乎处于空白状态。但随着语言学和翻译学研究的深入,20世纪 90 年代初开始引起翻译学者的广泛关注。自此,语篇衔接理论不仅在语言学领域得到了广泛的应用,同时也成了翻译理论与实践中不可或缺的一部分。

对于英汉语篇的衔接与连贯问题,许多学者进行了深入的比较研究,并作出了重要的贡献。朱永生、郑立信和苗兴伟(2001)等人在其研究中详细探讨了英汉语篇衔接手段的差异与共性,为翻译实践提供了宝贵的指导。马广惠(2002)进一步分析了英汉语篇连贯性的不同特点,为翻译中的连贯性处理提供了有益的启示。随着研究的深入,越来越多的学者开始尝试将语篇衔接理论应用于翻译实践中。王建平(2003)、黄振定(2003)、刘庆元(2004)等人分别从不同角度探讨了语篇衔接理论在翻译中的应用,为翻译理论与实践的结合作出了积极的贡献。

进入21世纪后,篇章语言学的研究视角逐渐成为翻译研究的新热点。李运兴(2001)①在其著作中,将衔接理论与翻译研究相结合,深入探讨了语篇衔接、连贯等内在特征,为翻译实践提供了新的视角和思路。司显柱和陶阳(2014)②进一步强调了从语篇功能切入研究翻译语篇的重要性,提出了运用主述位结构理论和语篇的衔接与连贯机制研究译文语篇的构建方法。

除了对一般语篇的研究外,还有学者针对特定领域的语篇进行了深入的研究。李延林与刘连芳(2008)③专门探究了科技英语语篇中的词汇衔接与翻译策略,为科技翻译提供了重要的参考。胡峰笙、荆博及李欣(2012)④的研究则关注了语篇衔接理论在政治文献翻译中的实用性和有效性。他们通过分析政治文献的特点,强调了翻译实践中培养衔接意识的重要性,为政治文献的翻译提供了重要的指导。

(二)学术翻译中的语篇衔接

回顾语篇衔接理论的发展历程不难发现,它在翻译研究的语言学途径中占据了举足轻重的地位。衔接作为一种关键的文本构建手段,对于实现语言的连贯性起着至关重要的作用。在翻译这一复杂的两种语言之间的转换活动中,如何有效地再现或重构原文的衔接手段和连贯性,

---

① 李运兴.语篇翻译引论 [M].北京:中国对外翻译出版公司,2001:20.

② 司显柱,陶阳.中国系统功能语言学视角翻译研究十年探索:回顾与展望 [J].中国外语,2014,11(03):99-106.

③ 李延林,刘连芳.科技英语语篇中的词汇衔接与翻译策略新探 [J].中国科技翻译,2008(02):4-6.

④ 胡峰笙,荆博,李欣.语篇衔接理论在政治文献翻译中的应用——以《2010年政府工作报告》为例 [J].外语学刊,2012(02):89-91.

成为译者必须面对的挑战。

在语言学中,衔接被看作一种形式的联系,它标志着语篇中不同句子之间的关联。通过衔接,作者或说话者能够建立起跨越句子边界的关系,将文本中的句子紧密地联系在一起。然而需要注意的是,衔接和连贯是两个既有区别又紧密联系的概念。衔接是实现连贯性的手段,而连贯则是衔接所追求的目标。不同的语言文化在长期的发展过程中形成了各自独特的遣词、造句和谋篇方式。这些差异使翻译过程中的衔接问题变得更加复杂。在翻译过程中,译者需要充分考虑到源语和目的语之间的语言和文化差异,选择适当的衔接手段,以确保译文的连贯性和可接受性。

篇章作为一个宏观的语义结构,是由词汇网和逻辑网交织而成的。衔接在表层结构上表现为语篇中句子之间的关联,而连贯是语篇底层的逻辑体现。因此,在翻译过程中译者不仅要关注句子之间的衔接问题,还要关注整个篇章的连贯性和逻辑性。在学术翻译中,语篇衔接的重构问题尤为突出。学术翻译不仅涉及语言符号的转换,更要求译者在理解源语的基础上重新构建逻辑模式和语境因素。这就要求译者具备较高的语言能力和翻译技巧,准确地把握源语语篇的衔接特征和整体意义,同时运用适当的翻译策略和技巧将其转化为目的语的连贯性文本。

二、语篇连贯与翻译融合理论

(一)语篇连贯的内涵

韩礼德和哈桑(1976)曾提出,我们最好将语篇视为一个语义上的而非形式上的整体。这意味着,当我们理解和分析语篇时,应该更加关注其内在的意义和功能,而不仅是其外在的形式和结构。无论是口头还是书面表达,无论长度如何,只要它们能够传递完整的信息和意义,实现交际或其他特定功能,都可以被视为有效的语篇。

胡壮麟(1994)进一步指出,语篇是在一定语境下表示完整语义的自然语言。这个定义不仅强调了语义的完整性,还突出了语篇的功能性。在一个特定的语境中,语篇需要能够表达完整的意义,传递必要的信息,以实现交际目的或其他特定功能。因此,一则成功的语篇不仅需要在语义上完整,还需要在功能上有效。然而,无论是交际目的的达成还是其他语篇功能的实现,其前提都是将欲表达的信息形成一个语义整体。这意味着,组成语篇的各个语义单位需要在语义上相互关联,形成一个内在的逻辑结构。这种相互关联不仅使语篇的各个部分更加紧密地联系在一起,还使整个语篇更加易于理解和接受。这种相互关联形成一个语义整体体现了语篇的内在特征——连贯。连贯是语篇的一个非常重要的特征,它使读者或听者更好地理解和接受语篇所传递的信息和意义。一则连贯的语篇不仅在语义上完整,而且在逻辑上清晰,使读者或听者能够轻松地跟随作者的思路,理解其想要表达的观点和意图。在实际应用中,一则成功的语篇通常都具备高度的连贯性。无论是新闻报道、学术论文、广告宣传还是日常对话,只有当一则语篇在语义和逻辑上都紧密相连才能够有效地传递信息,实现其交际或其他特定功能。

张德禄(2000)[①]在其研究中深入探讨了语篇连贯性的三个关键层面,为我们揭示了连贯性如何在语言结构中得以实现并发挥作用。根据张德禄的观点,一则连贯的语篇必须具备语义关联性、整体性和功能性,这三个方面相互关联,共同构成了语篇连贯性的完整框架。

首先,从语义关联性来看,一则连贯的语篇要求各个组成部分在语义上相互关联,形成一个紧密的语义网络。这意味着,在构建语篇时,作者需要确保各个句子、段落之间在语义上保持连贯,避免出现语义上的断裂或冲突。这种语义关联性不仅有助于读者理解作者的意图,还能够增强读者的阅读体验,使读者能够更好地把握文章的主旨和要点。

其次,整体性是语篇连贯性的另一个重要方面。在构建一则连贯的语篇时,作者需要将各个语义单位有机地融合在一起,形成一个整体。这种整体性不仅体现在文章的结构上,还体现在文章的内容和风格上。通过合理安排段落、句子之间的逻辑关系,以及使用恰当的语言表达和修辞手法,作者可以使整个语篇更加紧凑、有力,从而提高文章的表达效果和说服力。

最后,功能性是语篇连贯性的核心所在。一则连贯的语篇不仅要具备语义关联性和整体性,还要能够在特定的情景语境中发挥特定的功能。这意味着,作者在构建语篇时需要充分考虑读者的需求和背景,以及文章所处的语境,从而选择恰当的语言表达方式和修辞手法,使文章

---

① 张德禄.论语篇连贯[J].外语教学与研究,2000(02):103-109.

能够更好地服务于读者和语境。例如,在撰写一篇科技论文时,作者需要使用专业术语和严谨的逻辑结构来确保文章的学术性和权威性;在撰写一篇新闻报道时,作者需要使用简洁明了的语言和生动的描写来吸引读者的注意力。

张建理(1998)[①]在回顾以往的连贯研究成果时,敏锐地观察到有关连贯性的研究主要围绕两个核心维度展开:语篇话题和语篇结构。这两个维度为连贯性的探究提供了丰富的视角和理论支撑。

首先,语篇话题是连贯性研究的重要方面之一。话题作为文本的核心内容,对于维持文本的整体性和连贯性起着至关重要的作用。一个清晰、明确的话题能够使读者在阅读过程中更容易理解和跟踪文本的发展。例如,在新闻报道中,标题往往直接点明报道的核心话题,帮助读者快速了解报道的主要内容。此外,话题的选择和安排也会影响文本的连贯性。话题之间需要存在逻辑关联,以形成连贯的叙述或论证。若话题之间缺乏联系,文本的整体连贯性就会受到破坏。

其次,语篇结构是另一个影响连贯性的关键因素。结构是文本的骨架,决定了文本的组织形式和表达方式。合理的结构安排能够使文本更加条理清晰、易于理解。例如,在学术论文中,作者通常会按照"引言、文献综述、研究方法、实验结果、结论"等部分来组织文章,这种结构安排符合读者的阅读习惯,有助于提高文本的连贯性。

此外,语篇中的句子衔接和段落过渡也是结构连贯性的重要体现。通过适当的衔接手段和过渡词语,可以使句子和段落之间更加紧密地联系在一起,增强文本的整体连贯性。

徐莉娜(2010)认为连贯得以实现的必要条件之一就是各语义单位之间共享主题。[②]在语言学中,语篇是指一系列连续的语言表达,它们共同构成了一个完整的思想或信息。这些语言表达,即语义单位,在构建语篇时并非孤立存在,而是围绕一个或多个共同的主题进行组织。这种共享的主题就像一根红线贯穿整个语篇,使各个语义单位在语义层面上紧密相连,形成了紧密的关联网络。每则语篇,无论长短,都有其独特的主题,这个主题是整个语篇的核心,也是所有语义单位围绕的中心。主题就像一棵大树的根,它统领着整个语篇的内容,为各个语义单位提

① 张建理. 连贯研究概览[J]. 外语教学与研究, 1998(04): 40-45.
② 徐莉娜. 翻译中主题句取向的语用视点[J]. 外语研究, 2010(03): 71-78.

供了生长的土壤。在这个大的主题下,还可以进一步划分出不同的子主题,每个子主题都是对主题的进一步细化或展开。这些子主题下又可以包含多个语义单元,这些语义单元是构成语篇的基本元素,它们可以是句子、短语、词汇等。每个语义单元都承载着特定的信息,它们围绕着子主题进行展开,形成了更为具体和详细的论述。这样,从主题到子主题再到语义单元,构成了一个逐级统辖的体系,使整个语篇在结构上呈现出连贯性和一致性。以一篇科技论文为例,整篇论文的主题是关于某种新技术的研发和应用。在这个主题下,可以划分出几个子主题,如新技术的原理、实验验证、应用场景等。每个子主题下,又可以包含多个语义单元,如新技术的原理部分可以包括其工作原理、技术优势等;实验验证部分可以包括实验方法、数据结果等;应用场景部分可以包括潜在的商业应用、社会价值等。这些语义单元共同构成了整个论文的内容,形成了紧密的关联和连贯的论述。这种基于主题的语义关联和连贯性不仅使语篇在结构上更加紧凑和有序,也提高了读者对信息的理解和接受度。当读者在阅读时,可以很容易地抓住主题,然后沿着主题线索逐步深入,理解各个语义单位之间的联系和逻辑关系,从而更好地把握整个语篇的核心思想。因此,在构建语篇时需要注意主题的明确性和统领性,同时也要注重各个语义单位之间的关联和连贯性。只有这样,才能构建出结构清晰、内容连贯、易于理解的优质语篇。

在探讨语篇连贯性时,除了关注主题,还应深入剖析其内在结构。这种结构并非随意堆砌,而是经过精心设计和组织,使各个语义单位在逻辑上形成一个有机整体。这种整体性的形成不仅体现了作者思维的严密性和逻辑性,还使读者在阅读过程中能够更顺畅地理解文章的含义和意图。

从更大的视角来看,语篇的谋篇布局是其连贯性的重要组成部分。这涉及文章的整体框架、段落划分,以及各个部分之间的逻辑关系。一个好的谋篇布局能够使读者在阅读时更容易抓住文章的主线,理解作者的思路。例如,在论述一个观点时,作者可能会先提出论点,然后通过举例、对比、因果分析等方式来展开论述,最后再得出结论。这样的布局方式不仅符合人们的阅读习惯,还能够使文章更加有说服力。

在微观层面,线性的局部连贯同样重要。这主要体现在句子之间的衔接和连贯上。例如,通过使用连词、代词、重复关键词等方式,作者可以将各个句子紧密地连接起来,形成一个语义上的整体。这种连贯性的实现既需要作者具备扎实的语言功底,也需要对文章的主题有深入的理解和把握。

值得注意的是,语篇连贯性的实现并非一蹴而就,而是需要作者和读者共同努力。在构建语篇连贯时,作者应充分考虑读者的文化背景和知识储备,确保所使用的语言和表达方式能够为读者所理解和接受。同时,读者在阅读过程中也应积极参与,运用自己的知识和经验去理解和解读文章的含义。

此外,虽然形式标记并非语篇不可或缺的组成部分,但它们在强化语篇连贯性方面确实起到了重要作用。例如,通过使用标题、分段、加粗等方式,作者可以更加清晰地呈现文章的结构和重点,帮助读者更好地理解和把握文章的主旨。

（二）译文语篇连贯构建

在翻译过程中,确保译文语篇的连贯性至关重要。这要求译者在理解原文的基础上,通过运用适当的翻译技巧和策略,确保译文在语言表达、逻辑关系和语义连贯等方面与原文保持一致。以下是一些建议,以帮助译者实现译文语篇的连贯构建:

首先,译者需要深入理解原文的语境和背景信息。这有助于把握原文的语义和语用功能,从而确保译文在语言表达和逻辑关系上与原文相符。在理解原文的过程中,译者应注意识别并保留原文中的关键信息点,如主题、观点、论证等,以确保译文能够准确传达原文的含义和意图。

其次,译者需要运用适当的翻译技巧和策略来确保译文的连贯性。包括选择合适的词汇和短语、调整句子结构、运用衔接手段等。在词汇选择方面,译者应根据语境和语义需要选择合适的词汇,以确保译文在语义上与原文保持一致。在句子结构调整方面,译者应根据汉语的表达习惯对原文的句子结构进行调整,以确保译文在语法和逻辑上更加通顺和自然。同时,译者还可以运用各种衔接手段,如代词、连词、重复等,以增强译文的连贯性和逻辑性。此外,译者还需要注意保持译文的语义连贯性。要求译者在理解原文的基础上,通过运用推理、解释和补充等手段,确保译文在语义上与原文保持一致。例如,在翻译一些隐含意义或言外之意时,译者需要根据上下文和语境进行推理和解释,以确保译文能够准确传达原文的深层含义和意图。

最后,为了确保译文的连贯性,译者需要进行反复修改和润色。包括对译文进行语法检查、逻辑梳理、语义调整等。通过反复修改和润色,译者可以不断完善译文的表达方式和语言质量,从而提高译文的连贯性和可读性。

综上所述,确保译文语篇的连贯性需要译者在理解原文的基础上,运用适当的翻译技巧和策略,并保持对译文的反复修改和润色。只有这样,才能确保译文在语言表达、逻辑关系和语义连贯等方面与原文保持一致,从而实现高质量的翻译效果。

第三节　语篇语言学指导下的英汉翻译实践

一、语篇衔接理论指导下的翻译实践

(一)语法衔接中的省略

省略就是在句子或篇章中故意省略某些词语或结构,而这些词语或结构在完整表达中是必不可少的。这种省略使读者或听者需要通过语境来填补信息空白,从而增强了语言的理解难度和趣味性。在汉语和英语两种语言中,省略现象都普遍存在。然而,由于汉语属于意合语言,其省略的情况要远远高于英语。意合语言的特点是,词语之间的关系主要通过语序和语境来体现,而不是通过形态变化来体现。因此,在汉语中,省略成为一种非常自然的表达方式,使语言更加简洁、流畅。例如,在汉语中我们常常可以看到这样的句子:"他去了北京,我也去了。"在这个句子中,"我也去了"省略了"北京"这个目的地,但是通过上下文,我们可以轻松理解"我也去了北京"。在英语中,这样的省略则相对较少,通常需要明确写出"I also went to Beijing"。省略在语篇中起到了至关重要的作用。它不仅能够简化句子结构,提高语言表达的效率,还能够创造出一种悬念和期待感,激发读者或听者的好奇心和探究欲望。同时,省略还能够突出重要信息,使语言更加聚焦和精准。例如:

Her brother Adrian Stephen's version, published by the Woolfs in 1936, is similar except for a more serious tone and some intimation of the spirit in which the group undertook their hoaxes, namely a "natural" opposition to authority.

初译：她的哥哥阿德里安·斯蒂芬的版本则是在 1936 年由伍尔夫夫妇出版的，情况相似，不过语气更加严肃，还提及布罗姆斯伯里团体制造骗局的精神，即对权威的"自然"抵制。

改译：她的哥哥阿德里安·斯蒂芬的版本则是在 1936 年由伍尔夫夫妇出版的，内容上与伍尔夫那版大体一致，不过语气更加严肃，还提及布罗姆斯伯里团体制造骗局的精神，即对权威的"自然"抵制。

分析：在深入研究上例的过程中，发现原句在表述上确实存在省略，特别是在"is similar"后的名词成分上。这种省略在文学或学术作品中并不罕见，因为它依赖于读者对上下文的理解和推理能力来填补信息空白。然而，这种简洁的表达方式也可能导致读者的误解，尤其是在涉及具体比较对象时。

联系上下文语境可以清晰地看出，原文中对比的是伍尔夫和阿德里安对无畏舰骗局的叙事方式。无畏舰骗局作为一个特定的历史事件，其叙事方式的不同可能涉及多个方面，如叙述角度、重点、情感色彩等。因此，在翻译时，我们需要确保这些细微的差异得以体现，以便读者能够准确地理解原文的意图。在初译时，译者可能出于精练译文的考虑，将"is similar"简单译为"情况相似"。然而，这样的翻译确实存在潜在的问题。它可能使读者误解为出版的情况相似，而非叙事方式的相似。由于省略了比较对象，使整个句子的语义变得更加模糊，不利于读者对原文的理解。

为了解决这个问题，可以对译文进行改进。可以明确比较的对象，即伍尔夫和阿德里安对无畏舰骗局的叙事方式。可以调整句子的结构，使其更加清晰易懂。例如，可以将原句译为："伍尔夫和阿德里安在叙述无畏舰骗局时采用了相似的叙事手法。"这样的表述既保留了原文的意思，又避免了潜在的误解。此外，还可以进一步拓展相关背景信息，以帮助读者更好地理解无畏舰骗局及其叙事方式。例如，可以介绍无畏舰骗局的历史背景、影响以及伍尔夫和阿德里安各自的叙事特点等。这样不仅可以增强文章的深度和广度，还可以吸引读者的兴趣，提高阅读体验。

（二）词汇衔接与搭配

词汇衔接指的是词与词之间存在的某种可识别的语义关系。这种关系可以是短距离的，也可以是长距离的，它们通过一定的语义链相互连接，形成连贯的文本。其中，复现关系便是词汇衔接中的一种重要形式。复现关系通常指的是一个词在文本中重复出现，或者通过同义词、近义词、反义词等方式进行替代或补充。这种关系能够帮助读者更好地理解文本，加强文本的逻辑性和连贯性。除了复现关系外，词汇之间的搭配关系也是词汇衔接中不可或缺的一部分。搭配关系是指两个或多个词汇由于经常出现在相同的语境中而获得的一种特殊的语义关系。这种关系并不是来自它们本身的词义关系，而是来自它们在特定语境中的共同出现。例如：

The opening scene, which takes the Ambroses from the West End to the East End through the maze of London streets bustling with the tumult of "the shooting motor cars, [...] the thundering drays, the jingling hansoms, and little broughams," highlights the novel's concern with routes and the ideas that underpin this concern.

初译：开篇，安布罗斯夫妇从伦敦西区走到东区，穿过迷宫般的伦敦街道，行人匆匆忙忙，"飞驰的汽车、[……]轰隆隆的货车、叮当作响的双轮马车和小马车"，这些描写突出了小说对路线的关注，以及支撑这种关注的思想。

改译：小说开篇，安布罗斯夫妇穿行在迷宫般的伦敦街道，从西区走到东区，一路上熙熙攘攘，"疾驰而过的汽车，轰鸣作响的运货马车，丁零当啷的汉瑟姆马车，还有精致小巧的四轮马车，"这些描写突出了小说对路线的关注和以路线为基础的主旨思想。

分析：在《远航》这部作品的开篇，我们看到了对伦敦街道的一段生动描绘。这段文字通过精心选择的词汇和句式，成功地营造了一个喧闹而充满活力的街道场景。其中，"tumult"一词就为我们奠定了整个句子的氛围基调，它传达出一种喧嚣和热闹的感觉。接下来，作者通过bustling和shooting thundering，jingling等词汇，进一步描绘了街道的繁忙和嘈杂。这些词汇不仅在形式上构成了连贯的句子结构，而且在音韵上也相互呼应，增强了整个句子的节奏感和韵律美。然而，在初稿的译文中,这些细腻的描绘并没有得到很好的体现。例如,bustling 被译为"匆匆忙忙",这样的翻译无法准确地传达出原文中街道行人的喧哗和繁忙。

此外,"支撑……关注"的词汇搭配也显得不够恰当,无法与原文的语境相契合。幸运的是,在改译中,译者巧妙地利用了汉语四字格结构的优势,将"飞驰"改译为"疾驰而过","轰隆隆"改译为"轰鸣作响"。这样的翻译不仅保留了原文的意境,还使整个句子读来更加朗朗上口,自然流畅。同时,"匆匆忙忙"也被改译为"熙熙攘攘",这样的词汇搭配更加符合汉语的表达习惯,也更能够凸显出以听觉为主导的语境特点。总的来说,修改后的译文不仅增强了前后文的衔接和连贯性,还成功地再现了原文的结构美。这样的翻译不仅传达了原文的基本含义,还使读者能够更加深入地感受到原文所描绘的伦敦街道的喧嚣和活力。这充分展示了翻译的艺术性和创造性,也让我们对翻译的重要性和魅力有了更加深刻的认识。

二、语篇连贯理论指导下的翻译实践

(一)调整线性局部连贯

在信息传递的过程中,句际连接扮演着至关重要的角色。句际连接是指不同句子之间在逻辑上的关联和衔接。在音乐治疗的语境中,这意味着我们需要将各种音乐治疗的理论、方法、实践案例等信息按照一定的逻辑顺序进行排列和组合,使读者在阅读过程中能够形成一个清晰、连贯的认知结构。为了实现这一目标,需要遵循一定的逻辑规律。比如,可以按照时间顺序、因果关系、分类归纳等方式来组织信息。以时间顺序为例,可以从音乐治疗的起源和发展讲起,逐步介绍各个历史阶段的重要人物、理论和方法,以及它们对音乐治疗领域的影响。这样,读者就能够清晰地看到音乐治疗的历史脉络和演变过程。另外,因果关系也是一个非常重要的逻辑规律。在音乐治疗中,很多方法和技巧都是基于某种理论或假设而产生的。因此,可以通过揭示这些方法和技巧背后的原因和动机,来帮助读者更深入地理解它们的本质和应用。例如,可以解释某种音乐治疗方法是如何通过影响人的情绪、生理反应等方面来达到治疗效果的。除了上述两种逻辑规律外，分类归纳也是一种常用的信息组织方式。通过将音乐治疗的不同方面进行分类和归纳，可以帮助读者更系统地掌握相关信息。比如，我们可以将音乐治疗的方法分为主动治疗法和被动治疗法两大类，然后分别介绍它们的特点、适用人群和实际效果等。当然，在组织信息时还需要充分考虑到读者的认知习惯和需求。比如，可以通过使用生动的比喻、形象的描绘等方式来增强文章的可读性和吸引力。同时，还可以通过引用相关研究成果、统计数据或实证研究来支持我们的观点或主题，从而提高信息的可信度和说服力。例如：

原文：①Densmore points out that among the Iriquois the word orenda is used to designate the universal indwelling spirit.　②Nothing was regarded by the Indian as supernatural, in our use of the term, but many Indians desired an orenda stronger than their own.　③When a medicine man began to treat a sick person the result depended upon the power of his orenda.　④Orenda could be put forth in song.　⑤Those who possessed orenda strong enough to do wonderful things were called medicine men.　⑥They were consecrated to their work, and the safety, success and health of their people depended on their efforts.

译文：①丹斯莫指出，易洛魁人用"奥伦达（orenda）"这个词指代普遍的内在灵魂。②他们不但不会像我们一样觉得这是一个虚无缥缈的存在，许多人还想拥有一个更强大的"奥伦达"。⑤那些"奥伦达"足够强大并因此而拥有神力的人就被称为医师。⑥他们恪尽职守，努力守护部落成员的安全、成功和健康。④给病人治疗时，③医师用歌声唤出"奥伦达"，治疗效果则取决于其"奥伦达"的力量。

部族中，有一种名为"奥伦达"的神秘力量，被部族成员所追求和珍视。这种力量被认为可以治愈疾病、安抚心灵，使部族成员在精神上得到滋养和提升。每个部族成员都渴望自己的"奥伦达"足够强大，因为它代表着个人的精神力量和部族中的地位。然而，这种力量并非人人都能拥有，只有那些经过特殊训练、具备天赋的人才能掌握并运用它。这些人被称为部落医师，他们是部族中的精神领袖，负责治疗疾病、传承文化和维护部族的和谐稳定。

部落医师运用"奥伦达"进行治疗的过程充满神秘色彩。他们通过歌唱、舞蹈和演奏乐器等方式,将"奥伦达"传递给患者,帮助他们恢复身体健康和心灵平衡。这种治疗方式不仅具有疗效,还能增强部族成员之间的凝聚力和归属感。在易洛魁部族中,医师的地位举足轻重。他们不仅具备医学知识,还拥有深厚的文化底蕴和卓越的个人品质。他们以其高尚的医德、精湛的医术和卓越的领导能力,赢得了部族成员的尊敬和信任。

在语篇叙述中,作者通过精心的句际连接逻辑,展现了"奥伦达"在易洛魁部族中的重要地位和作用。从人们对强大"奥伦达"的渴望,到部落医师的培训,再到他们运用"奥伦达"进行治疗的过程,作者巧妙地引导读者逐步了解这一神秘而富有魅力的文化现象。

通过对原文句序的调整,可以更加清晰地看到句际连接的逻辑关系如何从旧信息向新信息推进。从人们对"奥伦达"的渴望,到医师的称谓和职责,再到医师如何运用"奥伦达"进行治疗,这一系列的叙述使读者能够更加流畅地获取信息,思维也得以连续不断地推进。

（二）增加连贯的形式标记

尽管在语言学中,表层的形式标记并非实现语篇连贯的绝对必要条件,但在实际翻译过程中,译者常常会选择增加一些形式标记来优化译文的连贯性,帮助读者更快速地理解并获取信息。这种策略的主要目的是显化原文中潜在的语义关系,为读者提供明确的线索,从而辅助他们正确地理解并把握整个语篇的连贯性。在翻译过程中,译者常常会遇到源语言和目标语言在表达习惯、语法结构、词汇选择等方面的差异。这些差异可能会导致译文在语义上显得零散,缺乏连贯性。为了弥补这种不足,译者可以通过增加形式标记的方式,来显化原文中的语义关系,帮助读者更好地理解译文。

重复性衔接,顾名思义是指相同词汇或词根在文本的不同位置重复出现,从而形成了一种纽带关系。这种衔接方式有助于加强读者对文本的理解和记忆,使整个语篇在信息传递上更加流畅。例如,在一篇论述环保重要性的文章中,作者可能会多次使用"环境保护""可持续发展"等关键词汇,以强调其主题和核心观点。这种重复不仅增强了文本的内部联系,也使读者能够更加深刻地认识到环保的重要性。与重复性衔接不同的是,同义性衔接则是指词义相同或相近的词汇在文本中形成的衔接关系。同义性衔接通过不同的词汇表达相同的意义,既丰富了语言的多样性,又保持了文本的连贯性。例如,在描述一个愉快的家庭聚会时,作者可能会使用"欢声笑语""喜气洋洋"等同义词或近义词来表达欢乐的氛围。这种同义性衔接不仅避免了重复,还使文本更加生动有趣。然而,需要注意的是,无论是重复性衔接还是同义性衔接,它们都只是词汇衔接在形式上的反映和强化。真正使语篇各部分相互连接、形成整体连贯性的,是语义上的紧密关联。这种语义关联源于作者对于文本主题的深入理解和巧妙构思,是构建连贯语篇不可或缺的关键因素。例如:

原文:Many other cures are cited. Xenocrates employed the sound of instruments in the cure of maniacs; and Appolonius Dyscolos claimed that music was a sovereign remedy for dejection of the spirits and a disordered mind, and that the sound of a flute would cure epilepsy and sciatic gout. Athenaeus rendered the cure for gout more certain by playing music in the Phrygian mode, while Aulus Gellius insisted that the music be soft and gentle, the opposite of the furious Phrygian. Coelius Aurelianus introduced a concept which reappeared at several widely separated times. He called it loca dolentia decantare, or enchanting the disordered places.

译文:伯尼还引用了许多其他的音乐治疗案例。古希腊哲学家齐诺克雷蒂用乐器声治疗疯子;古希腊数学家阿波洛尼乌斯·迪科洛斯声称音乐是治疗精神沮丧和精神错乱的最佳方法,认为长笛声可以治疗癫痫和坐骨神经痛。古罗马作家阿特纳奥斯进一步确定了治疗痛风的音乐是弗里吉亚调式,另一古罗马作家奥拉斯·哲利阿斯却坚持认为音乐要舒缓柔和,与慷慨激昂的弗里吉亚调式截然相反。古罗马医学家塞利乌斯·奥雷利安努斯则提出用音乐来迷惑身体疼痛的部位,该想法曾多次间隔较长时间出现。

张建理(1998)提出的语篇连贯理论,强调了识别语义关系与挖掘共同主题的重要性。这一理论在深入解析文本时为我们提供了一个清晰的分析框架。以一篇关于古希腊和古罗马时期音乐治疗的文章为例,作者巧妙地通过多个案例来展示这两个时期的音乐治疗实践。

　　从语义关系的角度来看,作者精心地按照古希腊和古罗马两个时期,对案例进行了分类叙述。这种归类不仅使文章的结构清晰,还使句际之间的逻辑链条紧密相连,完全符合读者的认知习惯。通过这样的布局,读者能够轻松地理解各个案例与文章主题之间的关联性,以及各案例之间的内在联系。译者在翻译时,为了帮助大部分可能不熟悉相关人物的读者,特地补充了各个人物所属的历史时期及其身份。这样的做法不仅使文章更加完整,也为读者提供了更多的背景信息,有助于他们更好地理解文章的内容。此外,译者在标注人物信息时,反复使用了"古希腊"和"古罗马"这两个词汇。这种做法不仅突显了各案例与文章主题的相关性,还通过词汇的重复性衔接,强化了案例之间的语义连贯。这种处理方式使文章更加易于理解,有助于读者更好地把握其中的语义关系网络。

　　在英语和汉语这两种不同的语言中,形合与意合的差异是显著的。英语倾向于使用形式化的连接手段,如连词、关系代词和关系副词等,来明确地表示句子之间的关系,呈现出一种逻辑严谨的结构。而汉语则更注重通过语境和语义的隐含来传达信息,句子之间的连接往往不那么明显。然而,这并不意味着英语完全依赖于显性手段来表达语义,而汉语则全是隐性连接。实际上,两种语言在表达过程中都会使用到显性和隐性的连接手段,只是侧重点不同而已。在英汉互译的过程中,译者需要关注两种语言在衔接手段上的差异,并进行相应的转换。英语中的显性连接手段,如连词、关系代词和关系副词等,可以直译为汉语中的显性连接词,如"和""但是""因此"等。然而,由于汉语更注重意合,译者也可以将这些显性连接词转换为隐性的连接方式,如通过调整语序、增加上下文信息或使用成语、谚语等方式来传达相同的逻辑关系。同样地,在将汉语翻译为英语时,译者也需要关注两种语言在衔接手段上的差异。由于汉语的句子之间往往缺乏明确的连接词,译者需要通过分析语境和语义关系,添加适当的显性连接手段来使译文更加清晰易懂。例如,可以使用连词来明确表达句子之间的并列、转折或因果关系,或者使用关系代词和关系副词来构建更加紧凑的句子结构。

　　此外,胡壮麟(1994)也指出,通过语篇中的连接性词汇,读者不仅可以把握句际语义关系,还可以依据一定逻辑推测后续语句的内容。[1]

---

[1]　胡壮麟.语篇的衔接与连贯[M].上海:上海外语教育出版社,1994:1-3.

这一观点强调了连接性词汇在语篇理解和生成中的重要性。因此,译者在翻译时可适当增加译文中的连接性词汇,以提高译文的连贯性和逻辑性。连接性词汇不仅包括语法连词,还包括可以体现语篇各成分语义联系的副词和介词词组等。例如,在翻译一些长句或复杂句时,译者可以添加一些副词或介词词组来明确表达句子之间的逻辑关系,从而使译文更加易于理解。

第八章 计算机语言学与翻译
的深度融合与渗透

当今社会,信息化浪潮席卷全球,国家间的竞争已从传统的经济、科技、军事等领域逐渐转向了以信息技术为核心的新兴领域。语言学与语言信息处理的技术水平,作为衡量一个国家现代化水平的重要标志之一,日益受到世界各国的关注。在这个背景下,计算机语言学应运而生,成为一门跨学科、综合性极强的研究领域。计算机语言学,简单来说,就是运用计算机技术对语言进行科学研究。它旨在探讨计算机与人类语言之间的互动关系,研究如何利用计算机技术对语言信息进行高效处理和分析。计算机语言学的出现不仅为语言学的研究提供了全新的视角,也为信息技术的发展提供了丰富的应用场景。本章重点研究计算机语言学与翻译的深度融合与渗透。

第一节 计算机语言学理论阐释

一、计算机语言学的定义

计算机语言学作为一门涉及计算科学与语言学的交叉学科,具有丰富的研究内容和广阔的应用前景。从不同立场和维度审视计算机语言学,有助于更全面、深入地理解这一领域的本质、发展历程和未来趋势。

计算机语言学主要研究自然语言与计算机处理两大层面。[①]

---

① 夏中华.应用语言学:范畴与现况(下册)[M].上海:学林出版社,2012:578.

第八章　计算机语言学与翻译的深度融合与渗透

（一）自然语言

自然语言,如英语、汉语、西班牙语、法语等,是人们在日常生活中广泛使用的交流工具。这些语言在人类社会中扮演着至关重要的角色,不仅用于沟通思想、表达情感,还承载了各个领域的知识体系。自然语言的特性和规则是计算语言学研究的核心内容,因为这些特性和规则是计算机处理语言问题的基础和首要前提。

计算机语言学是一门研究如何让计算机处理和理解人类语言的学科。在这个过程中,研究者需要深入探讨自然语言的内在规律,以便设计出更加智能的算法和模型。这些算法和模型可以帮助计算机实现诸如语音识别、机器翻译、情感分析等任务,从而更好地服务于人类社会。

自然语言的特性和规则包括以下几个方面:

语法:语法是自然语言的结构规律,它决定了句子成分的排列组合方式。不同语言的语法规则各具特色,如英语和汉语的语法结构就有很大差异。研究语法规则有助于计算机更好地解析和生成自然语言。

词汇:词汇是自然语言的基本单元,它们通过组合形成句子。词汇的丰富性和多样性使自然语言具有表达各种意义的能力。对于计算机来说,掌握词汇及其含义是实现语言处理的关键。

语义:语义是自然语言的意义层面,它涉及词汇、句子和篇章层面的含义。计算机需要理解语义关系,才能真正意义上地理解人类语言。目前,许多研究致力于揭示语义关联的规律,以提高计算机处理语言的智能水平。

语用:语用是指自然语言在实际交流中的应用,包括语境、语篇、修辞等。了解语用规律有助于计算机更好地适应实际场景,提高交流效果。

情感:自然语言中蕴含着情感信息,这些情感反映了说话者的态度和观点。计算机识别和处理情感信息,有助于实现更加人性化的交互。

总之,自然语言的特性和规则是计算机语言学研究的重点,掌握这些规律有助于发展更加高效、智能的计算机语言处理技术。随着人工智能技术的不断发展,未来计算机在处理自然语言方面的能力有望不断提高,为人类社会带来更多便利。

(二)计算机处理

计算机语言学是一门研究如何让计算机处理和理解自然语言的学科。在这个过程中,了解和掌握自然语言的特性和规则仅仅是第一步。知识挖掘、形式表示和软件编制三个步骤构成了计算机处理自然语言的基本流程。

知识挖掘是计算语言学中的重要环节。要对自然语言的文字与各级语言单位的组合规则进行深入探究,挖掘出其中的规律性和特点。文字即语言的书写系统,是表达语言信息的基础。各级语言单位,包括音素、音位、语素、词、短语、句子、语篇等,是构建语言结构的基本单元。对这些单位的研究,有助于更好地理解自然语言的内在机制。

形式表示是将自然语言的特性和规则以计算机可以理解的方式呈现出来。这需要将抽象的语言现象转化为具体的数学模型或逻辑形式,以便计算机能够进行处理。自然语言的规则复杂多变,因此,研究自然语言特性与规则之间的关系以及处理策略,并以形式化的方式表示出来,是十分必要的。

在完成了知识挖掘和形式表示的基础上,可以开始编写处理自然语言的软件程序。通过选择合适的计算机程序和编程语言,将自然语言的处理逻辑嵌入到软件中,使其具备处理和生成自然语言的能力。这一步骤的目标是实现计算机对自然语言的自动化处理,从而满足人们在日常生活和工作中的需求。

总之,计算语言学旨在让计算机能够有效地处理和理解自然语言。知识挖掘、形式表示和软件编制这三个步骤,构成了实现这一目标的基本途径。只有深入研究自然语言的特性和规律,并以形式化的方式表示出来,才能使计算机更好地理解和生成自然语言。在此基础上,编写相应的软件程序,才能最终实现计算机处理自然语言的目的。随着计算机语言学的发展,人工智能助手等应用将越来越广泛,为人类的生活带来更多便利。

二、计算机语言学的研究内容

（一）计算机语音学

计算机技术的发展历程可以说是一部不断创新和拓展的历史。从最早的仅限于数据处理和运算功能，到后来涉及图像、视频、网络等多个领域，计算机技术的应用范围不断扩大。在这个过程中，音频处理技术也逐渐崭露头角，使计算机能够触及声音的世界，这就催生了一个新兴的学科领域——计算语音学。

计算机语音学作为一门跨学科的领域，不仅涉及计算机科学，还包括语言学、声学、信号处理等多个学科。它的研究核心是如何让计算机理解和生成人类语音。为了实现这一目标，研究人员需要对人类的语音特征和变化规律进行深入研究，然后通过计算机技术将这些语音特征数字化，从而实现对语音的识别和合成。

在计算机语音识别领域，科学家们已经取得了一系列显著的成果。例如，Read Please 等实用价值很高的语音软件可以有效地帮助人们进行语音阅读。然而，尽管计算机在合成语音方面已经取得了很大的进步，但在识别语音方面仍存在一定的难度。这主要是因为人类的语音信号复杂多变，受到发音、语气、环境等多种因素的影响。因此，计算机语音学的研究仍然具有很大的挑战性。

（二）计算机词汇学

作为一门新兴的学科领域，计算机词汇学正逐渐展现出其强大的潜力和广泛的应用前景。它以语言学、计算机科学和数学为基础，通过运用计算方法和算法来研究词汇的生成、演化、分布和使用规律。

计算机词汇学的研究领域广泛而深入。一方面，它关注词汇的生成和演化机制，通过分析大量语料库和语料数据，揭示词汇发展的内在规律和趋势。这有助于更好地理解语言的演变和发展，并为语言教学和词典编纂提供科学依据。另一方面，计算机词汇学也关注词汇的分布和使用规律。通过对语料库中的词汇进行统计和分析，可以了解不同词汇在不同语境中的使用频率、搭配关系和语义关系。这有助于更准确地理解词汇的含义和用法,提高语言运用的准确性和表达能力。此外,计算机词汇学还致力于开发和应用词汇分析工具和算法。这些工具可以帮助快速准确地识别、提取和分析语料库中的词汇信息,提高语言处理的效率和质量。同时,这些算法也可以应用于自然语言处理、机器翻译、信息抽取等领域,推动相关技术的发展和创新。计算机词汇学将语言学、计算机科学和数学等多个学科领域的知识和方法融合在一起,为人们提供了全新的视角和工具来研究词汇的生成、演化、分布和使用规律。随着技术的不断发展和应用的不断拓展,计算机词汇学必将在未来的语言研究和应用中发挥更加重要的作用。

(三)计算机语法学

在探索自然语言处理领域时,需要深入研究句子结构,以便更好地理解自然语言。为了实现这一目标,对句子进行语法分析是至关重要的。当用计算机处理句子时,表面上看来,它们只是一串词汇的组合,但实质上,需要计算机对它们进行深入的结构分析。

在语言学和计算机科学交叉的领域,句法分析是一个核心任务。它涉及对句子中词语的排列组合进行解析,以揭示出句子内部的句法结构。这一过程并非简单地将词语堆砌在一起,而是需要遵循一定的语法规则和语言习惯。在分析过程中,会遇到一系列的问题,这些问题构成了句法分析的核心挑战。

首先,需要判断句子中的一个词与其前后的词是否能组成一个句法结构。这需要具备一定的语法知识和经验,以便识别出哪些词语可以组合在一起,形成合法的句法结构。例如,在英语中,the 和 cat 可以组成一个定中结构,而 the 和 run 则不能。如果能够判断出一个词语与其前后词语可以组成句法结构,那么接下来的任务就是要确定这个结构的具体类型。这需要进一步分析词语之间的语法关系,如主谓关系、动宾关系等。

在确定了句法结构的类型之后,还需要考虑这个结构如何与其他词组成更大的句法结构。这涉及句法结构的嵌套和组合问题。例如,在句子 "The cat is running in the garden." 中,the cat 和 is running 分别构成了主语和谓语结构,而 in the garden 则作为状语结构修饰谓语。这些结构相互嵌套,共同构成了整个句子的句法结构。

　　如果某个词不能与其他词组成句法结构,需要思考这个词如何展开,以及它是如何与其他词组合以构成相应的句法结构。这可能需要运用一些特殊的句法规则或策略,如词汇化规则、省略规则等。例如,在汉语中,"了"作为一个助词,通常用于表示动作的完成或实现。当它与动词结合时,可以构成一个完整的谓语结构,如"他吃了饭了"。

　　为了解决这些问题,可以采用不同的句法分析策略或算法。这些算法通常根据分析的方向和方式进行分类,如自顶向下分析法、自底向上分析法和线图分析法等。自顶向下分析法通常从句子的高层结构开始,逐步向下分析到具体的词语;自底向上分析法则从词语出发,逐步向上组合成更大的句法结构。线图分析法则通过构建句子的线图来揭示句法结构。

　　然而,值得注意的是,这些算法在实际语言情境中是否能顺利进行句法处理,还有待验证。不同的语言具有不同的语法特点和语言习惯,这可能导致某些算法在某些语言中表现不佳。此外,句法分析还受到其他因素的影响,如词语歧义、句法结构复杂性等。因此,需要不断地对句法分析算法进行优化和改进,以适应各种语言环境和应用需求。

　　在自然语言处理领域,词法分析和句法分析是两个关键环节。词法分析关注词汇层面,如词性、词义等;句法分析则聚焦于句子结构,旨在揭示句子中各成分之间的关系。通过这两个环节,可以更好地理解自然语言,从而在计算机领域实现更高效、更精确的语言处理。

　　在实际应用中,自然语言处理算法需要根据具体场景和需求进行优化和调整。例如,在机器翻译领域,句法分析可以帮助更准确地理解源语言和目标语言之间的关系,从而提高翻译质量。同样地,在语音识别和文本生成领域,句法分析也有助于提高识别和生成的准确性。

　　总之,对句子结构进行语法分析是自然语言处理的重要任务。通过研究不同算法和策略,可以更好地理解自然语言,从而在计算机领域实现更高效、更精确的语言处理。

（四）计算机语义学

　　语言,作为人类交流的重要工具,其形式与意义始终是紧密相连的。通过语言的形式,传递和表达着丰富的意义。然而,这种形式与意义的关系并非简单直接,而是呈现出复杂的层次性。计算机语义学的研究,正是为了揭示其中的奥秘,让计算机能够更好地理解自然语言。

首先需要明确的是,语言形式与意义的联系在不同层次上有着不同的表现。比如,在音素这一层,语言形式与意义的关系可能相对简单;而随着层级的上升,如到达词、短语、句子等层次,这种关系则会变得更加复杂。这就意味着,要全面理解语言的意义,需要从不同层次去分析语言的形式。然而,语言的复杂性远超想象。以词汇为例,同一个词汇在不同的语境中可能有着完全不同的含义,这就是一词多义的现象。要解决这个问题,就需要在计算机系统中构建一个语义网络,这个网络能够明确地描述同一词汇在不同环境中所呈现的不同含义。借助这样的语义网络,可以更加准确地理解词汇的真正意义,从而更好地分析语言形式与意义之间的联系。

为了使计算机能够更好地理解语言意义,还需要在系统中配备充足的资源。例如,构建一个庞大的词汇库,其中包含词汇的各种含义及其出现的语境;或者建立一个句子结构分析模型,以便更好地理解句子的意义。这样,计算机在处理语言时,就能更加全面、准确地理解其中的意义。

总之,计算机语义学的研究对于理解语言的形式与意义具有重要意义。通过分析不同层次的语言形式,揭示其与意义之间的联系,可以更好地理解自然语言。

(五)机器自动学习

自然语言中蕴含了丰富的知识,这对于人工智能助手来说无疑是一座宝贵的知识宝库。然而,要从这座宝库中提取有价值的信息,解析每一个知识点,无疑是一项耗时耗力的工作。在传统的语言工程实施过程中,这种挑战显得尤为突出。为了克服这一难题,可以借助计算机的强大运算能力,设计并构建一个基于已有语言知识的分析模型。

值得注意的是,机器自动学习在语言处理领域的应用前景非常广泛。例如,它可以用于加工和标注语料库,为后续的语言分析提供高质量的数据支持。此外,机器自动学习还可以用于改进专家系统,使其能够更好地理解和处理复杂的语言问题。

总之,借助计算机运算技术,有望实现对自然语言的深度分析和理解,为语言工程的发展提供有力支持。通过设计并构建自动纠错和获取知识的系统,可以在节省人力和时间的同时,不断提升计算机在语言处理领域的智能水平。这将有助于推动我国语言工程领域的发展,为人工智能技术在各行各业的应用奠定坚实基础。

第二节　计算机语言学与翻译的融合理论

一、机器翻译概念的界定

机器翻译,一种令人惊叹的技术,能够在没有人为干预的情况下,将文本从一种语言无缝转换为另一种语言。这种转换不仅是简单的单词替换,而是深入到语法、语境和文化的多维度转换。从输入输出的角度来看,机器翻译实际上是一种序列到序列(Seq2Seq)的任务,这种任务在计算机科学中具有重要意义。想象一下,当你读到一个用你不熟悉的语言写成的文本时,机器翻译能够帮助你理解这段文字的含义。不仅如此,机器翻译还能够考虑大量的语料库,从而生成更符合人类正常表述的翻译结果。这种能力使机器翻译不仅是一个工具,更是一个能够理解并传达人类思想的桥梁。机器翻译的核心在于其强大的算法和大量的训练数据。通过深度学习技术,机器翻译模型能够学习源语言和目标语言之间的复杂关系,从而生成高质量的翻译结果。同时,大量的语料库也为模型提供了丰富的学习材料,使机器翻译能够在翻译过程中更加准确和灵活。

二、机器翻译相关术语

（一）计算机翻译

计算机翻译的起源可以追溯到 20 世纪 40 年代,当时人类刚刚发明了计算机。计算机的出现带来了前所未有的可能性,其中之一就是实现语言之间的自动转换。不久之后,两位杰出的专业人士,美国的科学家韦弗(W. Weaver)和英国的工程师布斯(A. D. Booth),提出了利用计算机进行翻译的想法。他们认为,借助计算机系统可以将一种自然语言准确地转换为另一种自然语言。

随着计算机技术的不断发展,20世纪50年代,计算机研究迎来了一股热潮。在这个特殊的社会背景下,计算机翻译(computer translation)这一术语应运而生,并得到了广泛的应用。这标志着语言翻译进入了一个全新的时代,人类开始探索通过计算机实现不同语言之间的自动转换。

韦弗和布斯的远见和创见为计算机翻译领域的发展奠定了基础。他们的研究推动了计算机翻译从理论走向实践,使机器翻译成为现实。此外,他们的观点也激发了更多科学家和工程师投身于计算机翻译领域的研究,为后来的计算机翻译技术发展积累了宝贵的经验。然而,计算机翻译的实现并非易事。从20世纪50年代开始,研究人员就一直在努力探索如何让计算机更好地理解人类语言,并实现不同语言之间的准确转换。这一过程充满了挑战,包括语言的复杂性、语法规则的多样性、词汇的丰富性,以及不同语言之间的文化差异等。

尽管如此,计算机翻译领域的研究取得了一系列重要的成果。从最初的基于规则的翻译方法到后来的统计机器翻译、神经机器翻译等,计算机翻译技术在不断地迭代和发展。如今,随着人工智能技术的飞速进步,计算机翻译已经取得了显著的突破,不仅在学术领域取得了广泛的应用,还为各行各业提供了便捷的翻译服务。

(二)互联网机器翻译

在当前互联网高速发展的时代,大量的双语及多语资源不断涌现,为翻译领域带来了前所未有的机遇。随着双语资源和单语资源的持续增加,翻译质量在客观上得到了一定程度的提升,如图8-1所示。

在语料处理方面,研究者们致力于构建大规模、高质量的平行语料库,以提高机器翻译的训练数据基础。同时,采用数据清洗、去噪等技术,提高语料的质量。

在模型技术方面,研究者们不断探索先进的翻译模型,如神经网络翻译模型、注意力机制等,以提高翻译的准确性和流畅性。此外,结合迁移学习、增量学习等技术,实现模型在有限数据上的高效训练和优化。

　　在翻译方法方面,研究者们研究了各种翻译策略,如自适应翻译、基于用户需求的翻译等,以满足不同场景和需求下的翻译任务。同时,引入人工智能技术,如自然语言处理、语音识别等,实现自动化、智能化的翻译过程。

　　在互联网飞速发展的大背景下,我国学者通过对互联网资源和翻译特征的深入分析,积极探索互联网机器翻译的解决路径,为提高翻译质量和满足复杂需求提供了有力支持。在未来,随着技术的不断进步,互联网机器翻译有望为全球用户提供更加高效、智能的服务。

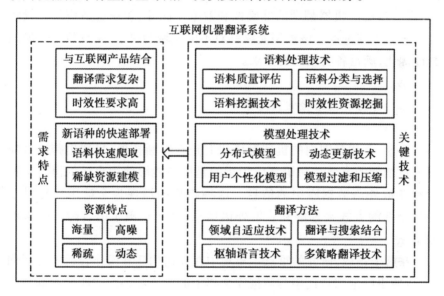

图 8-1　互联网机器翻译特点和技术

(资料来源:王海峰、吴华、刘占一,2011)

三、机器翻译的发展

(一)基于语义的翻译模型

　　随着人工智能技术的不断发展,基于语义的翻译模型有望取得重大突破,为我国机器翻译事业带来新的发展机遇。此外,学者们还应关注其他方面的研究,如跨语言信息处理、领域自适应翻译模型等,以期在多元化的研究领域中不断丰富和发展机器翻译理论体系。

近年来,我国在人工智能领域取得了举世瞩目的成果,特别是在机器翻译领域,通过深度学习、自然语言处理等技术的深入研究,基于语义的翻译模型逐渐成为研究热点。该模型能够更好地理解原文的含义,从而实现更准确、更自然的翻译效果,为我国机器翻译事业带来了新的发展机遇。

在此背景下,跨语言信息处理成了一个重要的研究方向。通过对不同语言之间的关联性进行深入研究,可以实现跨语言的信息传递和理解,进一步提高机器翻译的准确性和效率。此外,领域自适应翻译模型也是一大研究重点。该模型能够针对不同领域的要求,实现特定领域的翻译优化,满足各类用户的需求。

(二)跨语言网络检索信息系统

如今,全球范围内的机器翻译研究正在不断拓展,呈现出跨语言应用日益增加的态势。跨语言应用指的是用户能够使用自己的语言来搜索和获取外语数据库中的信息。这种趋势的涌现为全球用户提供了一种全新的方式来理解和获取外语信息,从而打破了语言障碍带来的限制。

在这个领域,研究的重点主要集中在如何构建和操作合适的翻译词典,以便更好地实现词串与数据库文档中的词语和词组的匹配查询。翻译词典作为机器翻译的核心,其质量和准确性直接影响到翻译结果的好坏。因此,如何制定有效的策略来构建高质量的翻译词典,成为当前研究的关键。

对于跨语言应用来说,词语的多样性以及语言之间的差异性使构建翻译词典变得极具挑战性。这要求研究者在设计和构建翻译词典时,需要充分考虑到各种语言的特点,以及词语在不同的语境下的含义变化。只有这样,才能确保翻译词典的准确性和适用性。

随着互联网技术的快速发展,大数据为机器翻译提供了丰富的语言资源。研究者可以利用这些大数据资源来优化和更新翻译词典,提高翻译质量。同时,基于大数据的机器学习算法也可以帮助机器更好地理解用户输入的文本,从而提高翻译的准确性和效率。

为了实现更高质量的跨语言应用,研究者还需要关注新兴的语言技术,如神经机器翻译。神经机器翻译利用深度学习技术,可以自动学习和优化翻译词典,从而提高翻译质量。相较于传统的规则 based 方法,神经机器翻译具有更高的自适应性和准确性,有潜力成为未来跨语言应用的主流技术。

随着机器翻译研究的深入,跨语言应用将越来越广泛,为全球用户提供便捷的外语信息获取途径。构建高质量的翻译词典和运用新兴的语言技术,将成为实现更高效、准确的跨语言应用的关键。

（三）多项技术的有机融合

随着社会的不断进步和发展,机器翻译领域的研究也在不断突破和创新。在这个过程中,可以明显观察到这样一个趋势:多项技术正在相互融合,共同为解决机器翻译中的各种问题助力。无论是基于统计的方法,还是基于规则的方法,单独依靠某一种技术都无法彻底解决机器翻译所面临的种种挑战。过去,曾一度认为,单一的方法可以轻松实现机器翻译的预期效果。然而,现实却颇为骨感。如今意识到,要想在机器翻译领域取得更大的突破,必须将多项技术有机地融合在一起。这就意味着,各种不同的方法需要相互融合、相互借鉴,形成一个协同作战的态势。

在这个过程中,基于语料库的技术与基于规则的翻译技术相结合,无疑是一种有益的尝试。语料库技术可以为翻译过程提供大量的真实语言数据,从而使翻译结果更加符合实际语境。基于规则的翻译技术则可以充分发挥人类专家在翻译领域的经验,提高翻译的质量。两种技术相互结合时可以互相补充,共同提高机器翻译的准确性。此外,机器翻译与翻译记忆相结合也可能是未来研究的发展趋势之一。翻译记忆技术是一种存储和检索翻译单元(如句子、段落等)的方法,它可以帮助译者在翻译过程中避免重复劳动。当机器翻译技术与翻译记忆技术相结合时,翻译系统可以更好地利用已有的翻译成果,提高翻译效率。

在当今社会,机器翻译的研究正呈现出多元化、融合化的趋势。基于统计的方法、基于规则的方法、基于语料库的技术、翻译记忆技术等,都将在这一领域发挥重要作用。只有通过不断探索和创新,将这些技术有机地融合在一起,才能逐步提高机器翻译的质量和效率,使其更好地服务于社会发展和人类需求。

（四）引入结构的机器翻译自动评价

在推动机器翻译研究向更深入、更全面的方向迈进的过程中，面临着一系列的挑战。尽管现有的评价指标，如 BLEU 分数，已经在很大程度上帮助评估了机器翻译的质量，但这些指标仍然存在着一些明显的不足。特别是 BLEU 分数主要关注的是近距离的词语搭配关系，忽略了整个句子的结构特征。因此，为了更全面地评价机器翻译的结果，需要在自动评价过程中引入更为丰富的结构信息。

首先，理解这种结构信息的重要性是至关重要的。在语言中，词语之间的搭配关系远不止于简单的相邻关系。词语之间的远近距离、语法角色、语义关系等因素共同构成了句子的结构信息。这些信息对于理解句子的含义、把握句子的整体结构具有重要的作用。因此，在机器翻译的评价过程中引入更为丰富的结构信息，可以帮助更准确地评估翻译结果的质量。

其次，需要考虑如何在设计更为先进的机器翻译评价算法时，平衡结构信息的引入与算法的简洁、高效。一方面，不能为了追求更高的精度而过度复杂化算法，否则可能会导致算法在实际应用中的效率低下。另一方面，也不能为了追求简洁和高效而忽视结构信息的重要性，否则可能会导致评价结果的失真。因此，需要在简洁、高效与引入丰富结构信息之间找到一种平衡。

在这个过程中，需要尽量避免引入过多的语言知识。虽然语言知识对于理解句子的结构有很大的帮助，但机器翻译的结果往往与语法规则存在一定的差异。对翻译结果进行深入的语言分析，可能会因为过于严格的标准而忽视了翻译结果的实质质量。因此，在设计评价算法时应更加注重对翻译结果的整体理解和把握，而不是过度关注细节。此外，还应关注以下几个方面：

（1）提高评价算法的通用性：设计的算法应能适用于多种不同的机器翻译任务，如从英语到中文、从法语到西班牙语等。

（2）兼顾词汇和语法：在评价过程中，既要关注词语层面的搭配关系，也要考虑句子级别的结构特征，这样才能更全面地评估机器翻译的质量。

（3）结合人类评价经验：在设计算法时，可以借鉴人类评价翻译质量的方法，如基于语义、篇章结构等方面的考量，这将有助于提高算法的准确性和可靠性。

（4）适应性：评价算法应具备一定的适应性，能够应对不同场景和任务的挑战。例如，对于一些具有特定领域特点的机器翻译任务，算法应能自适应地进行调整，以更好地评估翻译质量。

引入结构信息并优化评价算法是推动机器翻译研究的重要途径。通过关注算法的基本原则、兼顾词汇和语法、结合人类评价经验以及提高适应性，可以期待更为精确、可靠的机器翻译评价方法，进而推动我国机器翻译技术的不断发展。

（五）新的机器翻译人机交互模式

近年来，机器翻译的用户群体呈现出了日趋多元化的趋势。这一变化不仅反映了全球化时代的语言交流需求，也突显了科技在助力跨文化沟通中的重要作用。除了专业翻译人员，学生、商人、旅行者、多语言爱好者等各种人群都在逐渐成为机器翻译的重要用户。

对于希望拓展交友圈，与不同语言背景的人交流的人来说，机器翻译成为一种有力的沟通工具。它能够快速地将信息从一种语言转换为另一种语言，消除了语言障碍，使跨文化的交流变得简单而愉快。对于那些需要开展外贸交易、获取外语信息的用户来说，机器翻译成为他们获取商业机会的重要窗口。无论是阅读外文资料还是与国外客户进行即时沟通，机器翻译都能够为他们提供极大的便利。此外，还有一些用户为了提升自己的外语水平而使用机器翻译。他们可能在学习过程中遇到了一些语言难题，需要借助机器翻译来辅助理解。同时，机器翻译也可以为他们提供一个实践翻译技巧的平台，帮助他们在实践中不断提高自己的语言能力。对于这些用户来说，一个理想的机器翻译系统不仅应该具备高质量的翻译能力，还应该能够自然地融入各种应用软件中，使用起来更加便捷。这就需要深入研究机器翻译的人机交互模式，以优化用户体验。

目前，计算机辅助翻译（CAT）已经取得了显著的成果，但仍然存在不少问题。尽管 CAT 软件中嵌入了机器自动翻译功能，但许多译员仍然习惯于先理解原文，再进行翻译。这主要是因为当前机器翻译的质量尚不能令人满意,同时机器翻译的人机交互模式也过于简化。为了改善这一情况,需要加强对机器翻译人机交互模式的研究,以优化用户体验。理想的机器翻译人机交互模式应该具备以下几个特点:

首先,它能够提高用户满意度。这意味着机器翻译不仅要提供准确的翻译结果,还要能够考虑到用户的文化背景、语言习惯等因素,从而提供更加自然的翻译。

其次,它应该支持人工编辑或构造译文。尽管机器翻译在不断地进步,但在某些情况下人工干预仍然是必要的。因此,一个理想的机器翻译系统应该允许用户在翻译结果上进行修改和调整,以满足特定的需求。

最后,它能够自动收集用户使用习惯,从而不断提升翻译质量和用户体验。通过分析用户的使用数据,机器翻译系统可以不断地优化其翻译算法和模型,以提供更加准确、自然的翻译结果。

为实现这一目标,研究人员正在尝试探讨更为理想的人机交互模式,并对所要达到的效果进行了预测。

随着人工智能技术的不断发展,机器翻译人机交互模式有望实现更多创新。例如,通过自然语言处理技术,更好地理解用户输入的文本和意图;利用大数据和机器学习算法,提高翻译结果的准确性和可靠性;借助人机协同翻译模式,实现高效、高质量的翻译。

机器翻译人机交互模式的研究具有广泛的应用前景和重要的现实意义。只有深入了解和掌握这一领域的发展趋势,才能更好地满足各类用户的需求,提升机器翻译的整体质量,为社会经济发展贡献力量。

(六)基于结构的语言建模

在当前的语言模型研究中,n-gram 模型无疑是最为广泛应用的一种。它通过对大量文本进行建模,能够生成符合语言习惯的文本。然而,这种模型在捕捉语言的全局结构和保证生成的句子符合句法约束方面存在一定的局限性。因此,研究者开始将目光投向基于结构的语言模型,这将成为未来语言模型发展的重要趋势。

基于结构的语言模型,首先,需要与以句法为基础的解码算法紧密结合。在实际应用过程中,其时间复杂度应在可接受范围内,这样才能更好地满足实时生成文本的需求。其次,基于结构的语言模型应建立在某种结构形式上。可以是短语结构树、依存树等，也可以是其他能体现句子中长距离约束的语言结构形式。这样的结构能够更好地反映语言的内在规律，提高生成文本的质量。此外，基于结构的语言模型应能利用大规模的单语语料库进行训练。相较于依赖少量句法树库等标注语料库的训练方式，大规模单语语料库能够提供更丰富的语言信息，有助于模型的学习和优化。这不仅能提高模型的泛化能力，还能使其生成的文本更具多样性和准确性。

基于结构的语言模型在未来的语言模型发展中具有巨大的潜力。它不仅在理论上能够更好地刻画语言的全局结构，还在实际应用中具有较高的可行性和广泛的应用前景。

第三节　计算机语言学指导下的英汉翻译实践

随着人工智能的发展，机器翻译在 21 世纪取得了较大的进步，准确度越来越高，应用也越来越广泛。下面主要探究机器翻译在语言最为规矩的信息型文本中的表现，选取发展较为迅速的百度翻译和谷歌翻译作为研究对象，对比和分析百度翻译和谷歌翻译在信息类文本英译汉和汉译英中的译文质量，并根据分析结果就译者在翻译信息类文本翻译时如何选择合适的机器翻译工具给出建议。

一、信息型文本概述

英国著名的翻译家和翻译理论家彼得·纽马克（Peter Newmark）在 1988 年出版的《翻译教程》（ A Textbook of Translation ）中将常见的文本类型主要划分为三类，即表达型文本（ expressive text ）、信息型文本（ informative text ）、呼唤型文本（ vocative text ）。

表达型文本强调语言的表达功能，往往有一些带有个人印记的词语和句型，以表明作者的态度、情感、价值取向等。此类文本主要包括：严肃性文学作品，如小说、散文等；权威性言论，如某些学科领域的权威人物撰写的学术著作等。信息型文本指传递信息和反映客观事实的文本，强调语言的信息功能，所以语言一般不带个人色彩，用的是传统的习语和比喻。此类文本主要包括：教材、学术报告、论文等。呼唤型文本强调语言的呼唤功能，号召读者去思考、感受、行动。呼唤型文本主要包括宣传资料、广告等。

考虑到以上三种文本各自的语言特点，下面拟选用信息型文本进行分析。

二、百度翻译和谷歌翻译实例分析

下面拟选用英文文本和中文文本各一篇，选取的英文文本是题为 *Consistency of Continuous Ambulatory Interstitial Glucose Monitoring Sensors* 的论文，中文文本是《动态葡萄糖监测系统产品风险管理报告》，均属于信息型文本。通过对比和分析百度翻译和谷歌翻译的译文，就译者在选用翻译机器时给出建议。

（一）英译汉实例分析

In clinical practice, CGM devices are frequently used in patients with labile diabetes in order to define patterns of interstitial glucose concentration, which changes continuously.

百度翻译：在临床实践中，CGM 装置经常用于不稳定型糖尿病患者，以确定持续变化的间质葡萄糖浓度模式。

谷歌翻译：在临床实践中，CGM 设备经常用于不稳定型糖尿病患者，以定义组织间葡萄糖浓度的模式，该模式不断变化。

上例中，百度翻译和谷歌翻译在前半句翻译基本相同，区别在于后半句。在词汇层面，百度翻译将 define 翻译为"确定"，比谷歌翻译的"定义"更加合适。在句子结构上，百度翻译将 which changes continuously 提前，置于"间质葡萄糖浓度模式"之前，使句子结构更加紧凑和简洁。谷歌翻译按原文结构翻译，句子意义不够明确，也不够紧凑简洁。因此，总体而言，百度翻译的译文优于谷歌翻译的译文，且百度翻译的译文基本可以直接使用而无需后续润色。

Healthy female and male volunteers（ages 18—55 years）were

screened.Inclusion criteria were：（1）fasting glucose level < 5.5mmol/L and（2）body mass index（BMI）< 30kg/m². Fasting glucose level was measured after 10-h of overnight fasting.

百度翻译：对健康男女志愿者（年龄 18—55 岁）进行筛选。入选标准为：（1）空腹血糖水平 <5.5mmol/L 和（2）体重指数（BMI）<30kg/m²。隔夜禁食 10 小时后测定空腹血糖水平。

谷歌翻译：筛选健康的男性和女性志愿者（18—55 岁）。纳入标准为：（1）空腹血糖水平 <5.5mmol/L 和（2）体重指数（BMI）<30kg/m²。空腹过夜 10 小时后，测量空腹血糖水平。

上例中，从词汇层面，百度翻译和谷歌翻译在细节上略有不同。百度翻译将 Inclusion criteria 译为"入选标准"，而谷歌翻译译为"纳入标准"，根据语境，百度翻译的译文更佳；百度翻译将 overnight fasting 译为"隔夜禁食"，而谷歌翻译译为"空腹过夜"，百度翻译提供的译文更学术。从句子结构来说，两者基本一致。因此总的来说，百度翻译的译文更佳，且基本无须修改便可使用。

When peroxide reacts with platinum inside the sensor, an electrical signal is generated and sent by wireless radiofrequency telemetry to the transmitter. The electrical signal is then converted into a glucose reading by a computer program.

百度翻译：当过氧化氢与传感器内的铂发生反应时，会产生一个电信号，并通过无线射频遥测发送到发射机。然后电信号被计算机程序转换成葡萄糖读数。

谷歌翻译：当过氧化物与传感器内的铂反应时，会产生电信号，并通过无线射频遥测技术将其发送到变送器。然后通过计算机程序将电信号转换为葡萄糖读数。

上例中，在词汇层面，百度翻译和谷歌翻译差不多。但在句子层面，百度翻译将"The electrical signal is then converted into a glucose reading by a computer program."译为"然后电信号被计算机程序转换成葡萄糖读数"，而谷歌翻译为"然后通过计算机程序将电信号转换为葡萄糖读数"。谷歌翻译将英文的被动语态转为汉语里更常见的主动语态，处理得更佳，稍加润色后便可使用。

Capillary blood glucose measurements derived from conventional glucose meters served as the reference standard.

百度翻译：以传统血糖仪测得的毛细血管血糖作为参考标准。

谷歌翻译：源自常规血糖仪的毛细管血糖测量值用作参考标准。

上例中，在词汇层面，百度翻译将这一句的难点词汇 derived from 译为"测得"，而谷歌翻译译为"源自"，显然百度翻译的译文正确。在句子结构上，百度翻译的结构为"以……作为参考标准"，而谷歌翻译为"……用作参考标准"，百度翻译的结构读起来更顺。因此，百度翻译的译文更佳，无须润色便可使用。

（二）汉译英实例分析

用于实时动态监测糖尿病患者或其他需要监测血糖变化的病症体内组织液的葡萄糖浓度。

百度翻译：It can be used for real-time dynamic monitoring of glucose concentration in tissue fluid of patients with diabetes or other diseases that need to monitor blood glucose changes.

谷歌翻译：It is used for real-time dynamic monitoring of the glucose concentration of the tissue fluid in diabetic patients or other diseases that need to monitor blood glucose changes.

上例中，在词汇层面，百度翻译和谷歌翻译的用词差不多。但在"糖尿病患者或其他需要监测血糖变化的病症"上，百度翻译处理成 patients with diabetes or other diseases，谷歌翻译处理成 diabetic patients or other diseases，从语境来看，百度翻译的处理更佳，意义也更准确，稍加润色便可使用。

切勿忘记随身携带接收器，尽量将接收器放置在身体的发射器位置同一侧，人体是低功率电磁波的不良介质，会截断数据传输。

百度翻译：Don't forget to carry the receiver with you. Try to place the receiver on the same side of the transmitter of the body. The human body is a bad medium of low-power electromagnetic wave, which will block data transmission.

谷歌翻译：Don't forget to carry the receiver with you. Try to place the receiver on the same side of the body as the transmitter. The human body is a bad medium for low-power electromagnetic waves, which will block data transmission.

上例中,百度翻译和谷歌翻译的译文在词汇和结构上整体比较相似,但在细节上略有不同。"将接收器放置在身体的发射器位置同一侧",百度翻译为 place the receiver on the same side of the transmitter of the body,而谷歌翻译为 place the receiver on the same side of the body as the transmitter,谷歌翻译的表述比百度翻译简洁和地道,因此更佳,且译文可直接使用。

数据系统的发射器和接收器在佩戴过程中,如出现电量不足,可能导致数据无法正常发送、接收或接收器无法正常显示。

百度翻译: During the wearing process of transmitter and receiver of data system, if the power is insufficient, the data can not be sent and received normally or the receiver can not display normally.

谷歌翻译: In the process of wearing the transmitter and receiver of the data system, if the battery is insufficient, it may cause the data to be unable to be sent or received normally or the receiver to be unable to display normally.

上例中,百度翻译和谷歌翻译的译文在词汇和句法结构上整体比较接近。但在细节上,谷歌翻译更佳。例如,"数据系统的发射器和接收器在佩戴过程中",百度翻译为 During the wearing process of transmitter and receiver of data system,谷歌翻译为 In the process of wearing the transmitter and receiver of the data system,"佩戴过程"译为 In the process of wearing 比 During the wearing process of 更地道,和后文的衔接也更好。此外,"如出现电量不足,可能导致……",百度译为"if the power is insufficient, the data..." 谷歌翻译为"if the battery is insufficient, it may cause...",谷歌翻译的语义更加清楚,润色后可使用。

发射器和接收器在使用过程中,如外壳受到污染,可用酒精棉进行擦拭处理,确认晾干后,方可使用。

百度翻译: During the use of transmitter and receiver, if the shell is polluted, alcohol cotton can be used for wiping treatment, and the transmitter and receiver can be used only after they are confirmed to be dried.

谷歌翻译: During the use of the transmitter and receiver, if the shell is contaminated, wipe it with alcohol cotton and confirm that it is dry before use.

　　上例中，前半部分百度翻译和谷歌翻译区别不大，但百度翻译对"可用酒精棉进行擦拭处理，确认晾干后，方可使用"不当，for wiping treatment 为中式英语，the transmitter and receiver can be used... 为误译，实际上应该是 the shell can be...，相比之下，谷歌翻译的译文在词汇和句子层面均没问题，基本可以直接使用。

　　显然，在信息类文本的英译汉中，总体而言，百度翻译的译文质量更高：百度翻译的译文结构更加灵活、简洁，用词也更加地道和准确。一部分译文基本可以直接使用，一部分译文需要译者后期润色和调整后方可使用。在英译汉中，在处理结构较为简单、词汇没有歧义的句子时，机器翻译，不论是百度翻译还是谷歌翻译，所提供的译文均已达到较高的准确率，且可读性较高。但在词汇较难或句子结构较为复杂时，可能出现误译或漏译的情况，需要译者后期进行修改。

　　在信息类文本的汉译英中，总的来说，谷歌翻译的译文质量更高，表述更加简洁和地道，大部分译文在润色后可使用，一小部分译文须修改后方可使用。在汉译英时，不论是谷歌翻译还是百度翻译，在处理语义清晰、简洁的句子时，译文的质量较高；但在处理表述稍显啰嗦的句子时不够灵活，译文需要修改后方可使用。

　　综上所述，在翻译信息类文本时，英译汉时建议选择百度翻译，因为百度歌翻译的译文不管在句子结构还是选词上更地道和符合中文的习惯，且出错率较小；汉译英时建议选择谷歌翻译，因为其提供的译文质量更高，表述更为简洁、地道。当然，由于"翻译本身的复杂性""自然语言的复杂性"和"机器自身的局限性"，机器翻译在词汇和句法结构等方面仍存在着不足，需要人工翻译进行译后编辑，而选择合适的机器翻译可以提高机器翻译的译文质量，减少人工翻译的工作量。

第九章　系统功能语言学与翻译的深度融合与渗透

　　系统功能语言学的主述位理论为翻译研究和实践提供了有力的理论支持。通过运用主述位分析方法,译者可以更加准确地理解和传达原文的意义,增强语篇的连贯性,并保持原文的风格。主述位理论认为,语言表达的目的在于传达信息,而信息的核心部分往往体现在小句的主位和述位结构中。在翻译过程中,正确理解和处理主位和述位的关系,有助于更好地把握原文的意义,提高翻译的准确性。通过分析源语言和目的语的主述位结构,译者可以更加准确地捕捉到作者的表达意图,从而使翻译更加贴近原文。主述位理论强调语言表达的逻辑性和连贯性。在翻译过程中,运用主述位分析方法有助于揭示句子间的逻辑关系,增强语篇的连贯性。通过分析主位和述位的关系,译者可以更好地理解句子之间的衔接和逻辑关系,在翻译时做到层次清晰、逻辑严密。主述位理论关注语言表达的个性化和风格化。在翻译过程中,了解作者的语言风格和表达方式有助于保持原文的风格。通过分析主位和述位的关系,译者可以更好地捕捉到作者的写作特点,如句子结构、词汇选择等,在翻译时尽量保持原文的风格。

第一节　系统功能语言学理论阐释

一、系统理论

在 1966 年,英国语言学家韩礼德在他的著作《深层语法札记》中提出了一个具有开创性的观点,即语言的深层结构应当是一个可以进行语义选择的系统。他将这种观点称为"系统语法"。[①] 在此之前,语言学家们主要关注的是语言的表层结构,而韩礼德的这一观点将研究的重心转向了语言的深层含义。在韩礼德的理论中,他借鉴了叶尔姆斯列夫的观点,将"系统"视为一个聚合的概念。

所谓聚合,就是指相关关系的等级体系。换言之,系统是对集合轴上的关系的表述,是在一定环境下可以对比的特征集。例如,在叶尔姆斯列夫的三项时态系统中,"过去"就要与"现在"和"将来"进行对比。这种对比不是简单的线性关系,而是体现了语言的深层结构,即语义选择的关系。韩礼德进一步指出,如果按照这种方式来表示聚合关系,那么语言项目的整个语法描写就应包含结构和系统两个部分。

结构描写是语言项目的基本形式,而系统描写则是语言项目的一种表达形式。这两种描写相互补充,但不能相互替代。韩礼德的这一观点为我们理解语言的深层结构提供了新的视角。它强调了语言的系统性和结构性,揭示了语言的复杂性和多样性。同时,它也为我们研究语言提供了新的方法,即不仅要关注语言的表层结构,更要深入到语言的深层含义,去探索语言的内在规律。

（一）第一次修正后的系统理论

韩礼德在深入研究伦敦学派系统理论的基础上提出了一个令人耳

---

① Halliday. M. A. K. & C. Matthiessen. *Construing Experience Through Meaning*: *A Llanguage-based Approach to Cognition*[M].London: Continuum, 1999: 62.

目一新的观点。他认为,通过引入"精密度阶"理论,可以将系统的特征部分有序化,从而为系统语言学的研究提供新的视角和方法。

韩礼德认为,如果在一对系统中的一个系统的特征在另一个系统中有所体现,那么这两个系统之间就存在一种等级关系。这种等级关系并不是简单的优劣之分,而是指在系统特征的表现上,一个系统相对于另一个系统具有更高的精密度或复杂性。这种精密度或复杂性的差异,使系统的特征在表现上呈现出一种有序性。为了进一步阐述这一观点,我们可以举一个具体的例子。在语言学中,音系和语系是两个密切相关的系统。音系是语言系统中负责表达语音的部分,而语系则是根据语言的地域、历史和文化等因素划分出来的语言群体。在这两个系统中,音系的特征在语系中有所体现,因为不同的语系往往具有不同的音系特征。这种音系和语系之间的等级关系就体现了韩礼德所说的"精密度阶"理论。那么,为什么引入"精密度阶"理论能够使系统的特征部分有序化呢?这主要得益于该理论对系统之间等级关系的揭示。在韩礼德看来,系统的特征并不是孤立存在的,而是与其他系统相互联系、相互影响的。通过揭示这种等级关系,可以更好地理解系统之间的相互作用和影响,从而更好地把握系统的整体特征和规律。

为了更好地理解这一理论,可以以"陈述式 / 疑问式"系统和"直陈式 / 祈使式"系统为例。在韩礼德的观点中,这两个系统之间存在等级关系。也就是说,如果在"陈述式 / 疑问式"系统中进行选择,那么首先需要在"直陈式 / 祈使式"系统中进行选择。这样的等级关系有助于我们更好地理解和把握这两个系统在语言运用中的先后顺序。此外,韩礼德还指出,在一定的环境中,任何系统集都有可能构成一个系统网络。在这个网络中,一个系统必然会与另一个或多个平行关系系统形成等级关系。这种等级关系不仅体现在系统之间的关联程度上,还表现在系统内部元素的重要性和优先级上。

韩礼德的"精密度阶"理论为我们理解系统间的等级关系提供了有力的理论支撑。通过这一理论,我们可以更好地把握系统间的互动关系,以及如何在实际应用中进行合理的选择和取舍。这一理论不仅对语言学领域具有重要的理论价值,同时也为其他相关领域的研究提供了新的思路和方法。

下面通过图 9-1 来了解英语小句的系统网络。

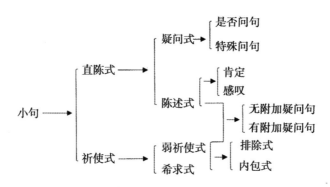

图 9-1　英语小句的系统网络图

（资料来源：胡壮麟、朱永生、张德禄、李战子，2008）

在探讨网络系统的形成与运作过程中发现，其源头在于组合关系的规定与引导。换句话说，网络系统中呈现出的各种特征都与组合环境存在一定的关联。这种关联性为不同的特征提供了适宜的聚合环境，同时也规定了对比特征以及结合的可能性。[①]

系统描写与结构描写在网络系统中扮演着至关重要的角色，二者相互补充，共同构建起对系统全面而深入的理解。其中，系统描写侧重于聚合关系，关注不同特征在网络中的相互关联与互动；结构描写则着眼于组合关系，探究各个特征之间的组织方式和组合模式。进一步来看，系统描写与结构描写在实际应用中有着不同的侧重点。系统描写更注重挖掘和展现网络中各类特征的聚合效应，从而揭示出潜在的规律和趋势；结构描写则致力于分析网络的组成结构，提炼出关键的节点和连接，以展现网络的整体架构和稳定性。此外，在网络系统的优化与改进过程中，系统描写和结构描写也发挥着不同的作用。系统描写可以帮助我们更好地理解网络中各特征之间的相互影响，从而有针对性地调整和优化；结构描写有助于我们把握网络的整体架构，对关键节点和连接进行调整，以提高网络的性能和稳定性。

（二）第二次修正后的系统理论

韩礼德在对系统描写的深入探讨中，进一步提出了一个令人深思的

[①]　胡壮麟，朱永生，张德禄，李站子.系统功能语言学概论（修订本）[M].北京：北京大学出版社，2008：41.

问题：系统描写是否可以作为表述的底层形式？这个问题实质上在探讨结构描写是否能从系统描写中自然衍生，进而揭示了语言结构的核心本质。

　　系统描写是对语言中的各个元素进行归类和整理，以揭示它们之间的内在关联和规律。韩礼德认为，如果将一个语言项目的系统描写视为该项目的底层语言表达，那么这一项目与其他项目的聚合关系将具有更为基本的特征。这意味着，语言的结构并不是孤立存在的，而是与语言系统紧密相连，是系统特征在语言中的具体体现。在这个基础上，韩礼德进一步指出，我们可以通过系统描写衍生出其内部（组合）结构。这种底层语法是一种"语义上显著"的语法，它为各种语言项目的"相关性"提供了一个聚合环境，并在其他对比环境中发挥作用。换句话说，系统不再是结构的外延，而是结构的内在属性和规律。这种对系统描写的强调，使语言结构的研究更加深入和全面。韩礼德的这一观点实际上是对系统理论的第二次修正。在他之前的理论中，语言结构被视为系统的外在表现，而系统则是结构的抽象和概括。然而，在第二次修正中，韩礼德强调了系统特征在语言结构中的重要性，认为系统描写是表述的底层形式，是语言结构的内在属性和规律。这一修正不仅深化了我们对语言结构的理解，也为我们提供了更加全面和深入的语言研究方法。通过系统描写，可以更加清晰地揭示语言结构的内在规律和特征，进而更好地理解和运用语言。

　　在这个观点下，可以更好地理解语言结构的形成过程。结构并非孤立存在，而是与其他项目相互关联、相互影响。这种关联性不仅体现在语言项目的组合关系中，还体现在它们在语义层面的相互联系。通过这一理论修正，韩礼德为我们提供了一个更加丰富、更加立体的语言学研究视角。我们将语言结构视为系统特征的集合，这有助于我们更好地理解语言的内在规律，以及语言项目之间的相互关系。这一理论也为后来的语言学研究奠定了基础，推动了语法理论的不断发展。韩礼德在系统理论的第二次修正中，强调了系统特征在语言结构中的核心地位。这一观点不仅为语言学研究提供了新的思路，也为我们在实际应用中更好地理解和运用语言提供了有力的理论支持。

（三）第三次修正后的系统理论

韩礼德对系统理论的第三次修正,不仅深化了我们对语言结构的理解,而且为我们揭示了音系层中深层语法或系统语法的奥秘。在韩礼德的视野中,音系层并非仅仅是声音的简单表现,而是一个能够深刻反映语法特征的层面。

音系层与语法特征之间存在着紧密的联系。在语言的组合关系中,这些语法特征主要体现在不同结构成分上的组合体。这意味着,在语言的构成中,语法特征与音系层是相互依存的。韩礼德进一步指出,同一语法特征在不同的语言环境中可能会呈现出不同的表现形式。例如,某一特定的语法特征在某些情况下可能通过结构形式来展现,而在其他情况下,则可能通过语调特征来呈现。这一现象为我们揭示了音系层的复杂性和多变性。在结构环境中,语调具有一定的不可预测性。然而,如果我们从系统特征的角度来审视语调,那么系统语法就具备了可预测性。这是因为,语调作为系统特征的体现方式,其变化是有规律可循的。通过深入研究音系层中的语法特征,可以更好地理解和预测语调在不同语言环境中的表现形式。为了更好地说明这一观点,可以引用一些实证研究的结果。例如,有研究表明,在某些语言中,语调的变化与句子的语义和语境密切相关。当句子的语义或语境发生变化时,语调也会相应地发生变化。这一现象验证了韩礼德的观点,即语调作为系统特征的体现方式,其变化是有规律可循的。此外,韩礼德的修正还为我们提供了更深入地认识和理解语言结构的途径。通过对音系层的深入研究,可以更好地理解语言的结构和运行机制。这不仅有助于我们提高语言能力,还有助于我们更深入地了解人类思维和认知的本质。

韩礼德的这一观点实际上是对传统语言学理论的一种挑战。在过去,语音和语法被认为是两个独立的领域,而韩礼德的理论则将两者紧密地联系在一起,揭示了语音和语法之间的内在联系。此外,他的理论还强调了语言环境的重要性。不同的语言环境不仅会影响语法的表现形式,也会影响语音的表现方式。这就要求我们在研究语言时,不仅要关注语法和语音的内在规律,还要考虑到它们在不同环境中的变化。韩礼德对系统理论的第三次修正,为我们理解语言的复杂性和多样性提供了新的视角。他的理论不仅有助于我们更好地理解语法的内在规律,也有助于我们更好地理解语音和语法之间的关系,以及语言环境的重要作用。

二、功能理论

(一)系统与功能

在韩礼德的理论框架中,系统语法是探索语言组合关系和聚合关系的重要工具。他认为,语言的组合关系指的是词语在句子中的线性排列,而聚合关系则是指具有相同功能的词语在语法结构中的替换关系。通过深入研究这两种关系,韩礼德试图揭示语言的内在规律,进一步推动语言学的发展。

在功能描写理论中,韩礼德强调对语法单位的明确界定。他认为,语法单位不仅是语言的基本构成元素,更是实现语言功能的关键。因此,他提出对小句的具体功能进行详细描述,以便我们更好地理解语言在实际交流中的运用。为了更好地揭示语言的内在规律,韩礼德在他的研究中引入了多种方法和技巧。他运用统计数据和实证研究,对各种语言现象进行深入剖析,从而得出了一系列具有说服力的结论。此外,他还善于引用经典案例,通过生动形象的例子,使读者更好地理解和接受他的理论。

韩礼德认为,一个完整的小句应当包括及物性、语气和主位三个系统。及物性系统与小句中表示的过程类型密切相关,而过程又涉及参与者、属性和环境。在这个过程中,参与者可以是事物、人或者抽象概念,它们在过程中扮演着不同的角色。属性则是参与者所具有的特征,如颜色、形状、大小等。环境则描述了过程发生的地点、时间等背景信息。

语气系统则是用来表达小句中陈述、疑问、命令等不同的语态。它可以帮助我们了解说话者对某一事件或观点的态度和看法。主位系统则是分析小句中主语和谓语的关系,它有助于我们了解句子结构的基本构成。

在韩礼德的理论中,这三个系统相互关联,共同构成了小句的功能结构。通过对这三个系统的描写,可以更深入地理解语言的本质,从而更好地进行语言分析和应用。此外,这一理论还为语言教学、翻译等领域提供了有益的指导,有助于提高语言学习者和从业者的专业素养。

韩礼德的功能描写理论为我们提供了一种全新的视角来观察和分析语言。通过对小句及物性、语气和主位三个系统的描写,可以更好地理解语言的结构和功能,为语言学习、研究和应用奠定坚实的基础。

以下通过图 9-2、图 9-3、图 9-4 来了解各个系统与结构的关系。

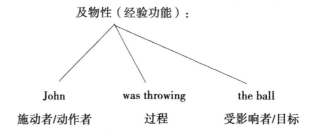

图 9-2　及物性系统与结构的关系

(资料来源:胡壮麟、朱永生、张德禄、李战子,2008)

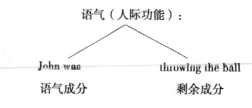

图 9-3　语气系统与结构的关系

(资料来源:胡壮麟、朱永生、张德禄、李战子,2008)

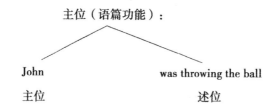

图 9-4　主位系统与结构的关系

(资料来源:胡壮麟、朱永生、张德禄、李战子,2008)

(二)功能与用途

韩礼德的功能描写理论自问世以来,一直在语言学领域占据重要地位。然而,在其初始阶段,该理论确实存在一定的局限性。这些局限性主要体现在对语言功能的定义和分类上。在韩礼德的理论中,及物性、语气和主位等系统被视为功能的概念,但这些概念在实际应用中往往与语法结构紧密相关。尤其是在网络语境下,小句作为基本单位,其地位更加突出。这使韩礼德的理论在解释某些网络语言现象时显得捉襟见肘。随着语言学研究的深入,韩礼德开始意识到这些局限性,并在后续的研究中进行了修正和完善。1970 年,他在《语言结构与语言功能》中,从语言本质的角度对语言结构和语法功能的关系进行了深入探讨。韩礼德认为,语言的本质并不仅仅在于其结构,更在于人们对语言功能的理解和使用。他将语言的功能划分为三个范畴:概念功能、人际功能和语篇功能。这三项功能共同构成了语言的元功能,是语义层的关键组成部分。韩礼德的这一观点将功能理论与语义学紧密联系起来,为语言学研究开辟了新的视角。他进一步指出,语言的元功能应根据其在不同用途下的具体表现进行细分,从而形成不同的语义系统。这样的分类不仅使我们对语言功能的理解更加精细化,还有助于我们更好地把握和分析语言现象。

具体而言,概念功能包括及物性系统、语态系统和归一度系统。这些系统帮助我们理解和描述事物、动作和状态等概念内容。例如,在句子"我吃了一个苹果"中,及物性系统使我们能够识别出动作"吃"和受事"苹果",从而理解整个句子的意义。人际功能包括语气系统、情态系统和语调系统。这些系统负责表达说话者的态度、情感和判断,以及与听话者之间的关系。例如,在句子"我认为你会喜欢这本书"中,语气系统表达了说话者的判断,情态系统则传达了说话者对听话者喜好的推测。语篇功能包括主位系统、信息系统和衔接系统。这些系统负责组织和连接句子和段落,使语言具有连贯性和逻辑性。例如,在一段文章中,主位系统帮助读者识别出各个段落的主题句,从而快速把握文章的主旨。

通过对韩礼德功能描写理论的扩充,可以看到,语言的功能不仅丰富多样,而且相互关联。概念功能、人际功能和语篇功能在语言的使用中相互交织,构成了语言的丰富内涵和复杂性。同时,这也为我们研究语言提供了新的视角和方法,有助于我们更深入地理解语言的本质和功能。

韩礼德的功能描写理论在修正和完善的过程中,为我们提供了一个全新的理论框架,使我们能够从更深的层次上理解和分析语言。这一理论的提出不仅丰富了语言学的研究领域,也为我们的日常生活和学习提供了有力的理论支持。语义系统网络图如图 9-5 所示。

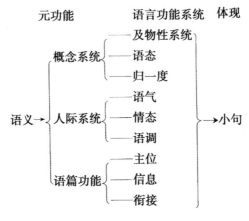

图 9-5　语义系统网络图

(资料来源:胡壮麟、朱永生、张德禄、李战子,2008)

由图 9-5 可以看出,表示组合关系的小句是衍生物,是语义系统中的具体体现形式。

第二节　系统功能语言学与翻译的融合理论

一、翻译研究模式述评

翻译作为一种跨越语言和文化的交流方式,自古以来就存在于人类社会中。人们对翻译的研究和探讨从未停止,但将翻译作为独立的研究对象,进行深入的科学探究,其历史并不悠久,仅有 40 余载。这段时间里,翻译研究取得了显著的成就,其中最为突出的就是从多元化的角度出发,对翻译现象进行了深入剖析,并据此形成了各种翻译研究模式。[1]

我们要了解的是,翻译研究模式的多样性。这些模式包括实践模式、

---

① 张敬源. 功能语言学与翻译研究 [M]. 北京:外语教学与研究出版社,2010:
38.

批评模式、语言学模式、心理语言学模式、文化模式、计算模式等。实践模式关注的是原文的翻译过程，批评模式则聚焦于译文的评价，语言学模式侧重于对两种语言系统的描述和比较，心理语言学模式研究翻译过程中的心理因素，文化模式则关注译文产生的环境，计算模式则探讨机器翻译及机器辅助翻译的原理。

系统功能语言学翻译研究模式与传统的结构主义语言学翻译研究模式截然不同。这是一种全新的、更为全面的研究模式，它将系统功能语言学的理论框架引入翻译研究，既关注语言层面的问题，也关注翻译过程中的社会、文化因素，有助于我们更为深入、全面地理解翻译现象，提升翻译质量和效果。

总之，系统功能语言学翻译研究模式是对传统翻译研究的一种拓展和补充，有助于推动翻译研究的发展，为翻译实践提供更有力的理论支持。

二、系统功能语言学对翻译研究的影响

在语言学的探索之旅中，研究者们通常根据研究切入点不同，将语言学分为形式主义语言学和功能主义语言学。形式主义语言学关注的是语言的形式结构，以结构主义和转换生成语法为代表，其中，乔姆斯基的转换生成语法理论对语言学理论体系产生了深远影响。功能主义语言学则聚焦于语言的意义和功能，以人的本性和社会性为研究重点，这与以"意义"为核心的翻译研究有着天然的联系。因此，系统功能语言学成为翻译研究者构建翻译理论和开展翻译研究的重要理论基础。为了更好地运用这一理论体系，研究者们需要不断深化对其理论的理解和探讨，逐步构建起完善的翻译理论体系。在这个过程中，翻译学界应形成一种开放、合作的研究氛围，鼓励学者们相互学习、交流，共同推动翻译研究的发展。

三、基于系统功能语言学的翻译研究模式的构建

在构建基于系统功能语言学的翻译研究模式时，需要关注以下几个关键方面：研究方法、研究内容、研究目标和研究思路。

首先，研究方法。由于系统功能语言学关注的是语言在实际使用中

的功能和意义,因此,在研究过程中应该采用实证主义方法,通过观察、访谈、文本分析等手段深入到实际语境中,了解语言在具体场景下的运用。此外,还可以运用对比分析、量化研究等方法,对翻译过程中的各种现象进行深入探讨。

其次,研究内容。系统功能语言学将语言交际视为一种社会行为,包含情景、语言形式和功能三个要素。因此,在研究内容上,需要从这三个方面对翻译过程进行系统描写,探讨它们之间的相互关系。例如,需要关注翻译过程中意义的构建和传递,分析原文和译文之间的差异,以及译者在翻译过程中如何重构意义。

再次,研究目标。基于系统功能语言学的翻译研究模式,其目标是揭示翻译作为一种社会行为的内在规律,以及译者在翻译过程中如何应对各种挑战。通过这一研究,希望能够为翻译教学和实践提供有益的理论指导。

最后,研究思路。在研究过程中,应该从互动的角度来探讨功能、形式和情境三大系统之间的关系。例如,在翻译过程中,译者如何在不同的情景下运用语言形式来表达意义,以及这种表达如何受到功能和情境的影响。通过深入研究这些议题,可以构建起一个具有系统性、动态性的翻译研究框架。

基于系统功能语言学的翻译研究模式的构建是一项富有挑战性的任务。它要求我们在研究过程中充分关注语言的实际使用,深入挖掘翻译过程中的各种现象,揭示其内在规律。

第三节　系统功能语言学指导下的英汉翻译实践

一、系统功能语言学指导下的翻译

在系统功能语言学的指导下,英汉翻译实践可以更加精准、流畅和富有表现力。系统功能语言学是一种语言学理论,强调语言在社会交流中的功能和作用,它关注语言如何在不同的社会情境中传递信息、表达情感和建立人际关系。

第九章　系统功能语言学与翻译的深度融合与渗透

在英汉翻译中,系统功能语言学为我们提供了一种全新的视角。它鼓励我们关注原文的语境和意图,而不仅是文字的表面意义。这意味着,在翻译过程中需要深入理解原文作者的意图和语境,并尝试在译文中再现这些元素。为了实现这一目标,可以采取一系列策略。

首先,运用系统功能语言学的概念,分析原文的文本类型、语域和语境,以理解其整体意义和意图。有助于我们更准确地把握原文的语义和语用特点。

其次,利用系统功能语言学的功能对等原则,寻求在译文中实现与原文相同或相似的功能。这意味着,在翻译过程中不仅要关注文字的对等,还要关注语言在社会交流中的功能和作用。例如,在翻译广告文案时可以运用系统功能语言学的技巧,使译文同样具有吸引力和说服力。此外,系统功能语言学还强调语言在建立人际关系中的作用。因此,在英汉翻译中可以关注原文中的情感色彩和人际意义,并尝试在译文中传达这些元素。有助于使译文更加自然、流畅,并增强译文与读者之间的情感联系。

二、系统功能语言学指导下的翻译实践——以安徽省美术馆简介英译为例

下面以安徽省美术馆简介的翻译为例,深入探讨系统功能语言学指导下的英汉翻译实践。

(一)安徽省美术馆简介

随着我国文化产业的蓬勃发展,各地纷纷加强文化设施建设,致力于提升公众的艺术修养和文化素质。在这一大背景下,安徽省委省政府高度重视文化事业,决定在省会合肥建设一座省级美术馆——安徽省美术馆。这座美术馆自 2021 年底开始规划建设,经过短短几个月的紧张施工,于 2022 年 5 月竣工并免费向公众开放,迅速成为安徽省乃至全国的文化新地标。

安徽省美术馆的建成开放,不仅丰富了市民的精神文化生活,也为国内外艺术家提供了一个展示才华的平台。在开馆之际,安徽省美术馆精心策划了七个展览,既有国内外知名艺术家的专题展,如"韩美林艺术展""浮世绘数字艺术展""马克·夏加尔数字艺术展"等,也有展示安徽省地域性特色的展览,如"安徽当代工艺美术作品展""新安画派特展""新徽派版画经典作品展""安徽现代美术名家作品展",以及"安徽省重大历史题材美术作品展"。这些展览不仅让观众欣赏到了优秀的艺术作品,更让他们深入了解了安徽的历史文化和发展变迁。

其中,"韩美林艺术展"汇聚了韩美林先生的众多精品力作,展现了他独特的艺术风格和深厚的艺术造诣。而"浮世绘数字艺术展"和"马克·夏加尔数字艺术展"则运用现代科技手段,将传统艺术与现代科技相结合,让观众在欣赏艺术作品的同时,也感受到了科技的力量。

值得一提的是,安徽省美术馆在策划展览时,充分考虑到安徽省的地域性特色和文化底蕴。例如,"安徽当代工艺美术作品展"展示了安徽工艺美术的精湛技艺和创新成果,让观众领略到了安徽工艺美术的独特魅力。而"新安画派特展"和"新徽派版画经典作品展"则重点展示了安徽新安画派和新徽派版画的传承与发展,让观众更加深入地了解了安徽的绘画艺术。

通过对"安徽省重大历史题材美术作品展""安徽当代工艺美术作品展""安徽现代美术名家作品展"等展厅内的文字进行深入翻译实践,我们可以洞察到这些文本所展现出的三大鲜明特点。这些特点不仅彰显了安徽地域文化的独特魅力,也反映了博物馆文本在信息传递与观众互动方面的独特功能。

首先,这些展厅的文本内容富含深厚的文化内涵。从近代安徽的重要人物和事件,到当代工艺美术行业的变迁,再到现代书画名家的经典作品,每一篇文本都承载着安徽乃至中华文化的精髓。例如,"徽骆驼""大包干""三庆班"等词汇,不仅是对历史的回忆,更是对安徽地域文化的传承和弘扬。这些词汇和表达不仅展现了近现代安徽省美术行业的辉煌历程,更凸显了地域文化的独特魅力。

其次,从文本的语言结构来看,这些博物馆文本的句子结构相当复杂。由于文本来源广泛,不同作者的语言风格各异,使整体文本在表达上呈现出多样化的特点。这些博物馆文本具有深厚的文化内涵、复杂的句子结构和显著的互动性三大特点。在进行博物馆文本翻译实践时,应充分考虑这些特点,选择有效的翻译策略和方法,确保翻译后的文本能够准确传达原文的意义,同时保持其文化内涵和互动性。例如,在翻译过程中可以采用增译、省译、转译等策略,以确保文化相关内容的准确表述和句式的流畅易懂。同时,还应特别注意还原文本本身的互动性,使翻译后的文本能够更好地引导观众,增强观众的参与感和体验。通过这些努力,可以实现博物馆文本的"信息功能"和"互动功能",为观众带来更加深入和丰富的文化体验。

(二)安徽省美术馆译例分析

1. 释译

原文:

在任期间,他为小岗村修建公路,引进资源,集中土地,为"三农"作出了重大贡献。

译文:

During his tenure, he made significant contributions to the issues relating to "agriculture, rural areas and farmers" by building roads, introducing resources, and concentrating lands for Xiaogang Village.

分析:"三农"系指农业、农村与农民,因三者紧密相连且均以"农"字为首,故简称"三农"。所谓"三农"问题,涵盖农业、农村与农民三大领域。研究"三农"问题之核心目标,在于提升农民收入,即落实组织化,贯彻按劳分配原则。对"三农"问题的研究,主要旨在解决农民收入,即 organizations, and apply the principle of distribution according to work。

原文:

作为清末最早的官办新式兵工厂,1862 年,安庆内军械所制造出我国第一台蒸汽机,同年底试制成功的小火轮,成为后来我国第一艘轮船——"黄鹄"号的雏形。

译文:

As the earliest government-run arsenal in the late Qing Dynasty, Anqing Imperial Arsenal built China's first steam engine in 1862. At the end of the same year, a small fireboat was successfully tried out here, which later became the prototype of China's first ship, the Yellow Swan1.

Note: Yellow Swan, a large bird in Chinese mythology, flying a thousand miles in a single bound. It is used as a metaphor for a promising future.

分析:在中国古代文化中,"黄鹄"是一种具有特殊象征意义的生物。它源自《商君书·画策》中的名句:"黄鹄之飞,一飞千里。"这句话以其生动的比喻和深远的意境,描绘出黄鹄振翅高飞,一飞千里的壮丽景象。这里的"黄鹄"不仅是一种大鸟,更是前程远大的象征,代表着远大的抱负和崇高的理想。然而,在英语中并没有一个与之完全对应的词汇来翻译"黄鹄"。这是因为"黄鹄"这一概念是中国神话传说中的独特产物,其深厚的文化内涵和象征意义在英语中并没有完全对应的表达。尽管可以尝试将其直译为 yellow swan(黄色的天鹅),但这种翻译方式并不能完全传达出"黄鹄"在中国文化中的独特含义。因此,在翻译这句话时可以采取一种既保留原句结构,又能传递其文化内涵的方式。可以先将"黄鹄"直译为 yellow swan,然后在其后添加注释,解释其在中国文化中的象征意义。这样读者在阅读时既能理解其字面上的意思,又能理解其背后的文化内涵。例如,可以将其翻译为:"The flight of the yellow swan, a leap of a thousand miles."然后在后面添加注释:"The yellow swan, also known as the' huge goose' in Chinese mythology, symbolizes a vast and promising future. This expression is often used to describe someone with great ambition and lofty ideals."这样的翻译方式既保留了原句的结构和意境,又成功地将"黄鹄"这一具有特殊象征意义的词汇的文化内涵传递给了读者。

2. 减译

原文:
作品以周学熙主持收回开平煤矿的典型事件为创作主题,描绘了近代中国民族资本家在夹缝中谋求生存和发展、苦苦挣扎努力培植民族工业的悲壮画卷。

译文:
The work is based on a typical incident in which Zhou Xuexi presided over the recovery of the Kaiping coal mine, depicting a tragic portrait of modern Chinese national capitalists struggling to survive

and thrive, and to cultivate national industry.

分析：在翻译中文到英文的过程中，确实需要注意两种语言在表达习惯上的差异。中文中常常通过重复或使用多种表达方式来强调某一概念，而英文则倾向于简洁，避免不必要的重复。"在夹缝中谋求生存和发展"对应的英文翻译为：Struggling to survive and develop amidst adversity。"苦苦挣扎努力培植民族工业"对应的英文翻译为：they diligently cultivated the national industry。在这个英文翻译中，Struggling to survive and develop 已经涵盖了"在夹缝中谋求生存和发展"和"苦苦挣扎"的意味，而 diligently cultivated 则传达了"努力培植"的意思。这样的翻译避免了重复，同时保留了原文的强调效果，更符合英语的表达习惯。

3. 增加关联词

原文：

安徽省重大历史题材美术创作工程调动了我省美术工作者的创作热情，他们从中国共产党的辉煌历史和当代中国的伟大创造、伟大成就中汲取智慧和力量，通过鲜活的艺术形式，表现了不同历史时期重大事件、重要场景和杰出人物。

译文：

The Anhui Provincial Art Creation Project on Major Historical Subjects mobilized the enthusiasm of the art workers in Anhui Province, who drew their wisdom and energy from the glorious history of the Communist Party of China and the great creations and achievements of contemporary China, and expressed major events, important scenes, and outstanding figures of different historical periods through vivid artistic forms.

分析：在英汉翻译实践中，句子结构的调整是常见且关键的一步。这不仅涉及语法规则，更关乎表达的地道性和流畅性。在原文中，"他们"作为第二小句的句首，清晰地指代了前句中的"我省美术工作者"。在英文表达中，相较于另起一句使用 they 作为主语，使用 who 引导定语从句能够更紧密地连接这两句话，不仅使上下文关系更加明晰，而且更符合英语的表达习惯。这样的处理方式不仅保留了原文的信息，还增强了句子间的逻辑联系。原文中的动词"汲取"和"表现",以及方式状语"通过"。在现代汉语中,状语通常置于谓语之前,但在英文中,状语的位置则相对灵活,既可以前置也可以后置。在处理这一部分内容时,考虑到使用 and 将"我省美术工作者"的两个谓语动词 drew 和 expressed 并列,选择了将 through 引导的状语后置。这样的调整使句式更加清晰,同时也避免了因状语位置不当而可能造成的语义混淆。

原文:

新中国成立以来,安徽美术事业的发展进入了新的阶段,诞生新的代表人物,绘就新的璀璨画卷。

译文:

Since the founding of New China, the development of Anhui's art career has entered a new stage, with new representatives born and new achievements made.

分析:"诞生新的代表人物,绘就新的璀璨画卷"这句话暗示了在"安徽美术事业的发展进入了新的阶段"的背景下,出现了新的领军人物,并且美术事业呈现出了崭新的面貌和发展。在英文翻译中,使用了 With 来连接前后两个部分,体现出"诞生新的代表人物"和"绘就新的璀璨画卷"之间的逻辑关系。同时,achieved new and brilliant accomplishments 是对"绘就新的璀璨画卷"的意译表达了美术事业取得了新的成就,而不是字面上的绘画行为。这样的翻译既保留了原文的意境,又符合英语的表达习惯。

原文:

作品以形象的绘画语言将精彩的历史瞬间定格,手摇计算机、成堆的计算稿纸,表现了 20 世纪 60 年代初期,在苏联专家撤离,西方对我国技术、经济封锁的情况下,以邓稼先为首的研发小组工作中的真实场景。

译文:

The work captures a wonderful historical moment in the language of figurative painting, in which there are hand-cranked computers and piles of calculating manuscript paper, showing real scenes from the work of the research and development team led by Deng Jiaxian in the early 1960s, when Soviet experts were withdrawn and the West imposed a technological and economic blockade on China.

分析：翻译保持了原文的叙述风格，使用了正式和描述性的语言，准确地传达了原文中的所有关键信息，包括历史背景、工作环境，以及邓稼先领导的研发小组。使用了合适的语法结构来表达原文的意思。例如，使用"in which there are..."来引入手摇计算机和计算稿纸的描述，以及使用"showing real scenes from..."来连接研发小组的工作场景。翻译通过使用 showing 和时间状语从句"when Soviet experts were withdrawn and the West imposed..."来明确地表达出历史背景和研发小组工作场景之间的逻辑关系。使用了 figurative painting 来描述绘画语言，这是一个合适的选择，因为它传达了绘画作为一种表现手法的概念。同时，hand-cranked computers 和 calculating manuscript paper 准确地描述了原文中提到的具体物品。考虑到了文化差异，将原文中的信息转换成了英文读者能够理解的形式，同时保留了原文的文化内涵。

4. 人称调整

现代博物馆的风格变迁已逐渐由正式、非个人化向非正式、个人化转变。在沟通中运用"我们"和"你们"等人称代词，能有效缩短与读者之间的距离，增强参观者的参与感。安徽省美术馆在文本处理上也体现了这一趋势，如在"安徽现代美术名家作品展"的引言中，使用"我们期待这些镌刻着'时代烙印'的美术作品，能伴您在艺术长廊中感受安徽美术事业的盎然生机与蓬勃力量"的表述，巧妙地建立了博物馆与参观者之间的紧密联系。因此，在进行翻译时，也可以借鉴这种方法，通过适当的人称调整，提升文本的互动性和吸引力。

原文：

此次展览，结合科技与艺术的沉浸式视听体验，给观众带来一场美的盛宴。

译文：

In this exhibition, with the combination of technology and art in an immersive audio-visual experience, we hope to bring you a feast of beauty.

分析：在博物馆展览的文本设计中，一个微妙的人称转变往往能够产生巨大的影响。原例中，将"观众"转换为"你们"（you），并补充上"我们"（we）作为主办方，不仅为游客营造了一种身临其境的感觉，还通过直接对话的方式展现出了主办方的诚意。这种转变不仅拉近了与游客的心理距离，还激发了游客对展览的好感。

在博物馆文本中实现互动功能时，人称的变化是一个有效的手段。通过使用"你们"或"你"，文本仿佛在与每一位游客进行一对一的对话，使游客感到被尊重和重视。这种个性化的沟通方式有助于打破传统博物馆展览中的冷漠和距离感，让游客更加投入和享受展览。除了人称的转变，博物馆文本还需要在多方面与游客进行互动。例如，在引导动线方面，文本可以通过清晰的指示和描述，帮助游客更好地规划参观路线，使他们在展览中能够流畅地体验各个展厅和展品。此外，文本还可以通过描述主要人物、历史事件等，为游客提供丰富的背景信息，帮助他们更好地理解和欣赏展览内容。为了实现展厅、展品、文字等要素形成一个整体，为游客提供更加沉浸化、一体化的游览体验，博物馆文本的编写者需要充分了解游客的需求和期望。他们需要通过深入研究和调查，了解游客的兴趣爱好、文化背景和参观习惯，从而编写出更加贴近游客心理和需求的文本。此外，博物馆文本的编写者还需要注重文本的视觉呈现和语言表达。通过使用生动的形容词、成语和修辞手法，文本可以更加吸引游客的注意力，激发他们的好奇心和想象力。同时，合理的排版和设计也能够使文本更加易读易懂，提升游客的阅读体验。

参考文献

[1] 张呆.语言学与翻译 [M].长春：吉林人民出版社,2017.

[2] 刘爱玲,魏冰,吴继琴.英语语言学与英语翻译理论研究 [M].长春：吉林出版集团股份有限公司,2020.

[3] 佟丽莉.语言学与英语翻译教学的多维度探析 [M].西安：陕西科学技术出版社,2020.

[4] 赵岩,王思懿,杨东野.英语语言学与翻译技巧 [M].北京：清华大学出版社,2022.

[5] 樊洁,崔琼,单云.语言学与英语翻译教学研究 [M].长春：吉林人民出版社,2021.

[6] 安玉青,李丽辉,徐梅玲.语言学与英语翻译研究 [M].北京：光明日报出版社,2016.

[7] 易蔚.语用学与翻译多维透视研究 [M].成都：四川大学出版社,2018.

[8] 马腾.语用翻译研究理论与实践 [M].长春：吉林出版集团股份有限公司,2021.

[9] 李健.文学语篇翻译的多维研究 [M].长春：东北师范大学出版社,2017.

[10] 孙雪羽.系统功能语言学视角下的多模态语篇翻译研究 [M].长沙：湖南师范大学出版社,2018.

[11] 黄勤.语篇的建构、解构与翻译 [M].武汉：华中科技大学出版社,2019.

[12] 胡维作.生态翻译学的理论与实践研究 [M].长春：吉林摄影出版社,2022.

[13] 韩竹林,果笑非编著.生态翻译学及其应用研究 [M].哈尔滨：

哈尔滨工程大学出版社,2015.

　　[14] 蒲红英. 翻译心理学视域下的译者主体性探索 [M]. 北京: 九州出版社,2021.

　　[15] 颜林海. 翻译认知心理学 [M]. 北京: 科学出版社,2015.

　　[16] 张政. 计算语言学与机器翻译导论 [M]. 北京: 外语教学与研究出版社,2010.

　　[17] 张霄军,王华树,吴徽徽. 计算机辅助翻译理论与实践 [M]. 西安: 陕西师范大学出版总社有限公司,2013.

　　[18] 曹晓君,刘娟,张德增. 语言学与翻译文化 [M]. 北京: 九州出版社,2018.

　　[19] 孙琳琳. 系统功能语言学视域下英语名词化现象及其翻译探究 [J]. 新楚文化,2023,(31): 62-64.

　　[20] 杨志梅. 系统功能语言学视阈下的电商专业英语翻译特点研究 [J]. 鄂州大学学报,2023,30 (04): 44-46+53.

　　[21] 王玉玉. 基于语用学角度的英语翻译研究 [J]. 海外英语,2023,(11): 38-40.

　　[22] 杜婕. 跨文化语用学视角下的外宣翻译 [J]. 英语广场,2023,(12): 7-10.

　　[23] 李占喜. 国内外语用翻译研究进展(2011-2020)[J]. 上海翻译,2023,(02): 8-13.

　　[24] 周绮茜. 生态语言学下的外宣翻译: 能源政策中的环境理念 [J]. 现代商贸工业,2023,44 (06): 65-67.

　　[25] 李瀚辞. 系统功能语言学背景下的翻译质量评估 [J]. 校园英语,2022,(52): 190-192.

　　[26] 聂慧. 语篇体裁视角下生态虚拟空间语言景观翻译研究 [J]. 江苏外语教学研究,2022,(04): 85-90.

　　[27] 杨小康. 生态语言学视角下的网络热词翻译 [J]. 文学教育(下),2022,(08): 180-182.

　　[28] 庞亚飞. 国内生态语言学研究的回顾与展望 [J]. 佛山科学技术学院学报(社会科学版),2022,40 (04): 72-78.

　　[29] 陈艳新. 基于语料库的"翻译接受"理论研究 [J]. 现代英语,2022,(13): 53-56.

　　[30] 陈颖. 从生态翻译学看旅游文本的英译策略 [J]. 文学教育(上),

2022,（06）：169-171.

[31] 秦琴.系统功能语言学在翻译中的应用分析——评 *Systemic Functional Translation Studies：Theoretical Insights and New Directions*[J].科技管理研究,2022,42（08）：230.

[32] 语言、翻译与认知 [J].语言、翻译与认知,2022,（01）：137.

[33] 吴小丽.生态翻译学"三维转换"视角下语言学文本的汉译——以《英诗学习指南：语言学的分析方法》为例 [J].现代英语,2022,（08）：53-56.

[34] 潘韩婷.翻译研究的语言学途径：从比较语言学到多模态话语分析 [J].中国翻译,2022,43（01）：18-28+187.

[35] 冯志伟,丁晓梅.计算语言学中的语言模型 [J].外语电化教学,2021,（06）：17-24+3.

[36] 徐雅婷.翻译中语言学与文化因素的动态平衡 [J].丽水学院学报,2021,43（06）：43-47.

[37] 周柳丹.机器翻译发展趋势及启示 [D].无锡：江南大学,2021.

[38] 金鹏,张春祥,冯禹瑄,贾永刚,王淇桢.基于语言学资源的汉—英机器翻译 [J].科学技术创新,2021,（04）：99-100.

[39] 高恂.机器翻译的语言学价值与发展困境 [J].山西能源学院学报,2020,33（06）：80-82.

[40] 徐翠波.基于认知语言学翻译观的语篇翻译解析 [J].校园英语,2020,（45）：255-256.

[41] 邵璐,曹艺馨.语篇·非语篇·语言资源：众包翻译的过程与产物 [J].外国语(上海外国语大学学报),2020,43（03）：102-109.

[42] 黎劲飞.文化语言学和翻译研究的关系探讨 [J].海外英语,2017,（10）：192-193+217.

[43] 单力昂,谢琳.浅析心理语言学关照下的英汉语句翻译 [J].青年文学家,2014,（36）：122.